오늘 배워서
내일 바로 써먹는

비즈니스
스토리텔링
비법

알맹은 사일런스북 임프린트 브랜드로 자기계발/경영서를 전문으로 출간합니다.

오늘 배워서 내일 바로 써먹는 비즈니스 스토리텔링 비법
—비즈니스를 성공으로 이끄는 스토리텔링 기술

지은이 | 에스더 초이
옮긴이 | 최지수
펴낸이 | 박동성
편집 | 박지선
표지 디자인 | 곽유미

펴낸 곳 | **사일런스북** / 16311 / 경기도 수원시 장안구 송정로 76번길 36
전화 | 070-4823-8399 / **팩스** | 031-248-8399
silencebook@naver.com / www.silencebook.co.kr
출판등록 | 제2016-000084호 (2016. 12. 16)

2019년 1월 29일 초판 1쇄 발행
ISBN | 979-11-89437-06-0 03320
가격 | 15,000원

「이 도서의 국립중앙도서관 출판예정도서목록(CIP)은
서지정보유통지원시스템 홈페이지(http://seoji.nl.go.kr)와
국가자료공동목록시스템(http://www.nl.go.kr/kolisnet)에서 이용하실 수 있습니다.
(CIP제어번호: CIP2019000825)」

오늘 배워서
내일 바로 써먹는

비즈니스
스토리텔링
비법

—비즈니스를 성공으로 이끄는
스토리텔링 기술

에스더 초이 지음 / 최지수 옮김

 알맹

감사의 글

정말 많은 분이 도와주신 덕분에 이 책을 완성할 수 있었습니다. 지면을 빌려 마음속 깊은 감사의 마음을 전합니다.

저에게 의뢰를 맡겨주신 모든 고객분과 제 동료들, 친구들에게 고맙습니다. 실제 겪은 직장생활 경험 등을 거리낌 없이 공유해주신 덕분에 스토리텔링이라는 주제를 글로 생생하게 옮길 수 있었습니다.

우선 책을 집필할 용기와 자신감을 머리로, 그리고 가슴으로 느끼게 해주신 제 멘토이신 도널드 노먼 교수님께 감사드립니다.

이 자리에 오기까지 언제나 저를 밀어주신 탁월한 임원코칭 전문가 브루크 부코빅 선생님께 감사의 말씀을 드립니다.

출판 에이전트 쉐리 비코프스키 어소시에이트의 자넷 로센 선생님께 감사드립니다. 독자분들의 커리어를 윤택하고 풍성하게 만들어줄 이 책의 잠재력과 저를 믿어주셔서 감사합니다.

AMACOM 북스 출판사 엘렌 카딘 편집자님과 팀원분들께 감사드립니다. 시종일관 도와주신 덕분에 제 글이 명확하고 간결한, 감히 말하건대 훌륭한 책으로 '발전'할 수 있었습니다.

제게 조언해주기도 하며 저를 위해 편집, 자료조사, 문장 교정 일을 도맡아주고 제 불안과 걱정을 떨쳐준 우리 팀원들 사친 웨이커, 베키 탈봇, 리나 캔잘, 사라 데니슨에게 고맙습니다.

변함없이 저를 지지해주는 사랑하는 남편 번하드 크리그에게 고맙다는 말을 전합니다. 이 책을 쓰는 내내 당신이 아이들을 돌봐줘서 글 쓰는 데 집중할 수 있었어요. 제가 하는 모든 일이 당신 덕분이에요.

제가 마지막으로 감사 말씀을 드릴 분은 앞서 언급한 분들만큼이나 소중한 독자 여러분입니다. 여러분이 비즈니스 스토리텔링을 좋아해주시고 이 분야에 호기심을 가져주신 덕분에 제가 스토리텔링이라는 주제에 열정을 쏟을 수 있었습니다. 여러분이 더 힘차게, 더 성공적으로 나아가는 데 아무쪼록 이 책이 도움이 되기를 염원합니다.

목차

추천사

나는 노스웨스턴대학교 켈로그 경영대학원에서 졸업생을 대상으로 하는 경력·직무 개발센터 대표로 근무하며 코치 활동과 워크숍을 통해 졸업생들의 구직, 승진, 창업을 돕고 있다. 이 세 가지 활동에 스토리텔링이 필수인데도 대다수 사람이 자신의 스토리를 풀어나가는 일을 어려워한다. 에스더 초이가 집필한《오늘 배워서 내일 바로 써먹는 비즈니스 스토리텔링 비법》은 스토리텔링에 어려움을 느끼는 이들이 자기 스토리를 전달하고 청중과 유대감을 형성할 수 있게 도와준다.

에스더 초이는 시카고대학교 경영대학원에서 정규 MBA 과정 입학사정관으로 근무할 때 스토리텔링에 관심을 두기 시작했다. 에스더 초이는 입학면접을 담당했을 뿐만 아니라 면접이 진행되는 중에 졸업생과 재학생 교육도 담당해야 했다. 입학 면접자 대다수가 무척 평범한 질문에 간명하면서도 시선을 잡아끄는 답변을 하지 못했다. "자기소개해보세요."라는 질문에 면접자들은 요지를 알 수 없는 혼자만의 이야기를 15분에서 20분씩 장황하게 늘어놓는 경우가 종종 있었다(면접자들이 분명히 알아야 할 점은 이 질문의 참뜻은 "당신 이야기를 듣고 '나의 모습'을 떠올릴 수 있는 자기소개를 해보라"는 것이다). 에스더 초이는 스토리텔링과 관련해 사람들에게 도움이 필요하다는 사실을 깨달았다. 그 후 에스더 초이는 노스웨스턴대학교 켈로그 경영대학원에서 MBA를 마치고 주식투자 상담원, 기업체 간부 등을 대상으로 스토리텔링 교육을 진행하는 리더십 스토리 랩Leadership Story Lab을 창업했다.

에스더 초이를 알게 된 지 7년째다. 7년이라는 시간 동안 초이는 본교 졸업생들을 위해 워크숍과 온라인 회의, 스토리 연구소를 이끌어왔다. 에스더 초이의 책 서문을 쓰게 된 것을 영광으로 생각하며, 이제 더 폭넓은 독자층이 그녀의 전문지식을 배울 수 있게 되어 기쁘게 생각한다.

에스더 초이는 이해도를 높이기 위해 이 책의 도입부에 스토리텔링을 주요 조건별로 구분해 놓았다. 그녀는 3막幕 법칙을 이용해 우선 배경지식을 설명하고 독자들의 관심을 불러 모은다. 그런 다음 스토리 전개 과정에 집중한 뒤 해결책을 제시한다. 그녀는 자신만의 스토리를 전개할 때 숫자와 시각 정보를 어떻게 활용해야 하는지 깨우쳐준다. 매우 흥미로운 부분이다. 실제로 숫자와 시각 정보를 활용한 스토리텔링은 비즈니스에서 무척 중요하다. 거기에 더하여 에스더 초이는 복잡한 문제를 단순화하여 이야기하는 법에 능수능란해질 수 있도록 여러분을 이끌어줄 것이다. 에스더 초이는 인적 네트워크를 형성하고 신뢰를 구축하기 위해 스토리텔링을 어떻게 활용해야 하는지도 설명하고 있다. 《오늘 배워서 내일 바로 써먹는 비즈니스 스토리텔링 비법》을 읽는 독자들은 스토리텔링 기술 개발에 필요한 지식을 얻게 될 것이다. 그럼으로써 직업적 목표를 달성할 수 있게 될 것이다.

노스웨스턴대학교 켈로그 경영대학원
경력·직무 개발센터 대표 매튜 템플

왜 스토리인가?
스토리 + 자질 = 대성공

때는 2005년, 지금은 부스Booth 경영대학원이라고 부르는 시카고대학교 경영대학원에서 보기 드문 결정을 내렸다. 대학원에 지원하였으나 탈락한 지원자 수천 명에게 피드백을 주기로 한 것이었다. 나는 정규 MBA 과정의 입학사정관 여섯 명 중 한 사람으로서 입시에서 떨어진 지원자들에게 15분 동안 전화로 피드백을 전달하는 임무를 맡게 되었다. 일류 대학 경영대학원이 탈락한 지원자들에게 '떨어진 이유'를 설명해주는 경우가 별로 없음을 잘 알고 있었다. 하지만 그와 동시에 피드백을 전달하면 비슷한 수준의 다른 경영대학원보다 매정하다는 학교 평판이 나아지리란 것도 알고 있었다. 그러나 나는 전화를 거는 게 두려웠다. 그때 경험을 통해 내가 얼마나 많은 것을 배우게 될지, 다시 말해 그때 경험이 어떻게 나를 전혀 다른 직업으로 이끌게 될지 나는 알지 못했다.

첫 번째 전화를 걸려던 순간 드라마 속 한 장면이 떠올랐다. "너 때문이 아니야, 나 때문인 거야."라는 대사. 전화를 받는 지원자들이 그런 헛소리는 집어치우라고 할 것만 같았다. 하지만 실제로는 지원자 대다수가 피드백을 선뜻 잘 받아들이며 고마워했고, 많은 지원자가 피드백이 큰 도움이 되었다며 감사해했다. 한 사람 한 사람 통화가 끝날 때마다 두려움이 줄어들었지만 그래도 여전히 겁이 나는 지원자 유형이 있었다.

800점 만점인 경영대학원 입학시험GMAT에서 730점 이상에 백분위 97% 이상, 명문대 공과대학 출신에 평점 3.5점 이상, 유명한 과학기술 중심 기업에서 탄탄히 쌓은 경력과 찬사가 한가득 담긴 추천장. 이런 스펙을 가진 이들에겐 정말이지 전화를 걸기가 꺼려졌다. 심지어 면접이나 자기소개서 또한 전반적으로 나무랄 데가 없었다. 나는 다소 놀라웠고, "우리가 이 사람들을 도대체 왜 떨어트렸을까?" 자문해보았다. 그들과 몇 차례 전화통화를 해보고서야 나는 그 답을 알게 되었다.

우리가 얼마나 복잡한 상황에서 합격과 불합격을 가려내는지 아는 사람은 우리가 특정 지원자들을 탈락시키는 이유를 이해할 것이다. 구체적으로 말하자면 우리 학교 입학사정관들은 일이 많지 않은 여름철에는 입학지원서를 일주일에 여덟 편에서 열 편 정도 읽으며 피드백 전화를 걸면 됐지만, 바쁜 입시 철에는 일주일에 백 편 이상을 검토해야 했다. 명문대가 으레 그렇듯 시카고 경영대학원 역시 역량이 뛰어난 지원자 수가 입학정원을 훨씬 웃돌았다. 따라서 앞서 언급했던 스펙을 갖춰도 쏟아지는 지원서를 검토하다 보면 그들이 딱히 눈에 띄지 않았다.

높은 스펙을 갖추고도 탈락한 지원자 중에는 성장 배경과 성취 경험을 잘 정리하여 지원서를 내면 시카고 경영대학원 문턱을 쉬이 넘을 수 있을 거라고 믿는 이들이 많았다. 나 역시 처음엔 같은 생각이었다. 누가 봐도 뛰어난 스펙을 정리해놓은 글인데 결국엔 눈에 띄지 않을까?

고高스펙 지원서를 무수히 검토해보고 얻은 결론은, 눈에 안 뜬다는 것이다. 눈에 전혀 들어오지 않는다.

경쟁률이 높은 분야에 지원한 이들은 대부분 능력이 출중하다. 즉, 지원자 십중팔구가 입학자격을 충분히 갖추고 있다는 말이다. 하지만 스펙 하나만 떼놓고 보면 그것이 심사관에게 얼마나 어필할 수 있을까? 최근에 들은 강의나 발표를 떠올려보자. 거기서 들은 내용 중에 몇 가지나 기억하고 있는가? 사람들은 보통 많은 내용을 기억하지 못한다. 하지만 당시에 왜 그런 얘기가 나왔는지는 모르겠어도 그때 들었던 재밌는 이야기나 발표자의 일화, 예시 같은 건 기억날 가능성이 크다. 정보와 데이터 홍수 속에서 살고 있는 시대에 우리가 받아들인 정보 대부분은 최소한의 기억만 남기고 뇌를 스쳐 간다. 정보가 유의미하게 각인되기 위해서는 꼭 필요한 것이 있다.

바로 스토리다.[1]

2005년 여름, 시카고대에서 근무하던 당시를 떠올려보면 난 그때까지도 스토리를 완전히 이해하지 못했던 것 같다. 하지만 그때 깨달은 것이 있었다. 전화하기 겁나는 그 지원자들을 포함해 대학원 입학 실패로 무척 좌절했을 사람들에게 위안을 주는 방법을 깨달은 것이다. 필요한 것은 쉬운 단어 하나, 바로 '적합도'였다. "자질이 뛰어나신 분인 건 틀림없지만 우리 대학원 과정에 더욱 적합한 분들을 모시게 되었다."라고 답변하면 됐던 것이다.

놀랍게도 '적합'하다는 게 정확히 무슨 뜻이냐고 묻는 지원자는 단 한 명도 없었다. 전화 통화에 할당된 시간이 고작 십오 분이었기에 그랬을 수도 있다. 대신 나는 나 자신에게 질문해보기로 했다. '적합도'라는 말이 무슨 뜻인가? 당신이라면 어떻게 답변하겠는가? 당신이라면 어떻게 당신의 적합성을 확실하게 전달해 면접관들의 긍정적인 반응을 얻어낼 것인가?

몇 년간 여러모로 그 해답을 고민해본 뒤에야 비로소 만족할 만한 답을 얻었다. 이 과정에서 나는 꼭 경영대학원 입학에만 국한되지 않는 중요한 통찰 세 가지를 얻게 되었다. 세 가지 통찰을 이해하면 자신의 상품, 서비스, 단체, 조직이 줄 수 있는 가치를 효율적으로 전달하는 데 도움을 얻을 것이며, 더 나아가 새로운 커리어를 시작하는 데도 큰 힘이 될 것이다. 가장 중요한 점은 이 세 가지 통찰을 통해 다른 사람들에게 당신의 진정성과 가치를 효과적으로 전달할 수 있다는 것이다.

강력한 통찰 세 가지

이제부터 살펴볼 세 가지 통찰은 서로 연결되어 있다. 이것을 통해 스토리의 힘을 이해하고 스토리를 어떻게 다방면으로 활용할 수 있는지 살펴보자.

첫 번째 통찰:
뛰어난 자질 하나보다 스토리 하나가 더 낫다

결국 나는 MBA를 다니기 위해 입학사정관을 그만두었다. 돌이켜보면 석사 과정을 밟으며 다양한 대학원 동기들을 만난 덕분에 명확히 깨닫게 된 것이 있었다. 그것은 바로 어디 하나 흠잡을 데 없는, 역량 있는 지원자들 틈에서도 눈에 띄는 이들은 시선을 잡아끄는 스토리를 전달했다는 것이다. 좀 더 구체적으로 말하자면 본인의 진가와 업적, 향후 계획을 본인이 지원하는 기관과 관련 있게 써야 합격한다는 것이다. 시카고대학교에 합격한 학생들은 자신의 본모습을 진실하게 밝혔기 때문에 입학사정관들의 눈에 띄었다. 우리가 시카고대학교에 합격시킨 지원자들의 스토리 몇 가지를 나는 아직도 기억한다. 한 학생은 자기 할아버지가 제2차 세계대전 당시 독일에서 위험에 빠진 시민들을 구하기 위해 히틀러의 압제에 얼마나 용감히 저항했는가를 글로 녹여내어 입학사정관들 눈에 띄었다. 할아버지의 경험을 선명하게 표현한 데다 할아버지의 용기를 자신의 가치관, 윤리관, 성취와 연결했다는 점에서 대번에 합격이었다.

대가족과 살았던 한 지원자는 가족 구성원들이 저녁 식사만큼은 꼭 함께 나눴던 이야기를 썼다. 그 가족에게 저녁 식사 시간은 가족 구성원이 모두 모이는 시간이었을 뿐만 아니라 지원자의 부모님이 활발한 토론을 주도했던 장이었기에 지원자는 저녁 식사에 큰 의미를 두고 있었다. 그 지원자는 대학생 시절 학생과 교수들이 중요한 비즈니스 문제와 사회적·윤리적 문제를 토론하는 모습을 보고 마치 가족들과 저녁 식사 하던 때로 돌아간 느낌을 받았다고 자기소개서에 밝혔다.

지원자의 스토리는 그 학생이 시카고대학교에 적합함을 매우 효과적으로 증명했고 우리는 흔쾌히 그 지원자를 합격시켰다.

정해진 입학 정원보다 지원자 수가 훨씬 많기 때문에 입학사정관은 반드시 학과에 꼭 적합한 지원자만 합격시켜야 한다. 그 '적합도'라는 단어를 모두 다르게 설명하겠지만 입학사정관들은 적합도가 높은 지원자의 자기소개서를 볼 때 그 지원자가 적격인 것을 바로 알아챈다.

자신의 가치와 자질과 포부를 묶어 설명하는 최고의 방법이 바로 스토리텔링이다. 하지만 스토리텔링의 중요성은 대학입시 경쟁에만 국한되지 않는다.

두 번째 통찰:
우리는 모두 평생 높은 경쟁률을 뚫어야 하는 수험생이다

연말에 자신의 실적을 스스로 평가해야 했던 적이 있는가? 높은 수익을 창출할 것만 같은 내 아이디어를 못 미더워하는 동료들을 설득해본 적이 있는가? 친구나 이웃에게 불우이웃돕기 기금마련 행사에 기부를 부탁해본 적이 있는가?

리더십의 핵심은 설득력이다. 설득력의 핵심은 스토리텔링이다. 스스로 자각을 하든 못하든 우리는 모두 설득과 스토리텔링을 하며 살아간다. 경쟁률이 높은 대학 입시는 한 가지 예일 뿐이다. 좋은 직장을 얻기 위해, 스타트업 회사나 비영리단체 자금을 마련하기 위해, 실무경험을 쌓기 위해, 상품·아이디어·서비스를 팔기 위해 경쟁하고 있다면 반드시 전략적이면서도 진정성 있는 방법을 써서 타인의 눈에 띄어야 한다. 이런 노력을 '평생에 걸쳐 진행되는 일련의 입학시험'이라고 생각해도 좋다. 분명 입시와 공통점이 있다. 분야를 불문하고 경쟁 상황에는 '경쟁자'가 많다는 점이다. 다만 경쟁자들의 실체는 꼭 사람이 아니라 동종업계의 다른 회사, 재정지원 우선권, 당신이 판매하는 상품 및 서비스의 대체품일 수도 있다. 심지어 사람들의 이목을 집중시키는 것부터가 경쟁이다. 끊임없이 사람들의 시선을 끄는 것들과 싸워야 한다. 어쩌면 스마트폰이 가장 큰 경쟁자일 수도 있다!

우리 인생에서 만나는 자잘한 입학시험을 몇 가지 예를 들어 살펴보자.

- 2010년, 한 자산운용사가 중국 본토 국부펀드를 운용할 회사로 선정되기 위해 자금 유치 경쟁 중이었다. 하지만 그간의 투자 성과로만 평가할 때 이 회사는 최종 후보 여덟 회사 중중간 정도밖에 되지 않았다. 회사별 프레젠테이션 시간이 단 15분 주어졌을 때 이 회사는 중국에서 어떤 이야기를 꺼냈어야 했을까?
- 2012년, 숫자에만 눈이 밝았던 한 임원이 시카고에서 열리는 연례 경축 행사에서 자선 단체가 주는 공로상을 받게 돼 수상소감을 준비하고 있었다. 그 임원은 재무와 관련한 따분한 발표에나 익숙했지 관중이 감동할 만한 연설은 해본 적이 없었다. 그 사람은 어떤 준비를 해야 했을까?
- 2014년, 한 자산관리 회사의 회장에게 매우 중요한 기회가 5분 주어졌다. 산업 협의회의 스폰서가 캘리포니아에서 열리는 협의회 오찬 자리에 그를 초대하여 5분간 사업계획을 들

어보겠다고 한 것이다. 지금까지 회장은 그런 발표를 할 때면 최소 한 시간 정도는 배정받았었다. 회장은 이 소중한 5분을 어떻게 활용해야 했을까?

살펴본 세 가지는 영향력 있는 의사결정자들의 관심을 어떻게든 끌기 위해 무수히 많은 경쟁자와 대결해야 하는 인생 입학시험의 사례들이다.

세 가지 상황 모두 의뢰인이 내게 찾아와 상담 및 지도를 요청했던 내용이었음을 알아챘을지 모르겠다. 나는 각 임원에게 스토리의 힘을 활용하는 법을 보여주었다. 그 결과 자산운용사는 위탁 운용을 맡게 되었으며, 공로상 수상자는 연례 경축 행사에서 소감을 발표한 뒤 기립 박수를 받았다. 자산관리사 회장의 경우 프레젠테이션이 끝난 뒤 잠재고객들이 그와 대화하기 위해 줄을 섰다.

당신은 인생에서 마주하는 갖가지 '입학시험'에서 스토리텔링의 힘을 어떻게 활용할 것인가?

세 번째 통찰:
거창한 스토리를 만들기 위해 슈퍼히어로가 될 필요는 없다
시나리오를 쓸 일은 없었지만 나는 시나리오 작가계의 대부 로버트 맥키에게서 많은 도움을 얻었다. 지금까지 아카데미상을 받은 문하생만 60명이 넘는 대작가다. 로버트 맥키 작가는 세간의 호평을 받은 《스토리》라는 책에서 다음과 같이 밝혔다. "사소한 주제를 영특하게 풀어 쓴 스토리와 심오한 주제를 형편없게 쓴 스토리 중 단 하나만 선택해야 한다면, 관객들은 언제나 영특하게 풀어 쓴 사소한 스토리를 선택할 것이다."[2]

그의 통찰이 내게 큰 울림을 주었다. 수년 전에 이 책을 읽었는데 나는 아직도 이 책을 가능한 한 많은 의뢰인과 공유한다. 나도 마찬가지지만 대다수 사람이 처음부터 스토리텔러로 태어나지 않는다. 즉 전 세계 사람들이 알아주는 슈퍼히어로가 될 운명도 아니었고 앞으로도 아니라는 뜻이다. 그렇다고 해서 우리가 대단한 스토리텔러가 될 수 없다는 뜻은 아니다. 그 증거로 우리가 설득해야 할 때 말하는 방식만 아주 조금 바꿔도 설득 효과가 무척 커진다는 것을 입증하는 논문이 산더미처럼 쌓여 있다. 예를 들어 심리학자 로버트 치알디니 박사는 35년간의 연구 끝에 '호감의 법칙'을 여섯 가지 주요 설득 법칙 중 하나로 꼽았다. 호감의 법칙은 사람들이 자신과 비슷하다고 생각하는 사람을 좋아하는 경향이 크다는 것이며, 따라서 자신과 비슷한 사람들에게 설득될 가능성이 크다는 것이다.[3] 그렇다면 어떻게 해야 청중*이 우리를 자신들과 비슷하다고 느끼게 할 수 있을까? 우리가 그들과 똑 닮았다는 것을 전략적이면서도 진정성 있게 강조하는 스토리텔링이 그 해답이다.

다음 장에서 나는 스토리텔링의 기술과 '설득의 과학'을 결부해 당신이 남들보다 주목받을 수 있도록 안내할 것이다. 많은 의뢰인이 남들과 차별화될 수 있도록 도왔던 방식 그대로 말이다. 올바른 틀과 도구를 가지고 연습하면 여러분은 누구나 성공을 향해 나아갈 수 있다.

---

* 이 책에서는 듣고, 읽는 사람 혹은 사람들을 통칭한다.

각 장의 개요부터 살펴보자.

1부: 스토리의 해부

1장. 스토리텔링의 주요 조건을 숙달하라

금융을 주제로 한 프레젠테이션이든 개인적인 사소한 이야기든 의사전달의 세부 구조는 같다. 충분히 의사전달을 하고 있는지 또는 말을 너무 많이 해서 듣는 사람들이 지루해하고 있는지? 우리는 말을 하면서 확신이 서지 않는다. 기본이 되는 스토리텔링의 몇 가지 조건들을 숙달하라. 그러면 멋지게 시작할 수 있다. 스토리마다 길이와 형태는 천차만별이다. 하지만 스토리의 구조와 조건, 특징은 대동소이하다.

2장. 비즈니스 스토리텔링에 필요한 다섯 가지 기본 플롯

스토리텔러마다 경험이 가지각색이듯 스토리의 종류도 셀 수 없이 많다. 하지만 비즈니스와 관련해서는 가장 보편적인 다섯 가지 플롯으로 분류할 수 있다. 현재 법학이나 의학을 공부하는 독자도 있을 것이고, 회사나 사회적 기업을 세워 활동을 시작한 독자도 있을 것이며, 판매 채널이나 대규모 모금 행사 캠페인을 모색하는 독자도 있을 것이다. 관심사가 무엇이든 당신은 비즈니스 스토리텔링에 필요한 다섯 가지 기본 플롯을 익혀야 한다. 그러면 긴 시간을 들이지 않고 사람들이 보편적으로 겪는 경험을 당신만의 스토리에 녹여낼 수 있을 것이다.

2부: 생생하게 스토리텔링 하기

3장. 청중이 누구인지를 보라

3장에서는 청중의 관점을 꿰뚫고 있는 스토리텔러가 이야기할 때 어떻게 그 이야기에 설득력이 더해질 수 있는지 살펴본다. 스토리텔러로서 자신의 지혜를 제시하는 동시에 청중의 공감을 함께 끌어내는 연습을 한다.

4장. 데이터를 활용한 스토리텔링

4장에서는 폭넓은 관심과 인기를 누리고 있는 데이터와 스토리를 결부해 살펴본다. 어떻게 어색함 없이 이 둘의 영향력을 한껏 활용하며 두 분야의 전문가가 될 수 있는지 연구한다.

5장. 복잡한 내용을 명확하게 설명하기

스토리텔링 할 때 무척 힘든 일 중 하나가 어려운 소재를 매력적인 이야깃거리로 만드는 작업이다. 5장에서는 금융계 사례를 들어 복잡하고 어려운 주제를 단순하게 만드는 여러 기술을 배운다.

6장. 스토리의 힘과 단순한 시각 자료를 결합하라

선과 점은 그리기 쉽다. 선과 점을 그릴 수 있으면 누구든지 몇 가지 시각 자료를 만들어 훨씬 효과적인 스토리텔링을 수행할 수 있다. 즉, 백문이 불여일견이다. 6장에서 이 옛말이 사실임을 증명한다. 또한 다양한 예시와 스토리텔링을 결합하여 단순한 시각 자료를 가지고 스토리의 메시지를 보강하는 과정을 살펴본다.

7장. 모든 곳에서 스토리를 수집하라

한 예수회 수도사가 이런 말을 했다. "우리가 받은 가장 신성한 선물은 우리가 가진 스토리다. 신이 인간에게 준 두 번째로 소중한 재능은 편안한 분위기를 만들어 다른 사람들의 스토리를 끌어내는 능력이다." 7장에서는 적극적인 경청자가 되는 방법과 효과적 질문 방법을 알아본다. 경청의 중요성을 이해하면 청중을 더 잘 이해할 수 있다. 어떻게 하면 청중이 우리가 하는 말을 경청하고 자신의 스토리를 자발적으로 공유하게 되는지 살펴본다. 청중과 교감이 성사되는 스토리를 고안해낼 때 그 스토리텔링에 의미가 생기고 청중과 깊은 유대감을 형성하게 된다.

3부: 스토리텔링을 활용한 사례 살펴보기

8장. 당신만의 스토리로 신뢰와 유대감을 형성하라

사람들은 자신의 강점을 부각할 기회를 얻게 되면 자기 인생사나 쌓아온 이력을 별생각 없이 늘어놓는 경향이 있다. 청중은 이런 발표를 싫어한다! 이런 방식은 말만 장황할 뿐 (누구든지 온라인에서 개인정보를 조회할 수 있는 이 시대에) 아무런 가치도 전달하지 못하고 지루하며 어떤 영감도 주지 못한다. 8장에서는 일상 대화나 공적인 프레젠테이션에서 사회적 영향력과 스토리텔링 기술을 결합하여 청중에게 매력과 영감을 주는 방법을 배운다.

9장. 성공적인 인맥 형성을 위한 스토리 훅

많은 사람이 네트워킹(인맥 만들기) 사교 행사에 참여하는 일을 부담스러워한다. '네트워킹'이라는 말만 들어도 억지 미소라든지, 어차피 잊힐 사람들과 반가운 척하는 인사, 어색하고 가식적인 목소리 톤 따위의 불편한 순간들만 떠오르기 때문이다. 9장에서는 일방적인 독백이 아닌 진짜 대화법을 익힌다.

10장. 사회적 영향력을 극대화하는 스토리텔링
—비영리단체 사례 분석

2015년, 미국인들이 자선단체에 기부한 금액은 약 420조 원에 달한다. 경기가 좋지 않던 해에도 자선 활동의 오름세는 지속했다. 기부금 출처를 보면 개인이 기부한 금액의 비율이 가장 높았다. 비영리단체 대표와 이사, 자원봉사자들은 단체의 대의명분과 정당성을 알리기 위해 고군분투하고 있다. 더 많은 기부를 끌어내려면 대의명분에 맞는 강력한 스토리가 필수다. 10장에서는 하나로 취합하기 힘든 개별적 예화들을 어떻게 일관성 있게 기부자, 즉 듣는 사람 중심의 스토리로 자아낼 수 있는지 살펴본다.

11장. 사례로 살펴보는 의료산업 스토리텔링

의료산업은 전문화된 산업으로서 일반인들이 이해하기 어려운 용어가 쏟아지는 분야다. 11장에서는 의료산업계 간부 다섯 명의 성공사례를 살펴본다. 이들은 스토리를 활용해 직원들에게는 동기를 부여하고 영감을 주며, 환자들에게는 명확한 설명과 함께 안도감을 줄 수 있었다.

나는 이 책을 쓰면서 항상 독자 여러분들을 염두에 두었다. 독자들 중에는 기업체나 학계, 비영리단체에서 대표직을 맡고 있는 분들도 있겠고 고위 간부나 최고 경영진 자리로 승진을 앞둔 분들도 있을 것이다. 이분들은 아마도 밑바닥부터 시작해 열정과 희망으로 온갖 어려움을 버텨낸 결과 그 자리까지 올라섰을 것이다. '용건만 간단히!' 해야 하는 삭막한 업무환경에서 개인적 일상의 기쁨을 포기하면서 살아왔을 것이다.

하지만 그걸로 끝난 게 아니다! 조직의 상위 직급은 무능한 인물로 채워질 수밖에 없다는 '피터의 법칙'에서 당신도 예외는 아니다. 당신이 딛고 서 있는 토대는 끊임없이 들썩인다. 양적·분석적 업무는 아래 직급 직원들이 척척 해낸다. 그렇다면 리더로서 당신의 존재이유는 무엇인가? 리더는 길잡이이자 코치로서 조직 안에서는 커뮤니케이션과 설명, 설득에 힘쓰고 자기 팀을 옹호하며 조직 바깥으로는 영향력을 행사해야 한다. 리더의 자질은 스토리텔링 능력에 달려 있다. 리더 본인과 맡고 있는 팀, 속해 있는 회사/단체에 관해 각양각색의 청중에게 어떻게 강력한 스토리텔링을 할 것인가! 스토리텔링 대상은 팀원이나 상사, 동료, (잠재)고객, 동업자, 투자자, 단속 기관, 일반 대중 고객 등이 될 수 있다. 하지만 효과적인 스토리텔링은 가족과 친구 등 회사업무와 관련이 없는 사람들과의 관계에서도 중요하다는 점을 유념하라.

앞서 밝혔듯이 거창한 스토리를 만들기 위해 슈퍼히어로가 될 필요는 없다. 스토리텔링의 기본적 도구와 틀을 갖춘 후 예문을 통해 연습하면 된다. 당신이 청중 앞에 섰을 때 누구보다 빛나기 위해 필요한 무기를 이 책에 모두 담았다. 이 책에서 설명하는 스토리텔링 방법론을 익힌다면 당신이 일상에서 자주 마주하는 스토리텔링에 자신감을 얻을 것이다. 지금까지의 기계적인 의견 교환 수준에서 벗어나 진정성과 설득력을 갖춘 스토리텔러로 거듭날 것이다. 그리고 원하는 바대로 청중을 이끄는 방법도 터득할 것이다. 스토리텔링은 변화를 끌어내는 힘이 있다. 당신도 이 책을 통해 그 힘을 발견하고 터득하길 바란다.

이제 본론으로 들어가자.

1부

스토리의 해부

1장
스토리텔링의
주요 조건을 숙달하라

2016년 봄, 오하이오주 신시내티에 있는 작은 미술관에서 중요한 회의를 준비 중이었다. 기금 마련 캠페인 출범을 코앞에 두고 있던 미술관은 억 단위 금액을 투자해줄 기부자를 물색하고 있었다. 수개월 동안 광범위한 조사를 펼치고 인맥을 형성했던 캠페인 담당자는 마침내 저명한 은행가 한 명과 처음으로 회의 약속을 잡았다. 미술관 측에서 잠재적 기부자로 판단한 그 은행가는 무척 바쁜 사람이었기에 신시내티에 머무르는 동안 15분밖에 시간을 낼 수 없다고 전해왔다. 대규모 기부금 유치의 성패가 첫 회의에 좌우될 수 있음을 알기에 캠페인 담당자는 수석 큐레이터에게 회의에 참석하여 미술관이 도시와 지역사회에 어떤 영향을 끼치고 있는지 설명해달라고 부탁했다.

홍분과 긴장의 시간이 다가오고 있었다. 수석 큐레이터는 당연히 만반의 준비를 하고 회의장에 들어가길 원했다. 그래서 그는 발표문의 초안을 작성하고 동료들에게 피드백을 요청했으며, 콘텐츠 전문가에게 자문을 구하기도 했다. 그리고 끊임없이 예행연습을 했다. 그런데 회의 당일 날, 은행가 비서가 미술관에 전화를 걸어와서는 일정이 변경되어 회의에 할애할 시간이 단 5분밖에 안 된다는 청천벽력 같은 소식을 전했다.

자, 당신이 사건 속 큐레이터라면 어떻게 하겠는가? 주어진 5분을 가장 효율적으로 쓰기 위해 이미 세워놓은 계획을 어떻게 수정하겠는가? 그 큐레이터는 자기 일에 책임감이 강했고 미술관이 이뤄야 할 사명을 마음 깊이 새기고 있던 사람이었다. 회의를 위해 몇 날 며칠 동안 발표 준비를 하고, 단어 하나하나 정성스레 선택하였고, 잠결에도 중얼거릴 만큼 예행연습을 했다. 그래서 큐레이터는 발표 분량을 줄이거나 내용을 합치지 않고 15분 분량의 발표내용을 주어진 5분 동안 속사포로 내뱉었다.

은행가 입장에서 생각해보자. 과연 은행가는 무슨 말을 들었을까? 당연히 귀에 들어온 내용이 단 하나도 없었다. 은행가는 큐레이터의 말이 너무 빨라 발표가 효과적이지 않다는 생각만 했을 뿐, 그 어떤 내용도 귀에 담지 않았다. 회의장을 나서는 은행가 머릿속에 미술관을 위해 보증을 서야겠다는 생각은 전혀 없었다. 아니, 애초에 왜 이런 미술관과 회의 약속을 잡았을까 후회나 안 하면 다행이다. 미술관 임원들은 예상보다 일찍 찾아온 중차대한 기회가 날아갔음을 이미 깨달았다.[1]

시간이 귀한 세상, 사람들이 오래 집중하지 않는 세상, 정보가 넘치는 세상에서 어떻게 하면 가장 효과적으로 다른 사람들에게 정보를 주고 영향력을 끼칠 수 있을까?

그 해답을 얻기 위해 비즈니스 스토리텔링을 더 넓은 맥락에서 바라봄으로써 스토리텔링이 어디에서, 어떻게, 그리고 왜 꼭 필요한지 이해할 필요가 있다.

여기저기서 '스토리' 타령이다.
그런데 스토리란 도대체 무엇일까?

어느 봄날 아침, 차를 타고 출근하던 중에 라디오 광고가 내 관심을 끌었다. "당신의 비즈니스 스토리를 알리세요." 스토리텔링이 곧 나의 비즈니스이기에 나는 진지하게 귀를 기울였다. "눈에 확 들어오는 명함, 벽보, 전단지 만들어드립니다. 저희 회사 웹사이트에…." 우리 회사와 비슷한 회사이거나 우리와 유사한 서비스를 제공하는 곳이라 생각해 나는 귀가 솔깃해졌지만, 그 광고는 단지 사람들의 이목을 끌고자 스토리라는 유행어를 차용한 온라인 프린트 회사의 광고였다!

사실 놀랄 것도 없었다. 이런 상황은 차고 넘친다. 1년 전 부활절 무렵에 시카고 시내에서 열린 사교 모임에서 우연히 발견한 전단지에는 '집에 스토리를 가져가세요.'라고 적혀 있었다. 그 문구만 보고, 나는 따스하고 정이 넘치는 집에 사람들이 옹기종기 모여 서로 이야기하고 상대방의 말을 곱씹기도 하며 자신들만의 스토리를 공유하는 모습을 상상했다. 하지만 그 전단지는 부활절 식사 자리의 분위기를 살려줄 식탁 장식물 광고였다. 특별한 날에 손님들에게 기념품을 사라고 광고하는 것이 잘못은 아니지만 여기에서도 스토리라는 단어가 완전히 잘못 쓰였다.

스토리란 명함이나 벽보가 아니다. 스토리는 부활절에 쓰는 토끼 장식물이 아니다. 아래 목록에 나오는 것들은 그 자체만으로는 스토리라고 할 수 없다.

- 독백
- 일화
- 홍보
- 프레젠테이션
- 상품
- 서비스
- 주장
- 가정
- 영업 대화
- 제의

이런 항목들이 결합하여 스토리가 이루어질 수는 있을지언정 이것들 자체로 스토리가 되지는 않는다. 이러한 소통의 유형들을 결합하여 원하는 결과로 이끌어낼 때만 스토리로 간주할 수 있다.

스토리의 핵심 구성요소

진짜 스토리란 무엇인가를 이해하기 위해 효과적인 비즈니스 스토리에 공통으로 존재하는 핵심 구성요소를 살펴보자.

- **구조:** 스토리는 시작, 중간, 끝으로 구성되어 있다.
- **조건:** 대체로 스토리에는 주인공, 도전, 여정, 해결, 변화, 교훈이 있다.
- **진정성:** 스토리에는 스토리텔러의 진짜 모습이 일부 내포돼 있으며 그 진짜 모습이 청중의 감정을 자극한다.
- **전략:** 스토리를 통해 청중의 상상력에 불을 붙여야 한다. 그리고 청중이 스토리 속 상황과 자신을 관련짓고 당신이 말하고자 하는 바대로 행동하도록 이끌어야 한다.

단 한 줄짜리 문장도 반향을 일으키는 비즈니스 스토리가 될 수 있다. 3분짜리 소개문이나 30분짜리 제품 설명서 역시 마찬가지다. 어떤 경우에라도 스토리의 구성요소를 잘 활용해 스토리텔링을 한다면 그 스토리는 청중에게 영향력을 발휘할 수 있다.

이 책 곳곳에서 힘 있는 스토리를 만드는 핵심 구성요소를 여러 차례 다룰 것이다. 스토리를 이루는 요건 중에 가장 중요한 두 가지부터 우선 살펴보기로 하자. 바로 감정과 청중이다.

당신의 스토리에 감정적 특성이 있는지 살펴라

스토리와 감정 사이에는 스토리텔러가 꼭 활용해야 하는 중요한 연결고리가 존재한다.

우리는 무엇을 근거로 결정하고 행동하는 걸까? 감정과는 상관없이 사실 정보나 데이터, 눈에 보이는 증거에 따라 의사를 결정하고 행동한다고 생각할 것이다. 하지만 그렇지 않다. 《스위치》를 쓴 히스 형제를 포함해 여러 분야의 작가들이 최근 강조하였듯 감정은 우리 의사결정 과정에서도 중요한 역할을 한다.[2]

1980년대 초 아메리칸 드림을 실현한 '엘리엇'이라는 한 부지런한 회계사가 있었다.[3] 안타깝게도 그는 안와 전두 피질에 종양이 발생해 수술을 받게 되었다. 수술이 끝난 후 겉으로 보이는 신체적·언어적·지적 능력에 별다른 문제가 없어서 수술은 성공한 듯했다. 하지만 수술 후에 잃은 것이 있었으니, 바로 의사결정 능력이었다. 아주 쉬운 결정조차 내릴 수 없게 되어 고작 서류에 사인하는 데에도 검은색 펜을 쓸까, 파란색 펜을 쓸까 30분 이상 고민하기도 했다. 문제의 근본 원인은 엘리엇이 수술을 받은 후에 감정과 의사결정을 연결하는 능력을 상실한 것이었다. 수술 때문에 '감정적 판단'이 불가능해져 '병적으로 우유부단'해진 것이다.

많은 상황 속에서 의사결정을 해야 하는 우리에게 감정은 무척 중요하다. 행동 변화 전문가 앨런 웨이스가 자신의 저서 《밀리언 달러 컨설팅》에서 밝혔듯이 "논리는 우리를 생각하게 만들지만 감정은 우리를 행동하게 만든다."[4] 우리가 비슷해 보이는 여러 선택지를 놓고 고민할 때 그의 주장이 딱 맞아떨어진다. 사실 정보에 밝고 경험이 충분한 경우라면 그저 직감에 따라 선택하는 것도 괜찮을 터이다. 이는 비즈니스에서도 마찬가지다.

디 판 리어우Di Fan Liu는 베이징에 기반을 둔 중국 은행의 프라이빗 뱅커로서 중국 기업가들에게 서비스를 제공한다. 존경받는 이 1세대 중국 기업가들은 과거 수십 년 동안 제한이 무척 심했던 경제 정책을 극복해 성공을 거두었고, 지금까지 회사 내에서 중요한 결정권을 행사하고 있다. 하지만 그 기업가 대다수가 자신들이 쌓은 부를 자손들에게 물려줄 방법을 놓고 고심한다. 리어우와 그가 몸담은 은행은 바로 이런 고민을 해결해주는 일을 한다.

잠재고객과 대화를 할 때 이 은행의 프라이빗 뱅커들은 처음부터 자신들이 무엇을 제공해줄 수 있는지 밝히지 않는다(후반부에 이 전략을 다룰 것이다). 대신 그들은 스토리텔링을 한다. 미국이나 유럽, 남미 등 전 세계에 있는 가족기업을 위해, 복잡하지만 합법적인 재산 이전 과정을 거쳐 성공적으로 경영권 승계를 할 수 있도록 자신들이 어떤 일을 했는지 이야기해준다. 그런 뒤 자손에게 부를 성공적으로 물려줬던 기업인 중 떠오르는 사람이 한 명이라도 있는지 기업가들에게 묻는다. 그러면 잠재고객 대부분은 한 사람도 생각해내지 못한다. 그런 다음 리어우는 중요한 정보를 말해준다. 경기 침체가 평균적으로 7년에서 8년마다 발생하기 때문에 어느 시대를 살든지 재산을 크게 잃을 위험이 열네 차례 정도 찾아온다는 것이다. 이제 마지막 질문을 던진다. "재산을 지키기 위해 당신은 무엇을 하고 계십니까?"

프라이빗 뱅커의 설명을 들은 기업가들이 무엇을 느꼈을지 당신도 충분히 상상될 것이다. 새로운 지식을 제공해준 것을 고마워하면서도 자신들이 어려워하는 문제를 다른 리더들은 성공적으로 해결했다는 사실을 알고 기뻤을 것이다. 또 재산 상속에 큰 위험이 따른다는 것을 알고 불안과 좌절을 느꼈을 것이다. 이러한 복합적 감정으로 말미암아 기업가들은 은행이 제공해줄 서비스에 더욱 귀 기울이게 되고, 그때부터 프라이빗 뱅커의 진짜 영업이 시작된다.

요컨대 스토리텔러의 목적에 알맞은 감정적 특성을 스토리에 녹여내지 못하면 스토리텔링을 아무리 잘해도 의도한 만큼의 성취는 기대하기 어렵다. 논리는 우리를 생각하게 만들지만, 감정이야말로 우리를 행동하게 만든다는 것을 기억하라. 원하는 만큼의 효과를 내기 위해 꼭 맞는 감정적 특성을 어떻게 스토리에 녹여낼 수 있을까?

이제 어떻게 하면 청중의 감정을 더 잘 이해할 수 있는지 알아보자.

청중을 속속들이 파악하라

앞서 예로 들었던 미술관 큐레이터의 희망 사항대로 이상적인 세상에서는 시간 제약 없이 얼마든지 자신의 요점을 전달할 수 있다. 하지만 현실에는 무엇을 어떻게 언제 말할 것인가를 결정짓는 큰 요인이 있으니, 바로 청중의 욕구needs와 반응이다.

스토리텔링을 준비할 때 대다수가 발표 내용과 전달 방법에만 골몰하는 경향이 있다. 흔히 사람들은 자신에게 필요한 것, 자신이 좋아하는 것에만 정신이 팔려서 청중이 자신의 스토리에 어떻게 반응할 것인가는 잘 고려하지 않는다. 오늘날 비즈니스 환경에서는 포부가 크고 부지런하며 경력이 훌륭하다고 해서 반드시 성공이 뒤따르지는 않는다. 청중이 어떤 사람의 비전, 전략, 전술, 기타 설명을 듣고 설득이 되어 그 사람을 따라가야 비로소 그 사람이 유능한 리더의 특징을 갖췄다고 말할 수 있다. 즉, 리더는 청중과 가장 효과적으로 소통하기 위해 청중의 욕구와 제약을 잘 이해하고 있어야 한다는 뜻이다.

3장에서 청중과 유대감을 형성하는 법을 더욱 심도 있게 알아볼 것이다. 그 전에 우선 청중을 더 잘 이해하기 위해서 프레젠테이션이나 대화를 할 때 청중에게 무슨 일이 일어나는가를 내적·외적 두 가지 측면으로 나누어 살펴보자.

내적 작용

청중이 스토리를 듣고, 무엇인가를 느끼거나 알게 되는 것이 내적 작용이다.

느낌. 미국의 유명 작가이자 사회운동가인 마야 안젤루는 이렇게 말했다. "사람들은 당신이 말한 내용을 잊을 것입니다. 사람들은 당신이 했던 행동을 잊을 것입니다. 그러나 당신이 준 느낌만큼은 잊지 않는다는 것을 저는 알게 되었습니다." 비즈니스 세계에서 감정의 중요성은 종종 간과되지만 사람을 사로잡는 것은 무엇보다 감정이며 중요한 의사결정 과정에서도 꼭 필요한 것이 감정이기도 하다. 청중은 누군가의 말을 듣고 그 사람의 의도와는 무관하게 흥미, 지루함, 행복감, 불안감, 흥분감, 무관심, 놀라움, 혼란스러움, 혹은 몇 가지가 뒤섞인 느낌 따위의 어떤 특정한 감정을 느끼게 된다. 그렇다고 해서 어떤 느낌을 받았는지 말해달라고 요청한들 청중이 명확하게 자기감정을 표현할 수 있는 것은 아닐 터이다. 그렇지만 분명 그들은 무언가를 느낀다. 청중이 얼마나 오랫동안 당신의 말을 기억할 것인가, 얼마나 오랫동안 당신의 말대로 실천할 것인가는 당신이 전달한 감정적 요소에 달려있다. 따라서 현명한 스토리텔러는 청중이 자신의 메시지를 듣고 무엇을 느낄지 예측해가면서 자신의 의도와 다른 느낌을 줄 가능성이 있는 메시지를 수정하고 다듬는 데 공을 들인다.

앎. 산업 협의회에서 프레젠테이션하든, 쉬는 시간에 커피를 마시며 상사와 대화하든 우리는 청중이 그 대화를 통해 이전에 몰랐던 어떤 사실을 알게 되길 바란다. 콘퍼런스 참석자들에게 어떻게 컨슈머 인사이트*consumer insight를 창출해야 하는지 발표해야 하는 경우, 혹은 상사에게 경쟁사의 제품 연구개발 소식을 보고해야 하는 경우, 정보 전달은 무엇보다 중요하다. 아는 것이 힘이기 때문이다. 하지만 불행히도 우리는 대부분의 정보가 빠른 속도로 상품화되고 또 새로운 정보에 의해 눈 깜짝할 새 묻히는 데이터 홍수의 시대에 살고 있다. 그렇기 때문에 청중에게 깊이 각인하고자 하는 정보를 제대로 전달하기 위해서는 매우 전략적으로 접근해야 한다. 메시지를 전달하는 수단은 정말이지, 무척, 중요하다.

외적 작용

스토리를 듣고 청중이 무슨 질문을 하는가? 스토리에 어떻게 반응하고 어떻게 행동이 변하는가? 이것이 바로 외적 작용이다.

질문. 앞서 설명했듯이 느낌과 앎은 청중 내부에서 발생한다. 유능한 스토리텔링은 여기에 그치지 않고 청중이 관심을 밖으로 표출하도록 만든다. 즉, 청중의 질문을 끌어낸다. "데이터 분석 접근법에 관해 더 말해주세요." 혹은 "우리 회사의 경쟁사가 신제품을 연구 중인데 저희는 어떻게 대응해야 할까요?" 질문의 형태가 어떻든 간에 청중이

---

* 소비자의 의식이나 행동을 깊이 탐구하여 소비자 스스로도 자각하지 못하는 무의식을 꿰뚫어 보는 것

질문한다는 것은 더 알고 싶다는 뜻이다. 발표자가 청중의 마음속에 흥미를 불어넣었는지를 가장 잘 알려주는 지표가 바로 발표 후의 질문 여부다. 질문한다는 건 더 많은 정보와 통찰, 견해, 해답을 원한다는 뜻이다. 발표자는 청중이 질문하게 만들어야 한다. 청중이 질문한다는 것은 발표자가 진정한 대화의 장을 열었다는 뜻이다. 다시 말해 스토리의 주제는 청중의 마음에 영감을 주어 질문을 끌어내는 것이어야 한다(참고로 미술관 큐레이터의 프레젠테이션 시간이 절반으로 줄었을 때 그는 이 전략을 써야 했다).

행동. 소설이나 자서전을 쓰는 것, 연단에 올라 이야기를 하는 것 자체를 스토리텔링이라 부르기는 어렵다. 스토리텔링은 타인의 행동을 바꿀 목적으로 이야기를 전달하는 행위다. 비즈니스 스토리텔링은 특히 그렇다. 상대방의 행동을 촉발하겠다는 뚜렷한 목표가 있어야 한다. 마음 맞는 몇 사람과 함께 음식 배달 앱을 개발하고 있는데 아직 출시하기에는 많이 부족한 상황이라고 가정해보자. 이 단계에서는 베타테스터를 모집하는 것이 목표가 되어야 한다. 이런 경우라면 반드시 베타테스터 역할을 해주길 바라는 사람들에게 (2장에서 자세히 살펴볼) 발단 스토리와 기본적인 사업 모델을 제대로 전달한 뒤, 그 일에 동참해달라고 부탁해야 한다. 훌륭한 스토리는 청중의 행동을 유발할 수 있다.

스토리텔링의 주요 조건

지금부터는 스토리텔링의 주요 조건 다섯 가지를 살펴본다. 이 책을 통틀어 무척 중요한 내용이기에 조건마다 충분한 설명을 덧붙이고자 한다.

3막幕 법칙

혹시 가게나 레스토랑, 영화관에 갈 때마다 바닥이 갑자기 꺼져서 아래층으로 떨어지면 어떡하지 하는 불안감이 밀려올 때가 있는가? 지붕이 무너지는 건 아닐까 종종 걱정하는가? 물론 그런 일은 발생하지 않을 것이다. 다소 우스꽝스러운 비유지만 나는 이를 통해 구조의 중요성을 강조하고자 한다.

구조라는 것은 건물뿐만 아니라 스토리에도 대단히 중요하다. 구조가 튼튼한 건물을 두고 안전을 의심하는 사람은 없다. 사실 평소에 그런 생각 자체를 할 일이 없다. 그래야 할 필요성을 못 느끼기 때문이다. 무언가가 제대로 작동하고 있을 때 사람들은 편안함을 느낀다. 구조적으로 모든 조건을 제대로 갖춘 스토리도 마찬가지다. 뛰어난 스토리의 기본 구조는 똑같다. 바로 3막幕 법칙이다.

소설이나 시트콤, 영화 등 웬만한 스토리는 거의 모두 세 부분으로 나눌 수 있다. 이것을 3막이라고 한다. 1막에서는 시간, 장소, 설정에 중점을 둔다. 주인공이 등장하며, 훌륭한 스토리일 경우 청중은 1막을 보며 다음에 나올 내용을 궁금해하게 된다. 1막 끝에 훅hook이 있기 때문이다. 청중이 흥미를 잃지 않도록 훅이 가능한 한 빨리 등장해 관객의 마음을 사로잡아야 하므로 대체로 전체 줄거리 중 1막이 가장 짧다. 2막에서는 줄거리의 주된 전개 과정을 보여준다. 2막에서는 극중에서 주인공이 겪는 크고 작은 좌절과 주인공의 명석함, 새로운 통찰, 직·간접적인 장애물을 보여줘야 하므로 대체로 전체 줄거리에서 비중이 가장 크다. 보편적으로 주인공은 2막이 끝날 때쯤에 가장 큰 도전에 정면으로 부딪치게 된다. 3막에서는 주인공이 장애물을 어떻게 극복하는지 보여준다. 문제가 해결되고 모든 상황이 주인공에게 유리하게 흘러간다. 결국 만족스러운 결말로 이야기가 끝난다.

3막 구조는 너무도 중요하므로 유명한 영화 〈사운드 오브 뮤직〉을 예로 들어 다시 한번 살펴보자.

1막에서는 등장인물들이 소개된다. 〈사운드 오브 뮤직〉의 주인공은 천부적인 가수이자 수습 수녀인 마리아다. 스토리의 시대 배경은 1938년 독일이 오스트리아를 합병하기 전날, 그리고 제2차 세계대전이 발발하기 직전이며 우리는 아름다운 알프스에서 노래하는 주인공을 처음 마주한다. 그리고 영화가 상영되는 내내 우리의 관심을 계속 끌기 위해 감독이 설치한 훅이 등장한다. 정말 자신이 하느님의 부르심을 받았는지 확신하지 못하는 마리아의 내적 갈등이 바로 관객들의 관심을 잡아끄는 훅이다. 그리고 마리아가 폰 트랩 가문의 가정교사로 가기로 했을 때 마리아에게 닥쳐올 난관을 예상할 수 있다. 그렇게 주인공의 여정이 전개된다.

2막에서는 점차 상황이 복잡해지고 주인공의 여정 중에 일련의 시험과 장애물이 찾아온다. 〈사운드 오브 뮤직〉에는 마리아가 폰 트랩 가家 아이들의 마음을 얻기 위해, 그리고 훗날 대령의 마음을 얻기 위해 고군분투하는 것이 주인공에게 닥친 시련이라고 할 수 있다. 많은 고난 끝에 마리아는 자기 자신을 더 잘 알게 되지만 마리아와 폰 트랩 가문은 나치 손에 잡힐 위기에 봉착한다. 주인공이 과연 살아남을 수 있을지, 점점 커지는 역경에 맞서 행복한 결말을 맺을 수 있을지 몹시 궁금하게 만들며 2막이 끝난다.

감독은 3막에서 스토리가 던지고자 하는 중심 질문에 답을 제시하는 동시에 주인공과 관객 모두가 바라는 결말을 끌어낸다. 〈사운드 오브 뮤직〉은 폰 트랩 가문이 나치의 손아귀에서 벗어나 조국을 떠나는 장면으로 끝을 맺는다. 화면이 페이드아웃 되며 사랑이 모든 것을 이긴다는 메시지를 전달한다.

훅Hook

'스토리 앞부분에서 재빨리 훅을 선보여 청중의 관심을 사로잡아야 한다.' 말만큼 쉽지가 않다. 어떻게 강력한 훅을 만들 수 있을까? 효과적인 훅의 종류가 셀 수 없이 많겠지만 아직 무엇을 어떻게 해야 할지 모르는 초보 스토리텔러로서 어쨌거나 체계적인 훅을 만들어야 한다면 '3C'를 따를 것을 추천한다. 바로 **갈등**Conflict, **대조**Contrast, **모순**Contradiction이다. 우선 이 세 가지 용어를 정의하고 각 예시를 살펴보자. 가장 손쉽게 쓸 수 있는 장치가 바로 갈등이다. 갈등이란 방향이 서로 다른 힘이나 필요성이 충돌하는 것이다. 하지만 유념해야 할 점은 갈등이 꼭 전쟁이나 기근 같은 거대 서사일 필요는 없다는 것이다. 부부 간 말다툼이나 불면증으로 잠들지 못하는 한 사람에 관한 이야기여도 좋다. 대조란 서로 다른 두 가지 특징을 나란히 배치하는 것이다. 예를 들면 무거운 것과 가벼운 것, 풍요와 결핍, 정열과 냉담 등 종류는 무척 많다. 모순은 청중의 예상과는 전혀 다르게 사건이 진행되는 것이다. 나를 찾아온 의뢰인들이 쓴 스토리 도입부에서 아래 예문을 발췌하였다. 세 지문을 읽어보고 각각의 저자가 갈등, 대조, 모순 중에 무엇을 어떻게 활용했는지 생각해보자.

예시 1.

"월드컵 경기에서 영국이 브라질에 패한 2002년 6월 21일, 안 그래도 좋지 않던 상황이 악화일로에 있었다. 그때 그 운명의 날, 마침내 우리는 해군의 도움으로 가까스로 구출되었다."

정답이라고 생각하는 것에 표시해보자.

갈등   대조   모순

예시 2.

"나는 뉴욕시에서 나고 자랐다. 나는 내가 미국인이기에 앞서 뉴욕시민이라고 생각하며 살았다. 그러다 몇 해 전, 나는 수단에 있는 작은 사막 촌락으로 근무지를 옮기게 되었다."

정답이라고 생각하는 것에 표시해보자.

갈등   대조   모순

예시 3.

"새 직장에 두 번째로 출근했던 화요일 아침 정확히 오전 10시 3분이었다. 소프트웨어 개발자 크리스 선배님이 내게 회사 핵심기술을 설명하고 있었다. 대화가 한창 무르익어 갈 때쯤 선배에게 급박한 메시지가 도착했다. 선배는 황급히 일어나며 말했다. "컵케이크 먹으러 가자!"

정답이라고 생각하는 것에 표시해보자.

갈등   대조   모순

하나씩 살펴보자. 첫 번째 예문은 전형적으로 갈등이 쓰인 글이다. 사실 이 도입부에는 두 가지 갈등이 내포돼 있다. 우선 승패를 가리는 모든 경기에서 두 팀은 서로 반대편에 서 있다. 양 팀 모두 이기고자 하나 승자는 한 팀뿐이다. 그럼 두 번째 갈등은 뭘까? 우리가 아무런 문제 없이 안전한 상태에서는 절대 누군가의 도움이 필요하다고 생각하지 않는다. 더군다나 해군이라니. 첫 번째 예문 속에는 생존 욕구와 생존을 위협하는 상황 사이에서 벌어지는 갈등이 숨어 있다. 덧붙여 첫 번째 예문의 훅에 모순도 포함되었다고 볼 수도 있다. 월드컵 경기를 보던 사람이 왜 느닷없이 생명이 위태로운 상황에 부닥쳐 해군의 도움이 필요한 것인가 의문이 생기는 게 당연하다. 그렇다. 첫 번째 예문에 쓰인 장치는 갈등이자 동시에 모순일 수도 있다. 어떤 훅이든 하나 이상의 3C를 이용해 만들 수 있다.

두 번째 예문에는 대조가 들어 있다. 뉴욕과 수단에 가보지 않았더라도 숨 가쁘게 돌아가는 대도시와 인구밀도가 낮은 황량한 사막 촌락 사이의 극명한 차이점을 쉽게 떠올릴 수 있을 것이다. 대조는 즉각적이며 강력하다.

세 번째 예시에는 모순이 담겨 있다. 신입사원을 교육하다가 대뜸 디저트를 사러 가는 일은 흔치 않으니 말이다.

지금까지 살펴본 세 가지 예문에 어떤 훅이 쓰였든 간에 그다음에 무슨 일이 일어날지 궁금하게 만들고 더 많은 정보를 알고 싶게 만든다. 이것이 바로 훅의 역할이다. 훅에 걸린 청중은 뒤에 나올 이야기를 더 듣고 싶어 안달하기 마련이다.

도전과 변화

"별다른 문제 없이 좋은 부모님 밑에서 자라고 좋은 배우자를 만나 자신감이 충만한 인물은 재미가 없다." 인기 TV 시리즈물 〈매드맨〉을 제작한 매튜 웨이너가 한 말이다.[5] TV, 영화, 광고계의 다른 유능한 감독들과 마찬가지로 웨이너 역시 도전이 있어야 재미가 있고, 재미가 있어야 청중이 오래 집중한다는 것을 알고 있었다. 스토리의 중심에 도전이 있어야 한다. 그래야만 중심인물 사이의 관계와 그들이 처한 상황에 변화가 일어난다. 만약 이야기의 결말에 가서도 등장인물들이나 극 중 상황이 변함없이 그대로라면 여태껏 주인공의 여정에 귀 기울인 보람은 어디서 찾아야 한단 말인가? 청중은 무슨 일이 벌어지는지도 궁금하지만 결말 부분에서 무엇이 왜 어떻게 달라졌는지도 알고 싶어 한다.

명확한 주제

공개 토론회 같은 행사에서 자기소개를 하게 됐을 때, 주로 무슨 말을 해야 할까? 십중팔구는 출신 지역, 학교, 직장 등의 사실 정보를 시간 순으로 나열하기만 할 것이다. 아무리 인상적으로 사실 정보를 나열한다 해도 그저 자신이 겪은 사건이나 자신의 능력만 읊조린다면 그것은 스토리텔링이 아니다. 스토리에는 주제가 있어야 하는데 시간 순으로 나열된 사실 정보만으로는 충분하지가 않기 때문이다. 청중이 스토리 주제를 이해하고 통찰하도록 하려면 스토리텔러가 사건과 자기 생각을 함께 엮어 이야기를 전달해야 한다. 퍼폼라인PerformLine의 CEO, 알렉스 베이딘은 회사가 파산 직전까지 갔을 때 자신이 느낀 바를《포춘》지에 털어놓았다.[6] "[벤처 투자자들이] 내 기획안을 전부 거절한 것보다 더 불길하게 다가온 것은 회사 창립자이자 CEO로서 나 자신에 맹세했던 내용을 지키지 못할 수도 있겠다는 예감이었다. 바로 직원들에게 급여를 못 줄 수도 있겠다는 생각이 들었던 것이다." 베이딘은 단순히 "직원들의 급여가 밀릴 것 같은 상황이었다."고 쓸 수도 있었다. 하지만 그는 사실 정보만을 나열하지 않고 직원들에게 급여를 줄 수 없다는 게 자신에게 어떤 의미인지를 함께 말했다. 베이딘의 진정 어린 반성이 독자들에게 잘 전달되었고 독자들은 그의 마음을 충분히 공감할 수 있었다. 불안정한 당시 상황에 대한 고백 속에 자신의 고뇌를 녹여 이야기를 전했기에 독자는 베이딘의 가치관을 엿볼 수 있었으며 아무리 큰 장애물이 찾아와도 가치관을 저버리지 않도록 안간힘을 써야 한다는 글의 주제가 명확해졌다.

열린 결말과 닫힌 결말

십 년 전 회사 동료 리나 캔잘이 뭄바이에 갔을 때 어머니와 삼촌 손에 이끌려 점쟁이를 찾게 되었다. 타고난 공학자였던 리나는 분석적 사고만 해왔던 사람이었기에 '현인'이라고 불리는 일면식도 없는 사람이 자신의 과거와 미래를 볼 수 있다는 발상을 터무니없어했다. 그러나 예상은 보기 좋게 빗나갔다. 그 사람이 진짜로 자기 인생을 꿰뚫어 보는 듯했고 심지어 시간이 흘러 그 사람이 말한 대로 몇 가지 일들이 이루어지자 리나는 놀라움을 금치 못했다. 점쟁이는 이렇게 말했다고 한다. "모든 사람의 인생이 저마다의 책에 적혀 있어요." 이후 리나는 그때의 경험을 여러 사람과 나누었고 대화를 끝마칠 때는 꼭 이렇게 묻곤 했다. "어딘가에 우리 인생이 낱낱이 적혀 있는 책이 있다고 믿으세요? 우리 인생이 결국 그 내용 그대로 될 거라고 생각하시나요?"

인생이 정말로 이렇다면 세상에 우연한 결말이란 없을 것이다. 리나와 나는 이에 관해 심도 있게 의견을 나누었다. 우리는 청중에게 결말을 맡기는 열린 결말이 어쩌면 스토리를 마무리하는 최고의 방법이 아닐까 입을 모았다.

결말이 열려 있든 닫혀 있든, 우리 인생사의 결말은 무척 중요하며 그렇기에 우리 인생의 결말은 우리 손으로 직접 써야 한다.

스토리를 열린 결말로 마무리하면 청중은 자기 스토리를 이야기할 기회가 생긴다. 점쟁이를 만나고 왔다던 리나는 아주 내향적이다. 말하는 것보다 듣는 게 편한 사람이다. 그래서 리나는 새로 만나는 사람들과 무슨 대화를 나눠야 할까 전전긍긍해야 하는 사교 모임을 싫어했다. 하지만 점쟁이 이야기를 할 때는 달랐다. 다른 이들의 말만 잘 경청하면 되었기 때문이다. 자신이 결말을 맺지 않고 다른 사람들이 스스로 스토리텔링 할 기회를 만들어주면 그만이었다. 결과적으로 리나는 사교 모임 등의 행사에서 폐쇄적인 엘리베이터 피치를 하기보다는 자신에게 훨씬 더 적합한 커뮤니케이션 스타일을 사용해 사람들과 유대감을 형성할 수 있었다(엘리베이터 피치는 9장에서 자세히 설명한다).

하지만 닫힌 결말로 스토리를 마무리하는 게 더 효과적인 경우도 많다. 당신이 팀원들과 함께 새로운 보험 상품을 개발하고 있다고 가정해보자. 이 보험 상품의 타깃은 의료진이고, 그들은 이미 다른 보험에 가입된 상태이므로 이 새로운 상품에 추가로 가입할 필요성을 못 느끼지만 그럼에도 당신은 어떻게든 그들이 이 상품을 구매하도록 판매 전략을 세워야 한다고 가정해보자. 그리고 지금처럼 추가적인 보험 보장 없이 의료행위를 지속할 경우 재무 리스크가 발생할 수 있다는 통계가 최근 발표되었다고 가정해보자. 그렇다면 당신은 특별한 추가 보험이 필요 없다고 생각했다가 고소를 당해 재판에서 패하고 파산 신청을 하게 된 어떤 의료진 이야기를 반드시 전달해야 한다. 이런 스토리텔링의 목적은 너무도 명확하다. 이 전문 의료진들이 무엇을 해야 하는가 말해주는 것. 바로 추가 보험에 가입하도록 유도하면 된다. 그런데도 스토리텔러들은 자주 착각한다. 자명해 보이는 내용은 말할 필요가 없다고 생각하는 것이다. 이것은 큰 실수이며 절대 그런 실수를 저질러선 안 된다. 나를 찾는 의뢰인 중에는 청중이 자기 말을 못 알아듣는 게 놀랍다는 사람들이 많다. 사람들이 발표자의 말을 제대로 이해하지 못하는 이유는 이야기의 주제가 명확하지 않기 때문이다. 따라서 우리가 보험을 판매하고 있다면 영업 스토리의 결말은 분명해야 한다. 다른 의료진이 입었던 피해를 막아줄 보험 상품을 소개해드리게 되어 영광이라고 말하는 것이다.

요약하자면 스토리텔러는 스토리의 결말에 철두철미해야 한다. 열린 결말이든 닫힌 결말이든 스토리텔링의 목적이 무엇인지를 염두에 두어야 한다. 청중의 특정 행동을 촉구하는 것이든, 다른 사람의 생각을 흔들기 위한 것이든, 상대방의 스토리를 끌어내기 위한 것이든 각 상황에 맞게 정성을 다해 스토리의 결말을 빚어야 한다.

똑똑한 스토리텔링의 세 가지 법칙

스토리의 종류나 목적이 어떻든지 다음 법칙에 유념하라.

흥미를 돋워야 할 때와 자료를 제공해야 할 때를 분별하라

단순히 청중의 호기심만 돋우면 될 때가 있고, 많은 정보를 나누어야 할 때가 있다. 따라서 스토리텔링을 시작하기 전에 흥미를 돋우는 게 중요한지 아니면 정보를 제공하는 것이 중요한지 자문해보아야 하며 목적에 알맞게 스토리텔링을 준비해야 한다.

입증과 권유의 차이를 알아야 한다

청중이 숫자와 데이터, 사실 정보를 원하고 있는가, 아니면 사실 정보는 크게 신경 쓰지 않고 감정적인 이야기 소재에 감응하는 사람인가? 청중이 과학자나 연구·개발 종사자처럼 분석에 익숙한 사람들이라면 숫자나 데이터, 사실 정보를 원할 가능성이 크다. 반면에 2016년 미국 트럼프-힐러리 대선이나 브렉시트Brexit 찬반투표 등 치열한 접전이 벌어지는 선거-투표 국면에서는 감정적 접근이 오히려 더 중요할 수도 있다. 전자의 청중은 사실 정보와 분석 과정을 통해 입증된 내용에 더 잘 반응할 것이고, 후자의 청중은 감정적인 요소가 많이 섞인 정보에 잘 설득되는 경향이 있다. 청중을 자기편으로 끌어당

기기 위해 가장 먼저 해야 할 일은 바로 그들에게 무엇이 필요한지를 파악하는 것이다.

스토리텔링의 주제가 스토리텔러 자신이 돼서는 안 된다

단순히 자기 이야기를 하든, 전문적인 내용을 다루든 스토리텔러의 이야기는 경험에서 비롯된 것일 때가 많다. 그래서 발표자가 스토리의 초점을 청중에게 두지 않고 자기 자신에게 두는 경우가 빈번하게 발생한다. 스토리텔러는 이 점을 조심해야 한다. 효과적 스토리는 청자가 무엇을 해야 하는지 깨우쳐주거나 그들에게 유익한 스토리여야 한다. 궁극적으로 청중이 원하는 것과 관련한 이야기여야 한다. 다시 한번 강조하건대 청중을 중심으로 스토리텔링 하라. 청중과 유대감을 형성하는 법은 3장에서 상세히 다루겠다.

스토리의 진공을 메워라

이쯤 되면 많은 사람이 효과적인 비즈니스 스토리텔링을 하려면 준비할 게 무척이나 많겠다고 생각할지도 모르겠다. 당신도 그런 생각이 드는가? 맞다. 철저히 준비해야 한다. 효과적인 스토리텔링에 익숙지 않은 사람에겐 특히 스토리 소재를 캐내고 다듬어 매력적인 스토리로 만드는 일에 시간과 노력이 많이 든다. 벌써 주눅 드는 느낌이 온다면 스스로 동기부여를 하라. 스토리텔링이 없다면 무슨 일이 일어날지 한번 생각해보라. 스토리텔링 하지 않고 단지 수치 정보와 사실 정보만 떡하니 보여주면 어떻게 될까? 제시된 정보에 무슨 의미가 있는지,

그 정보를 보고 무엇을 해야 할지 청중에게 결정하라고 하면 어떻게 될까?

표현을 바꿔보자면 이와 같은 '스토리의 진공 상태'에서는 무슨 일이 벌어질까? 스토리가 없는 상황에서, 특히나 상황이 모호하고 긴급할 때라면 더욱더, 사람들은 마치 사막에서 물을 찾듯 그럴싸한 스토리를 찾아 헤맬 것이고 또 스토리를 소비할 것이다. 점들을 보면 연결해보는 것이 사람의 타고난 본성이다. 일단 설득력 있는 스토리 하나가 만들어져 보편화하면 상태를 다시 예전으로 돌리기가 힘들어진다. 여전히 논란이 되는 자폐증과 예방접종 사이의 연관성을 예로 들어보자. 1970년대 이래로 미국에서는 자폐증 환자가 계속해서 늘었다.[7] 당연히 당사자와 가족들에게는 고통과 절망을 안겨주었다. 사람들 사이에서 자연스럽게 의문이 생겨났다. 오늘날 자폐증 환자 수가 왜 이렇게 많아졌을까? 이유가 무엇일까? 그러던 중 1998년에 앤드루 웨이크필드라는 과학자가 권위 있는 영국 의학 전문지 《랜셋》에 자폐증과 백신 사이의 유의미한 상관관계를 밝히는 논문을 발표했다.[8] 우리 자녀나 가까운 이웃의 자녀가 자폐증이라고 한번 상상해보자. 우린 이 논문에 어떻게 반응하게 될까? 당시 많은 사람에게 앤드루 웨이크필드 박사의 이론은 거의 복음 같았고, 사람들은 백신 제조사와 백신을 장려하는 국가 기관에 격렬히 항의하기에 이르렀다. 하지만 몇 년 후에 웨이크필드 박사는 자신의 연구가 통째로 날조된 것이라 시인했다. 이론상으로는 그가 폭로한 내용을 듣고 사람들의 태도가 180도 바뀌어야 맞다. 하지만 실상은 그렇지가 않았다. 이후 몇 년간 이 문제로 많은 연구가 시행되었고 자폐증과 백신 사이에는 아무런 상관

관계가 없음이 밝혀졌다. 그런데도 백신을 반대했던 많은 이들의 생각은 바뀌지 않았다. 처음 접하고 믿게 된 스토리에 붙들렸기 때문이다(참고로 웨이크필드 박사는 이 사건으로 영국에서 의사 자격을 박탈당했다).

어떤 스토리가 일단 뿌리를 내리고 나면 이의를 제기하기가 어렵다. 리더가 스토리 진공을 채우지 못하게 되면 다른 사람들이 그 리더를 대신해 스토리를 메우게 된다. 그렇게 되면 그 리더는 청중에게 영향력을 발휘할 기회를 잃을 수도 있다. 그러므로 리더는 중요한 스토리의 공백을 채우는 데 최선을 다해야 한다.

사실 기반의 스토리를 만들어라

2014년 여름부터 2016년도까지 배럴당 100달러를 웃돌던 유가가 50달러 남짓으로 급락했다.[9] 더구나 유가 급락이 시작될 당시 누구도 그 영문을 몰랐다. 수요 하락이나 공급량 증가 같은 기초적인 수요·공급 법칙으로는 그 현상을 충분히 설명할 수 없었다. 언제, 어떻게 유가가 안정될지 누구도 예측할 수 없는 상황이었다. 난감한 스토리 진공 상태가 만들어진 것이다. 세계적 규모의 투자회사 사장이었던 플로렌스 피츠제럴드*는 과연 그 이유가 무엇일까 고민했다. 투자자들과 기타 주요 고객들을 위해 스토리 진공을 메워줄 필요가 있었기 때문이다.

피츠제럴드는 우선 폭넓은 조사를 펼쳤고, 시리아 사태가 악화하면

---

* 사례에 나오는 회사명과 사람 이름은 특별한 경우를 제외하곤 가명으로 쓴다.

미국과 러시아 사이의 관계도 악화한다는 점에 주목했다. 또한 미국과 이란 사이의 핵 협상에 관한 기사도 깊이 살폈다. 당연히 사우디아라비아가 반감을 품을 사안이었다. 연구 끝에 피츠제럴드가 꿰맞춘 스토리는 다음과 같았다. '미국이 셰일가스를 충분히 생산하게 되면 결국엔 에너지 자립도가 더 높아지리란 것을 사우디아라비아 역시 눈여겨보고 있었다. 사우디는 미국의 자원 점유율이 더 높아지기 전에 더 큰 시장점유율을 확보하기 위해서 의도적으로 원유 공급을 대폭 늘린 것이다.' 또한 사우디의 이런 움직임은 또 다른 주요 산유국인 이란 및 러시아와 벌이는 일종의 경제 주도권 쟁탈전의 일환이었고, 미국과 이란 간의 핵 협상과 그에 따른 이란에 대한 경제제재 조치 해제를 사우디가 달가워하지 않을 것이라는 신호이기도 했다.

피츠제럴드는 자신의 스토리를 검증해보기로 했다. 사우디 정부가 알자지라 뉴스를 통해 자국민들에게 장기간 이어질 유가 하락에 대비하라고 얼마나 자주 홍보했는지 모니터한 것이다. 피츠제럴드는 우리가 이런 종류의 경제 주도권 쟁탈전에 처했을 때 향후 유가까지는 예측하지 못하더라도 정치적·경제적으로 의미 있는 추론은 가능하다고 강조한다.

모두가 그 스토리를 수용한 건 아니었으나, 그건 문제가 되지 않는다. 중요한 사실은 모든 것이 불확실한 순간에 피츠제럴드의 스토리가 청중에게 타당성 있는 하나의 관점을 제시했다는 점이다. 피츠제럴드의 스토리는 어떻게 흩어진 점들을 이을 수 있는가, 그리고 청중을 위해 어떻게 지표를 읽어내고 정세를 파악할 수 있는가를 가르쳐줬다. 피츠제럴드는 이를 통해 자신의 신뢰도를 높이고 청중과의 관계를 심도 있게 발전시켰으며 해결책이 잘 보이지 않는 문제에 대해 생각하고 분석하는 새로운 방법을 일깨워주었다.

스토리텔링 마스터 3단계

어떻게 스토리텔링에 통달할 수 있을까? 미사여구와 당당한 제스처만 있으면 될까? 아니면 자신 있는 태도로 또박또박 말하면 되는 걸까? 이런 특징들이 분명 도움이 되겠지만 그것만으로는 충분하지 않다. 완벽한 스토리텔러들은 대체로 우리가 경험해보지 못한 3단계의 발전 과정을 거쳤다.

1단계: 뛰어난 경력을 쌓기 전까지는 우리 이력서가 빈약해보일 수밖에 없고 리더십을 기르려 해도 직장 내에서 실천하기는 힘들다. 스토리텔러 역할 또한 상급자에게 맡겨둘 수밖에 없다. 모두가 이런 단계를 겪는다.

2단계: 시간이 흐르면서 직급도 높아진다. 지식을 얻고 적용하며 통찰을 키우고, 트렌드와 전망, 전략, 전술 등 본인이 일하고 있는 업계에 필요한 관점이 생긴다. 프레젠테이션이나 토론 등의 공식적인 방식과 조언이나 대화 같은 비공식적 방식을 통해 이전보다 더 자주 자신의 지식과 아이디어를 표출한다. 아는 것이 많아질수록 할 말도 많아지기 때문이다. 하지만 2단계 너머로 발전하는 사람은 많지 않다.

3단계: 가장 도달하기 힘든 3단계까지 오면 매우 복잡한 사안들까지 이해할 수 있게 된다. 전문가는 반드시 뉘앙스에 민감해야 한다. 오늘날엔 자신이 아는 사실을 전달할 시간이 충분치 않다. 3단계에서 소수의 진짜 스토리텔링 달인이 주목받는다. 중요한 내용을 꼼꼼히 짚고 가면서도 내용을 단순화할 수 있는 사람들이다. 이들은 복잡한 아이디어에서 핵심을 뽑아내며 자신보다 아는 것이 적은 청중이 내용을 잘 이해하고 따라오며 복잡한 주제를 제대로 통찰하게 만든다. 또 다양한 수준의 사람들에게서 질문과 행동을 끌어낸다. 스토리가 있기에 가능한 일이다. 스토리텔링 기술을 연마하면 누구나 스토리텔링의 달인이 될 수 있다.

스토리텔링에 장점이 참 많다는 생각이 들면서도 동시에 느긋하게 스토리텔링만 배우고 있기엔 하루하루 사는 게 너무 바쁘다는 사람도 많을 것이다. 배우는 데 시간이 너무 오래 걸릴 것 같다고 느낄 수도 있다. 나를 찾는 의뢰인 중에서도 그런 의견을 내는 사람이 많다. 그러면 난 이렇게 답변한다. "네. 시간이 많이 듭니다." 하지만 나는 거기에서 그치지 않고 더 효율적인 방법이 있다고 덧붙인다. 바로 비즈니스 스토리텔링에 필요한 다섯 가지 기본 플롯을 익히면 된다는 것.

2장

비즈니스 스토리텔링에 필요한 다섯 가지 기본 플롯

이런 경험을 해본 적이 있는가? 텔레비전을 켰는데 좋아하는 드라마가 이제 막 시작하려 한다. 그런데 목이 마르다. '까짓거, 중간에 광고 나올 때 물 마시러 가면 되지.' 하지만 아무 생각 없이 텔레비전을 보다 보니 드라마는 끝나고 한 시간 만에 다시 목마름을 느꼈던 경험. 아니면 이런 적이 있는가? 친구가 몇 년 동안 열심히 권했던 책을 드디어 읽기로 했다. 초저녁에 책을 펼쳤는데 고개를 들어보니 어느새 자정이 되었다. 심지어 다음날 새벽 4시에 외국 기업과 중요한 전화 회의가 예정되어 있는데 말이다. 어떻게 이런 일이 가능한 걸까?

모두 한 번쯤은 비슷한 경험을 해보았을 것이다. 이런 일이 가능한 이유는 재미있는 스토리를 들을 땐 시간 가는 줄 모르기 때문이다. 우리가 의식하지 못한 채로 마치 시간이 압축된 듯 순식간에 지나갈 수 있다. 그 이유가 무엇인가? 탁월하게 설치된 훅이 우리를 강하게 끌어당긴 까닭이다. 우리가 어떤 스토리에 몰입했다는 것은 그 스토리의 출발점에 설치된 훅에 걸려들었다는 걸 뜻한다. 하지만 훅에 걸렸다고 해서 독자나 청중이 시종일관 스토리에 집중하리라는 보장은 없다.

청중이 끝까지 스토리에 흥미를 잃지 않게 하는 그 무엇. 그것이 바로 플롯이다. 플롯이란 스토리 속에서 일어나는 사건의 순서다. 참고로 이상적인 플롯에는 반전과 상황 전환, 미스터리가 내포돼 있다. 청중을 매료시켜 시간 가는 줄 모르게 하는 스토리 대부분에는 중요한 사건 전환이 많이 들어 있다. 이것은 내가 추측으로 하는 말이 아니라 과학으로 증명된 내용이다. 행동주의 과학자 폴 돌란은 "우리 뇌는 실제 발생한 사건의 개수를 바탕으로 시간을 계산하는 듯하다. 즉 발생한 사건이 많으면 많을수록 시간이 더 많이 지나갔다고 느낀다."고 설명했다. [1]

살인 사건으로 스토리를 만든다고 치면 장소, 범인, 무기 등 세부 사항을 무궁무진하게 설정할 수 있기 때문에 조합 가능한 플롯은 수천 개로 늘어난다. 하지만 비즈니스 스토리텔링의 경우엔 기본 플롯이 딱 다섯 개뿐이다. [2] 기본 플롯이 왜 중요할까? 왜 이 다섯 가지 플롯에 주목해야 하는 걸까? 이유는 두 가지다. 첫째, 다섯 플롯은 우리 인간 세상에서 반복적이면서도 보편적으로 발생하는 사건의 구조를 닮았기 때문이다. 둘째, 인생에서 일어나는 웬만한 사건은 무작위로 발생하기 때문이다. 뒤죽박죽 섞여 있는 여러 경험을 바탕으로, 주제와 논리를 갖춘 이야기의 뼈대를 세울 수 있는가 여부는 전적으로 스토리텔러에게 달려 있다. 여러 경험이 무작위로 실타래처럼 꼬여 있는 상태로 제시될 때보다 뼈대를 갖추고 있을 때 청중은 스토리의 흐름을 잘 따라가고 기억할 수 있을 뿐만 아니라 그 스토리에 영향을 받는다. 다섯 가지 플롯은 이야기의 주제를 드러낼 방법뿐만 아니라 일련의 사건들을 어떻게 배열할지를 알려주는 청사진과 같다. 물론 평생 이 다섯 가지 플롯만 기억하라는 것은 아니다. 하지만 일단 다섯 가지 플롯만 숙지하면 훌륭한 스토리를 빚을 수 있으며 향후 발전의 기초를 다질 수 있다. 다섯 가지 너머의 것을 바라보기 전에 우선 기본 플롯을 먼저 숙달하자.

플롯은 어떻게 생겼을까?

일단 세부 사항을 논하기 전에 시각 자료를 통해 플롯에 접근해보자. 먼저 《제5 도살장》, 《고양이 요람》 등을 쓴 유명 작가 커트 보니것이 스토리의 구조를 해석하기 위해 그려놓은 그래프를 살펴보자. 이 그래프는 창의적인 글쓰기에 관한 중요한 가르침이 담겨 있다.[3] 아래 도표에서 x축은 시간의 경과를, y축은 행복도를 나타낸다.

수렁에 빠진 주인공

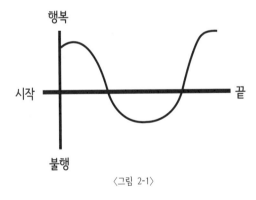

〈그림 2-1〉

많은 스토리가 주인공이 행복한 상태에서 시작한다, 그러다 곤경이나 불행에 빠지게 되고 대개 주인공은 문제를 해결한다. 보니것은 이 구조를 수렁에 빠진 주인공 스토리라고 명명하며 〈그림 2-1〉 그래프로 간단히 나타냈다.

커트 보니것의 설명 중에는 소녀를 만난 소년 플롯도 있다. 꼭 소년이 소녀를 만나는 스토리일 때만 적용되는 것은 아니다. 어느 평범한 날에 어느 평범한 주인공이 예기치 않게 무언가 혹은 누군가를 발견했다가 금방 잃어버리는 것이 소녀를 만난 소년 스토리의 기본 구조다. 주인공은 과연 되찾을 수 있을까? 지금까지 나온 거의 모든 로맨틱 코미디 영화가 그랬듯 이런 스토리 대부분에서 주인공은 무언가/누군가를 결국 되찾는다. 소녀를 만난 소년은 수렁에 빠진 주인공과 그래프 모양이 다르다.

소녀를 만난 소년

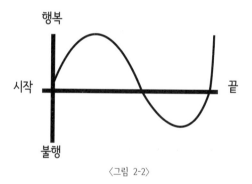

〈그림 2-2〉

참고로 커트 보니것은 〈신데렐라〉 스토리와 〈햄릿〉 스토리를 예로 들어 두 가지 플롯을 더 깊이 다루었지만 이 책에서는 다루지 않는다.[4] 다시 플롯 얘기를 이어가자면, 시대와 장소를 불문하고 세상에 존재하는 수백만 편의 스토리를 들여다보면 등장인물과 배경, 갈등 양상은 상당히 다를지 몰라도 그 속에는 놀라우리만큼 비슷한 패턴이 발견된다. 그러므로 당신이 사업 구상을 발표할 때나 대규모 학회에 패널로 참가할 때, 혹은 점심시간에 동료들과 이야기할 때, 이 다섯 가지 기본 플롯은 언제라도 활용할 가치가 있다.

다섯 가지 기본 플롯

이제부터는 비즈니스 스토리텔링에 필요한 다섯 가지 기본 플롯을 상세히 다룰 것이다. 이를 통해 여러분은 당면 목표를 이루기 위해 다섯 가지 기본 플롯을 어떻게 활용하면 좋을지 판단할 수 있게 될 것이다.

발단

인간은 무엇인가의 시작을 무척 알고 싶어 한다. 그게 우주든, 구체적인 사건이든, 우리 자신이든 말이다. 구체적인 질문 양상은 다르겠지만 대부분 아이는 부모에게 아기가 어떻게 생기는지 물어본다. 부모는 난처하겠지만 이는 지극히 자연스러운 현상이다. 인류는 발단 스토리 덕분에 단순하게는 호기심을 충족할 수 있고 더 나아가서는 정체성과 계승에 관한 개념을 가지며 사건이나 인물을 역사적 맥락에서 이해할 수 있게 된다. 그래서 전 세계의 종교와 문화는 저마다 세상과 인류의 탄생 스토리를 갖고 있다.

비즈니스에서 발단 스토리는 회사 창립자의 스토리나 한 개인, 회사, 아이디어, 상품, 서비스, 기본 방침, 동향, 기회 등이 생겨난 배경을 설명할 때 쓰이는 경우가 많다. 2006년에 인드라 누이라는 여성에게 세간의 관심이 쏟아진 적이 있었다. 이 인도 여성이 펩시콜라의 CEO로 임명됐기 때문이었다. 미국 내 주요 기업을 통틀어 최초의 비非미국인 여성 CEO가 된 것이다. 대체로 최초라는 수식어에는 어떻게 라는 의문사가 따라붙는다. 누이는 어떻게 CEO 자리에 오를 수 있었을까? 인드라 누이가 무척 자주 들었던 질문 역시 "어떻게 이 자리까지 올라오셨나요?"였다. 인드라 누이는 발단 스토리로 그 질문에 응답했다.[5]

"매일 밤 저녁을 먹을 때마다 어머니가 언니와 제게 시키신 일이 있어요. 인도 총리 혹은 미국 대통령이 된다면 무슨 일을 할 것인지 연설문으로 적어보라고 하셨던 거죠. 어머니는 우리에게 매일 새로운 리더 역할을 주문하셨어요. 저희는 식사가 끝나갈 즘에 연설했고, 어머니는 저와 언니 중 한 사람에게 투표하셨어요." 저녁 식사 시간마다 발표해야 한다는 걸 불편하게 여겼을 법도 하지만 인드라와 언니, 어머니는 모두 연설을 곁들인 저녁 식사 시간을 좋아했고 소중한 배움의 시간으로 여겼다. 자매는 매일 연설을 연습한 덕분에 자연스레 자기주장을 펼치는 법과 어려운 질문이 쏟아질 때 대응하는 법을 깨우쳤다. 훗날 인드라 누이는 직장에서 남자 직원들이 자신의 아이디어를 못 미더워하며 사사건건 문제를 제기해왔을 때 자신이 계획한 목표의 타당성과 장점을 자세히 설명함으로써 설득력 있게 대응하는 리더의 모습을 보여주었다. 인드라 누이의 발단 스토리를 듣고 나면 그녀가 성공한 원인이 이해가 가고도 남는다. 어릴 때부터 스스로 생각하고 자신의 주장을 뒷받침하는 법을 배웠고 그 어떤 국가나 회사에서도 리더가 될 수 있다고 믿으며 자랐기 때문이다.

인생 역전

비즈니스 스토리에서 인생 역전은 아주 흔한 내용이다. 보잘것없는 배경에서 나고 자랐으나 혼자 힘으로 성공을 일구어낸 인물의 스토리가 얼마나 많은가 생각해보라. 호레이쇼 앨저는 19세기에 여러 인생 역전 스토리를 책으로 펴내며 작가로서 크게 성공했다. 〈다윗과 골리앗〉 이야기나 약자가 성공하는 이야기는 인생 역전 스토리의 변종이다. 인생 역전 플롯은 아무 희망도 없어 보이는 밑바닥에서 시작했으나 상황을 극적으로 전환하여 모두를 놀라게 한 인물을 다룬다. 커트 보니것이 인생 역전 플롯을 그래프를 그린다면 〈그림 2-3〉과 같을 것이다.

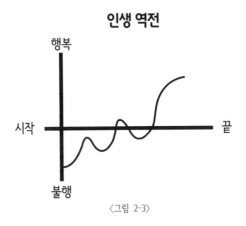

〈그림 2-3〉

약자의 승리 혹은 인생 역전의 대표주자로 오프라 윈프리를 꼽을 수 있다. 오프라 윈프리는 가난과 학대로 얼룩진 어린 시절을 보내다 청소년기에 아버지가 살던 내슈빌로 이사했다. 아버지는 오프라 윈프리가 앞길을 찾도록 방향을 제시하고, 학업에 매진하며 자기만의 재능을 살릴 수 있도록 이끌었다. 그것이 밑바탕이 되어 오프라 윈프리는 실현 불가능해 보이는 목표를 설정했고, 결국 비즈니스와 미디어의 아이콘이자 30억 달러의 부를 이룬 자선가가 될 수 있었다.[6] 또 다른 인생 역전의 사례로 헤어 케어 전문기업 폴 미첼Paul Mitchell과 고급 테킬라 브랜드인 패트론 스피리츠 컴퍼니의 최고경영자 존 폴 디조리아를 들 수 있다. 700달러로 폴 미첼을 시작하기 전, 존 폴 디조리아는 로스앤젤레스 이민자 동네의 변변치 못한 가정에서 태어나 두 차례나 노숙자 신세로 전락하기도 했다. 디조리아는 가가호호 돌아다니며 물건을 팔았다. 이러한 고난은 1년에 9억 달러를 벌어들이는 헤어 케어 대기업의 초석이었다.[7] 인생 역전 스토리 속의 역경은 주인공에게 호락호락하지 않다. 주인공들에겐 든든한 배경도 없고 횡재가 일찍 찾아오지도 않는다. 하지만 존 폴 디조리아나 오프라 윈프리처럼 인생 역전 주인공은 숱하게 생기는 멍과 타박상을 꾹 참고 극복할 수 없을 것만 같던 난관들을 결국 극복해낸다. 그럼으로써 밑바닥 출신들은 감히 쳐다보기도 힘든 자리에 도달한다. 인생 역전 스토리를 통해 많은 사람이 '나도 할 수 있다'는 자극을 받는다. 그래서 인생 역전 스토리는 다양한 청중에게 반향을 불러일으킨다.

회생

죽었다 살아나는 이야기 중에 가장 잘 알려진 것이 예수 그리스도의 부활이다. 하지만 회생 스토리가 꼭 육체의 죽음에 관한 것만은 아니다. 작가 크리스토퍼 부커는 자신의 저서 《기본 플롯 일곱 가지》에서 〈잠자는 숲속의 공주〉 이야기를 이용해 회생 스토리의 정의를 확장한다. "남자나 여자 주인공이 사악한 주술에 걸려서 살아는 있되 죽었다는 표현이 더 어울리는 상태가 된다. 마치 꽁꽁 얼어붙은 한겨울처럼 말이다. 신체나 정신이 옭매이거나 깊은 잠에 빠지는 등의 마법에 걸리는 것이다. 주인공은 오랫동안 얼어붙은 상태로 고난을 겪는다. 그러다 주인공을 해방하는 특정 인물이 기적처럼 등장해 주인공을 깨우고 비로소 주인공이 어둠의 수렁에서 영광의 빛으로 빠져나온다."[8] 여기서 중요한 것은 **부활**의 개념이다. 달리 말하면 회생 스토리는 두 번째 기회를 얻는다는 뜻이다. 비즈니스 환경에서 회생은 대개 기업의 회생을 말한다.

리처드 티어링크는 1980~90년대에 할리 데이비슨Harley-Davidson 회사를 다시 일으켰다.[9] 그가 경영권을 넘겨받기 전이었던 80년대 초반, 한때 오토바이의 아이콘이었던 할리 데이비슨은 마치 '저물어가는 태양' 같았다. 스콧 비버 기자는 "한때는 전설이었으나 시대를 따라가지 못한 할리 데이비슨 오토바이는 이제 업계의 웃음거리가 되었다"고 말했다.[10] 그러나 리처드 티어링크는 포기하지 않았다. 티어링크는 오토바이의 아이콘 격인 할리 데이비슨을 재건하고 브랜드 이미지를 쇄신하였으며 새로운 사명과 가치, 목표, 전략을 확립한 공로를 인정받아 2015년에 미국 모터사이클협회AMA 명예의 전당에 오른다.[11] 회사를 살리는 일에 착수하면서 티어링크는 할리 데이비슨의 주된 자산은 회사의 브랜드라고 투자자들에게 강조했다.[12] 사람들이 할리 데이비슨을 좋아하는 주된 이유가 오토바이 그 자체가 아님을 그는 이해하고 있었고 라이프 스타일과 감성이 어우러진 마케팅을 밀고 나가야 한다고 믿었다. 비즈니스 세계에 이런 회생 스토리는 즐비하다. 또 사람들은 늘 회생 스토리에 매료된다. 개천에서 용 나는 인생 역전 스토리나 약자가 강자를 이기는 이야기처럼 스토리 속에 역경을 이겨내는 요소들이 있기 때문이다.

괴물 극복

괴물이 꼭 다스 베이더나 〈죠스〉의 상어, 침대 밑에서 튀어나오는 이빨이 삐죽삐죽한 짐승일 필요는 없다. 우리가 살펴볼 스토리 속 괴물은 주인공의 생존을 위협하거나 번번이 좌절을 안겨주는 유·무형의 실체, 혹은 그러한 상황을 뜻한다. 괴물은 눈에 보이지 않는 것일 수도 있다. 영국 왕 조지 6세를 떠올려보라. 그는 자기 내부에 자리 잡은 괴물인 말더듬증을 극복하고 제2차 세계대전 동안 영연방 국민들에게 희망을 고취하는 감동적인 연설을 펼쳤다. 그의 괴물 극복 이야기는 영화 〈킹스 스피치〉를 탄생시켰고 이 영화는 아카데미 시상식에서 4관왕을 달성했다. 괴물을 물리치는 스토리에서 주인공은 종종 우유부단하거나 주저하는 캐릭터로 등장한다. 종종 괴물을 괴물이라 인식조차 못 하지만 어떤 운명적 계기나 사건에 등 떠밀려 괴물과 한판 대결을 벌이게 된다. 성경 속 모세도 이집트에서 백성들을 구출해 내라는 신의 부름에 처음에는 도망쳤고, 〈스타워즈〉의 루크 스카이워커 역시 자신의 가족들이 스톰트루퍼 손에 죽기 전까지는 굳이 모험을 떠나려 하지 않았다.

여배우이자 사진작가인 크리스 카는 질병이라는 형태로 찾아온 괴물과 직면했을 때 "어떻게 하면 암으로 매일 조금씩 죽어간다는 생각을 지우고 살아갈 수 있을까?" 자신에게 계속 질문했다.[13] 2000년대 초반, 그녀는 버드와이저 슈퍼볼 광고에 출연할 정도로 인기가 있었고, 2003년에 희소 암을 진단받았을 당시엔 화려한 삶을 누리고 있었다. 리사 스테인 기자가《사이언티픽 아메리칸》에 쓴 기사에 따르면 "처음 암 진단을 받았을 때 크리스 카는 암을 죽음으로 끌고 가는 화물열차라고 생각했다. 하지만 이제 그녀에게 암이란 변화의 동력을 제공하는 기폭제다. 그녀는 자신의 라이프 스타일을 바꾸고 새로운 여성 공동체와 소통하며, 글쓰기처럼 전혀 불가능할 것만 같았던 활동에 정열을 쏟고 있다."고 한다. 담당 의사들은 크리스 카에게 '기다려 보자'고 말했지만 그녀는 '살아보자'고 자신에게 답했다. 크리스 카는 "내 인생을 뒤로 미루면서 죽음을 기다리는 대신 매 순간 나의 삶을 살아가겠다."고 선언하였고 다른 사람들에게도 진짜 자기 삶을 살라는 메시지를 전했다. 현재 크리스 카는 여전히 암을 지닌 채로 책도 출판하고 많은 사람에게 건강의 가치를 일깨워주며 승승장구하고 있다.

개인만이 괴물을 쳐부수는 것은 아니다. 사람들이 뭉쳐서 만든 모임과 단체 역시 괴물을 파괴할 수 있다. 2015년에 스위스 그린피스Greenpeace와 퓨어어스Pure Earth는 〈세계 최악의 공해 문제〉라는 제목으로 10주년 보고서를 발간했다.[14] 보고서에 따르면 연간 900만 명이 공해로 사망하며 그중 840만 명이 개발도상국 국민이다. 이는 흡연으로 인한 사망자 수보다 35% 많고, 말라리아로 인한 사망자 수보다 세 배

많은 수치다.[15] 그런 상황과 맞서 싸우기 위해 홍콩상하이은행HSBC을 비롯한 몇몇 은행이 혁신적인 물 여과 장치를 개발하는 데 기금을 조성해 필리핀 폐수를 정화했고, 멕시코 정부는 기업 및 대학교와 협업하여 장기간 오염된 채 방치돼 있던 정유 공장을 정비해 연간 수백만 명이 찾는 공원으로 탈바꿈시켰다. 한 기사는 그 합동 노력의 결과를 두고 "조직들이 힘을 모으고 여러 기관이 각자의 강점을 발휘할 때 공해 문제가 해결될 수 있음을 보여주었다. 이런 스토리들을 통해 우리가 올바른 방향으로 나아가고 있음을 확신하게 된다. 하지만 전 세계에서 산업화가 진행되고 있는 지금 상황에서 우리에겐 할 일이 많이 남아 있다"고 요약했다.[16]

생존과 번영을 위한 투쟁은 인간의 본성이다. 따라서 싸우는 주체가 개인이든 집단이든 기관이든, 그 누구든지 괴물과 싸워 승리하길 모든 청중이 응원하게 된다. 그래서 비즈니스와 리더십 스토리에 나오는 괴물 극복 스토리는 언제나 매력적이다.

탐험

인생 역전과 괴물 극복 스토리는 대체로 주인공들이 좋지 않은 상황에서 이야기가 전개되지만, 탐험 스토리 속 주인공의 삶은 처음부터 평탄하다. 하지만 일반인들과는 달리 주인공은 편안히 집에 앉아 있는 것에 만족하지 못한다. 위험이 도사리고 있을 테지만 얻을 수 있는 가치도 막대하다고 생각하여 저 먼 곳 어딘가로 주저 없이 떠난다. 탐험 스토리의 주인공은 불확실한 보상을 위해 자신에게 주어진 더 안락한 선택지와 친구 및 가족의 조언을 뒤로하고 위험천만한 탐험의

길을 떠난다. 탐험 스토리에 꼭 들어맞는 예시로 영화 〈인디아나 존스〉 시리즈를 꼽을 수 있다. 극 중에서 해리슨 포드가 역을 맡은 용감무쌍한 고고학자는 신령스러운 석판인 언약궤와 성배를 찾아 온갖 위험을 무릅쓴다.

하지만 우리에게 더 큰 영감을 주는 이들은 실제 이 세상에 존재했던 탐험가들이다. 전前 우주비행사이자 미국항공우주국NASA의 기후학 연구원 피어스 셀러스가 그 예다. 부유하고 보람 있는 삶을 영위하던 그는 2016년 1월, 61세 나이에 췌장암 4기를 진단받아 의사에게 앞으로 살날이 1년 반밖에 남지 않았다는 말을 듣게 된다. 급작스러운 인생의 전환점에서 그는 애통해하거나 유희에 시간을 쓰는 대신 기후 변화를 늦추는 방법을 찾는 데 자신의 여생을 쓰기로 했다. 한평생 지구 주위를 비행했다고 해도 과언이 아니었기에 이 결심이 그리 놀랍지 않을 수도 있다. 영국 태생인 그는 미국으로 건너갔고 나사에서 근무하는 동안 미국 시민권을 얻어 마침내 나사 우주비행단에 배속되었다.

세 차례 우주 탐사를 성공리에 마친 피어스는 이후 1500명의 과학자와 공학자를 이끄는 기후 부서를 선택했다. 기후 변화 문제를 두고 그와 생각이 달랐던 한 국회의원은 피어스 셀러스에 대해 공개적으로 조롱하기도 했다. 그대로 물러서고 싶지 않았던 피어스 셀러스는 《뉴욕타임스》에 논평을 실어 가차 없이 의회를 쏘아붙였다. 나사에 자금을 대는 곳이 의회인데도 말이다. 2016년 12월 23일 세상을 뜨는 그 순간까지 그는 빠르게 사그라져가는 자신의 시간을 기후학을 위해 바쳤다. "우리는 이미 이전에도 여러 차례 해낸 바 있다. 어려운 상황에 부딪힐 때마다 우리는 출구를 찾았다."[17]

비즈니스에서도 탐험 스토리를 많이 볼 수 있다. 제임스 다이슨은 청소기 견본을 오천 개 이상 만들고 난 뒤에야 사이클론 기술을 바탕으로 하는 청소기 개발에 성공했다. 하지만 처음에는 영국과 미국의 그 어떤 제조사도 다이슨 제품을 인정해주지 않았다.[18] 하지만 오늘날 다이슨Dyson은 1년에 5억 달러 이상 매출을 기록하며 전 세계에 7천 명의 직원을 거느린 회사로 성장했다. 제임스 다이슨이 먼지 주머니 없는 진공청소기에 대한 탐험을 포기했더라면 '다이슨'의 명성도 없었을 것이다.

청중 절대다수는 탐험의 가치를 인정하고 즐긴다. 이렇듯 유용한 탐험 스토리를 활용할 방법을 생각해보라.

목적에 '꼭 맞는' 감정 효과를 찾아라

앞서 살펴보았듯 다섯 가지 플롯마다 특유의 감정 특성이 있다. 발단 스토리는 청중에게 영감을 줌과 동시에 과거와 현재 사이의 점들을 잇고자 하는 인간의 욕구에 초점을 맞춘다. 인생 역전 스토리는 청중의 공감을 불러일으키며 청중이 열악한 환경에 있는 주인공을 응원하게 만든다. 회생 스토리는 악화한 상황을 반전시켜 영광을 되찾는 이야기이며 청중은 이야기를 통해 희망을 얻는다. 괴물 극복 스토리는 정의로운 분노를 유발하며 청중이 현재 당면해 있거나 다가오고 있는 위협을 막기 위해 행동에 착수하도록 동기를 부여한다. 그리고 탐험 스토리는 쉬지 않고 달려갈 수 있도록, 즉 청중이 이미 정해진 것처럼 보이는 인생에서 더 많은 것을 성취하길 원하게 만든다.

비록 다섯 가지 플롯에 내포된 주요 감정 특성이 다 다르지만 공통점이 하나 있다. 바로 청중에게 희망을 준다는 것이다. 베스트셀러 소설 작가 할런 코벤은 〈괴짜 경제학〉 팟캐스트 인터뷰에서 "희망은 당신의 용기를 달걀 껍데기처럼 으스러뜨릴 수도 있고 날아오르게 만들수도 있다"고 말했다.[19]

한 가지 꼭 기억해야 할 점은 하나의 스토리에 다양한 플롯 유형을 포함할 수 있다는 것이다. 예를 들어 인생 역전 스토리와 발단 스토리는 겹치는 경우가 많고, 실제로 탐험 스토리에는 괴물 극복 스토리의 요건들이 내포돼 있다. 어떤 스토리를 전달할까 고민하는 단계에서 "나는 청중이 무엇을 느끼길 원하는가?" 자문해봐야 한다. 그것이 핵심 질문이다.

다섯 가지 플롯 연습하기

스토리텔링은 자전거를 타는 것과 같다. 자전거 관련 책을 읽거나 다른 사람들이 타는 것을 지켜본다고 능숙해지지 않는다. 직접 안장에 앉아 타보는 수밖에 없다.

스토리 만드는 과정을 살펴보고 직접 해보자. 우선 볼품없더라도 '조악한 초안'을 작성한다. 어떤 플롯이 자기 스토리에 잘 어울릴지 걱정하지 않아도 된다. 가능한 한 많은 세부 사항을 포함해 글을 써 내려간다.[20] 그런 뒤 초안을 덮어두고 하루나 이틀 후에 다시 꺼내 들어 1장에서 살폈던 스토리텔링의 주요조건을 생각하며 스토리를 수정한다.[21] 그러고 나서 다음날 다시 원고를 읽는다. 이 단계에서는 실수로 빠트렸던 중요 세부 사항이나 통찰은 추가하되 전체적으로 글을 다듬고 싶은 욕심은 버린다. 이러한 과정을 거친 후 자신에게 세 가지 질문을 한다.

이 스토리는 무엇에 관한 것인가?

1장에서 언급했듯이 일어난 사건을 단순히 반복해서 말한다고 스토리텔링이 아니다. 자신의 스토리가 무엇에 관한 것인가를 알면 다음과 같은 장점이 생긴다.

1. **주제:** 자신의 스토리가 무엇에 관한 것인가는 그래프의 y축에 해당하는 것으로서 스토리의 척추, 즉 주제가 된다. 커트 보니것이 예시로 들었던 그래프로 따져 보자면 그가 설명한 스토리의 주제는 행복도이다. 또한 주제는 더욱 구체적인 것일 수도 있다. 고객 서비스 책임자에게 사전에 문제를 해결할 권한 주기, 공해로 피해를 보는 사람들에 대한 인식 고양하기, 저금리 시대에 투자 대비 이윤율 높이기 따위가 그 예다.

2. **필터링:** 자기 스토리의 주제를 알면 스토리의 진척을 막는 세부 사항을 필터링할 수 있다. 여기서 필터는 불필요한 것을 잘라내는 크고 날카로운 가위 같은 것을 말한다. 시나리오 작가 로버트 맥키는 "창조성이란 무엇을 넣고 무엇을 뺄지 창의적으로 선택할 수 있는 능력"이라고 조언했다.[22] 나는 뒤엣것을 강조하고 싶다. 빼야 할 것이 눈에 보이면 가차 없이 잘라

내야 한다.

3. **플롯:** 자신의 스토리가 무엇에 관한 것인가를 알면 다섯 가지 비즈니스 플롯 중 어느 플롯이 해당 스토리에 가장 적합할 것 인가를 더 쉽게 결정할 수 있다.

내 스토리에 감명받을 청중이 누구인가?

자기 스토리가 무엇에 관한 것인가 하는 질문이 하향식 접근법이라면 내 스토리에 감명받을 청중이 누구인가 하는 질문은 상향식 접근법이 라 할 수 있다. 비즈니스 스토리텔링은 궁극적으로 적합성이 중요하 다. 스토리와 청중이 서로 잘 맞아야 한다. 당신이 보기엔 가장 위대 한 스토리인 것이 대다수 청중에겐 그렇지 않을 수 있고, 반대로 당신 에겐 재미없고 영감도 주지 않는 스토리가 누군가에겐 큰 울림을 줄 수도 있다. 따라서 스토리의 주요 구성요소들(플롯, 감정 특성, 교훈) 을 세세히 재점검하고 이것들을 목표 청중의 특성에 맞게 조정하는 작업이 꼭 필요하다.

스토리상에서 발생한 사건의 결과로 주인공, 혹은 상황에 어떤 변화가 생겼는가?

이 단계는 어떤 비즈니스 플롯이 당신만의 스토리를 가장 잘 전달할 것인지를 생각해보는 단계다. 하지만 무작위로 발생하는 것 같은 인 생의 온갖 사건에 어떤 의미를 부여하는 작업은 쉽지만은 않을 수 있 다. 만약 글 쓰는 일에 자신이 없고 자꾸만 꺼려진다면 내가 제시한 다섯 가지 비즈니스 플롯 중 최소한 한 개만이라도 활용해보면 좋을 것이다. 변화가 스토리의 영혼임을 명심해야 한다. 각 플롯에서 주인공은 특정 변화를 겪는다. 플롯마다 구체적으로 어떤 변화가 일어나는지 다시 한번 살펴보자.

- **발단:** 과거를 앎으로써 현재를 더 잘 이해한다.
- **인생 역전:** 주인공의 상황이 몹시 나쁜 쪽에서 아주 좋은 쪽으로 변한다.
- **회생:** 문자 그대로든 비유적으로든 죽음과도 같던 상황에 긍정적 변화가 일어난다.
- **괴물 극복:** 나쁘거나 악한 것이 제거된다.
- **탐험:** 불가능해 보이던 일을 성취한다.

당신의 스토리에 적합한 플롯이 하나라도 있는가? 아래에 나올 아웃라인을 활용해보라. 이 아웃라인은 깨트릴 수 없는 법칙 같은 것은 아니다. 다만 당신의 스토리 개발과 글쓰기 과정을 위한 길잡이라 생각하길 바란다. 스토리텔링 작업에 자신감이 생길 때까지 다섯가지 아웃라인 중 최소한 한 가지만이라도 꼭 익혀두길 바란다.

비즈니스 스토리텔링에 필요한 다섯 가지 기본 플롯: 당신의 스토리텔링을 진척시켜 줄 아웃라인

지금부터 각각의 플롯을 실제 사건에 적용해 만든 기초적인 아웃라인과 스토리 예문을 살펴보자. 아웃라인을 활용하면 원고를 좀 더 쉽게 쓸 수 있다. 당신이 스토리를 전개할 때 각 아우트라인의 빈칸에 자신의 정보를 채워 넣으면 매끄러우면서도 특별한 스토리가 완성될 것이다.

발단 스토리 아우트라인

_____(흥미로운 도전이나 기회의 발생 | 이전까지 관련 없던 두 가지 이상의 아이디어 결합) 때, _____(사업/커리어)가 시작되었습니다.

_____(개인/회사)는 _____때문에(해당 아이디어에 사업성이 충분하다고 생각한 이유 | 특정 직업이 나에게 적합하다고 생각한 이유) 판단했습니다.

_____(개인/회사)는 _____(그 아이디어가 어떻게 자신의 욕구와 맞아떨어졌는지 | 그 아이디어를 적기에 발견하게 된 계기) 때문에 새로운 아이디어는 무척 매력적이었습니다.

_____(사람이나 물자)의 도움을 받아 _____(회사를 출범 | 커리어로서 확정/선택) 했습니다.

초기에는 _____(직면한 문제) 있었습니다.

하지만 그때 _____(해결책 시행) 했습니다.

비록 현재는 _____(더 이상…, 그때보다…) _____(회사/커리어가 시작된 이래로 달라진 점)이지만 _____(개인/회사)는 여전히 _____(처음에 개인/회사를 시작했던 비전 유지) 하고 있습니다.

그 결과 _____(그 비전이 개인/회사를 어떻게 계속 변화시키고 있는지) 하고 있습니다.

그렇기에 _____(개인/회사)는 _____(청중의 행동 촉구) 바랍니다.

발단 스토리 예문:
에어비앤비AIRBNB[23]

룸메이트와 제가 월세를 낼 수 없던 **때**, 우리 사업이 **시작되었습니다**. 룸메이트와 저는 웹사이트를 만들어 바닥에 에어 매트리스 세 개가 깔린 저희 아파트 거실을 주말 동안 임대하겠다는 글을 인터넷에 올렸습니다. 거실을 빌려주기로 한 주말은 때마침 샌프란시스코에서 대규모 회의가 열리는 날이었고, 호텔마다 빈방이 없어 저희는 손쉽게 고객 세 분을 확보하게 되었습니다.

당시에 저희가 아파트 거실을 빌려드린 건 저희 생계 때문이었습니다. 하지만 그때 반응이 굉장히 좋았기 **때문에** 저희는 이걸로 더 큰 일을 벌일 수도 있겠다고 **판단했습니다**. 사실 룸메이트와 저는 **이 새로운 아이디어에 푹 빠져버렸습니다**. 회의감이 들었던 잡다한 사업 구상에서 이제는 벗어나고 싶었기 **때문이었습니다**.

컴퓨터를 잘 다루는 친구의 **도움을 받아** 회사 공식 홈페이지를 개설했습니다. 그러던 중 대규모 행사들이 열리게 되어 지역 내 숙박업소가 감당하기 어려운 수요가 예상되자 회사는 동력을 얻었습니다. 공간을 공유하고 활용하고자 하는 수많은 잠재고객을 확인할 수 있었던 것입니다.

초기에는 저희에게 번뜩이는 아이디어만 있었지 자금이 없었습니다. **하지만 그때** 저희는 가장 불편한 결제 업무를 누군가 대신 처리해주면 게스트와 호스트가 기꺼이 수수료를 낼 것으로 판단했습니다. 그런데 저희에게 더 큰 문제가 생겼습니다. 바로 게스트 한 분이 호스트의 아파트 기물을 파손한 것이었습니다. 저희는 공식 사과하고 즉시 호스트분께 상당히 큰 액수의 보험료를 지급해드렸습니다.

비록 현재는 저희 회사가 게스트 세 분에게 에어 매트리스를 빌려드렸던 아파트를 벗어났지만 **저희는 여전히** '물건'보다 경험에 가치를 둡니다. 그 결과 많은 분이 저희 플랫폼을 찾고 계시며, 더 안전하고 의미 있는 경험을 즐길 수 있는 숙박 공유 서비스로 발전하도록 독려해주십니다.

그렇기에 저희는 이러한 공유 경제가 앞으로도 번창하길 바라는 한편, 이번에 저희가 준비한 신규 투자 기회에 많은 분께서 동참해주시기를 기대합니다.

인생 역전 스토리 아우트라인

올해 저는 _____(현재 달성한 성공의 수준) 했습니다. 하지만 늘 이랬던 것은 아닙니다.

고백하자면 _____(회사/커리어 초창기 때의 상황 | 어렸을 때 상태)이었습니다.

그럼에도 불구하고 _____(그 당시 개인적 특장/개입한 인물들 | 동기를 부여했거나 이끌어준 교훈으로 어떻게…) 하였습니다.

그러다 마침내 _____(당신을 '부'로 이끌어준 기회를 잡은 방법) 했습니다.

_____(성공의 가능성)이 보이는 듯했던 그 순간에도 _____(개인/회사)는 여전히 _____(더 큰 고난과 좌절)이었습니다. 하지만 _____(개인/회사)는 끊임없이 _____(그 좌절에 대한 응전) 했습니다.

_____(성공하기까지 들인 노고) 후에야 비로소 _____(성공)할 수 있었습니다.

_____(개인/회사)가 성공한 것 같다고 느꼈던 게 바로 그때였습니다.

그때를 돌아보면 지금의 _____(개인/회사)를 만든 것은 _____(궁핍한 상황에서도 '부'에 대한 희망을 놓지 않게 만들어준 그 무엇)입니다.

인생 역전 스토리 예문: 존 폴 디조리아[24]

올해 저는 《포브스》가 선정한 세계 100대 부자 명단에 이름을 올렸습니다. 저희 헤어 케어 회사는 매년 9억 달러 수익을 냅니다. 그리고 제가 세운 테킬라 회사는 한때 조롱받던 테킬라 술을 고급품으로 만들었습니다.

하지만 늘 이랬던 것은 아닙니다.

고백하자면 저는 두 차례 노숙자로 살았습니다. 첫 번째 아내가 어린 아들만 남겨두고 저를 떠났을 때 저는 직장을 찾으며 푼돈이나마 벌기 위해 병과 캔을 주웠습니다. 이후에 헤어 케어 회사를 갓 시작하려고 할 때 두 번째 아내와 갈라섰고, 저는 잠잘 집도 없이 차에서 지내게 되었습니다. 사업 파트너와 제게 50만 달러를 주겠다고 약속했던 보증인이 있었기 때문에 저는 차에서의 생활이 일시적일 거로 생각했습니다. 하지만 보증은 결국 물거품으로 끝나버렸죠.

그럼에도 불구하고 저는 열심히 일한다는 것이 무엇인지 알고 있었습니다. 고작 아홉 살 때 집집마다 돌아다니며 크리스마스 카드를 팔았습니다. 열 살 때는 새벽 네 시에 일어나 신문 배달을 했었습니다. 그 후 저는 백과사전을 둘러메고 돌아다니며 팔기도 했습니다. 한 집에서 거절당한 뒤 다음 집 문 앞에서 미소를 띠고 있어야 한다는 게 어떤 느낌인지를 알게 되었습니다. 사람들은 번번이 저를 거절했지만 저는 희망을 놓지 않는 법을 체득했습니다. 헤어 케어 제품을 팔 때는 더 많은 거절을 경험했지만 개의치 않았습니다. 한 미용실에서 다음 미용실로 걸음을 옮길 뿐이었습니다.

그러다 마침내 사람들이 저희 제품을 사기 시작했습니다.

성공의 기미가 보이는 듯했던 그 순간에도 저는 여전히 고지서 대금 하나 제때 내지 못하는 신세였습니다. 사업 파트너와 제가 모은 초창기 자금은 단돈 700달러밖에 되지 않았습니다. 하지만 우리는 **끊임없이** 문을 두드리며 저희 제품을 사람들이 좋아하게 될 날이 올 거라는 희망을 절대 포기하지 않았습니다.

수년 동안을 치열하게 분투하며 살아낸 후에야 비로소 고지서 대금을 치르는 일은 물론이고 저와 파트너에게 각자 몇천 달러 정도 되는 수익이 생겼습니다. **우리가 성공한 것 같다고 느꼈던 순간이 바로 그 때였습니다.**

가진 것이라곤 희망뿐이던, 고단하고 어려웠던 그 시절을 돌아보면, 많은 사람과 희망을 나누고 싶다는 생각이 듭니다.

회생 스토리 아우트라인

_____(개인/회사)는 _____하던 상황이라 아무 희망이 없었습니다.

저희가 현재는 _____ 하지만 그때 당시에는 _____했습니다. _____(처해 있는 환경) 때문이었습니다. 그러나 _____(개인/회사에게 자극이 된 것) 때문에 저희는 멈춰 설 수 없었습니다.

그러다 마침내 그토록 찾아 헤맸던 _____(중요한 계기)을 얻었습니다. 그때가 되어 비로소 _____했습니다.

그때부터 _____. 비록 _____(더 큰 어려움)이 있었지만 _____(다른 사람이나 자원) 덕분에 _____할 수 있었습니다.

누구나 _____이지만 저희는 _____(남다른 마음가짐이나 행동) 했습니다.

저희가 _____(특정 성공)을 한 것도 사실이지만, 저희는 _____가 가장 자랑스럽습니다.

오늘 저희를 여기까지 이끌어준 _____을 추억하며 이만 줄입니다.

회생 스토리 예문: 샐리 크로첵[25]

저는 이십 대 때 제게 꼭 맞는 직장을 찾지 못한 채 이곳저곳을 전전**하고 있던 상황이라 아무 희망이 없었습니다.**

제가 현재는 팔만 명이나 되는 여성 경제인 네트워크 단체에서 최고경영자를 맡고 있지만 그때 당시에는 평생토록 몸담을 탄탄한 직업을 찾아 헤매고 있었습니다. 서른 살을 눈앞에 두고 이미 나이가 많다고 느꼈기 **때문입니다.** 탄탄한 직업을 찾지 못하면 이 직장 저 직장 떠돌기만 하다 제가 배운 것들이 무가치해지겠다는 생각이 들어 **멈춰**

설 수 없었습니다.

그러다 마침내 그토록 찾아 헤맸던 답을 얻었습니다. 리서치 애널리스트가 돼야겠다는 생각이 든 것이었죠.

그때가 되어 비로소 저는 제가 배운 학문과 제가 가지고 있던 관심을 어떻게 활용할 수 있을지 깨달았습니다.

그때부터 리서치 애널리스트가 되기 위해 제가 할 일은 오직 계획한 대로 실천하는 것이었습니다. 앞서 시티은행에서 재무담당 최고 책임자로서 복잡한 대규모 사업도 이끌어보고, 회사 두 군데에서 공개적으로 해고를 당하기도 하는 등 커리어가 수차례 바뀌**었지만** 다행히도 생각보다 일찍 번스틴Bernstein에 입사**하게 되어** 리서치에만 **몰두할 수 있게 되었습니다.** 번스틴은 다양한 목소리를 들어주는 회사인 데다가 직원들이 오로지 성과에만 집중하던 곳이었기 때문에 여자인 내가 '남자 세상'인 금융계에 몸담고 있다는 사실을 잊을 수 있었습니다.

누구나 각자 흥미나 배운 학문을 활용**하겠지만 저는** 특히 평생교육에 열정이 있었고, 끊임없이 무언가를 배울 수 있는 직업을 얻기 위해 저 자신을 몰아붙였습니다.

제가 금융계에서 눈에 띌 만한 여러 가지 일을 수행한 것도 **분명 사실이지만 저는** 제게 의미 있는 일을 발견한 **것이 가장 자랑스럽습니다.** 제 능력을 활용할 수 있는 일, 제게 중요한 일을 찾았으니까요.

오늘 저를 이 자리에 세워준, 부엌에서 불현듯 리서치 애널리스트가 되고 싶단 생각을 했던 이십 대 끝 무렵의 저**를 추억하며 이만 줄입니다.**

_____(시간과 장소)에 저는 _____(당시 평범했던 일상 | 성격 묘사)이었습니다.

그런데 어느 날, _____(예기치 못한 인생의 큰 시련)이었습니다.

처음에, 저는 _____(초기에 느꼈던 당혹감과 현실 부정) 했습니다.

그때 _____(어떤 사건의 발생 | 생각에 변화를 준 어떤 인물과의 만남) 하게 되었습니다.

그 일이 있고 나서 _____(필사적으로 '괴물'과 맞붙었던 시기의 상황)를 결심했습니다.

그 즉시 _____(괴물 극복 과정에 착수하며 취한 행동) 하였습니다.

최선을 다해 노력했지만 _____(또 한 번의 좌절과 재도전)이었습니다.

_____(괴물과 마지막으로 싸움)했을 때 비로소 _____(내게 찾아온 평화 | 새로운 상태) 하게 되었습니다.

_____(그 과정을 거치면서 배운 점)을 깨달았습니다.

실제로 _____(자신의 스토리가 청중에게 유의미한 이유)입니다.

괴물 극복 스토리 예문: 크리스 카[26]

2003년 2월, **저는** 영화제 축제가 끝난 후에 뉴욕에 있는 저의 집으로 돌아가고 **있었습니다.** 당시 저는 서른한 살이었고, 배우와 사진작가로 활동하던 제게 영화제는 빠르게 돌아가는 생활의 일부였습니다.

그런데 뉴욕에 도착한 뒤에 맞은 **어느 날** 아침, 몸이 피곤하고 아팠습니다. 그날 하루가 끝나갈 때쯤에는 단순히 아프기만 한 게 아니라 경련성 복통이 생겨 너무나 고통스러웠고 숨도 제대로 쉴 수 없었습니다. 그러고 다음 날 병원에서 검사를 받았습니다. 며칠 후, 병원에서는 제가 형태가 희소한 암에 걸렸다고 했습니다.

암 진단을 받고 **처음엔** 충격과 분노가 일었습니다. 암 치료를 받으면서 어떻게 일상생활을 할까 하는 생각만 계속 들었습니다. **그때** 담당 의사 선생님께서는 제가 중점적으로 면역 체계를 강화해야 한다고 말씀하셨습니다. **그 말을 듣고 저는** 스스로 치유 전문가가 **되기로 결심했습니다.**

그 즉시 제가 읽을 수 있는 암 관련 서적은 모두 찾아 읽었습니다. 저는 채식주의자가 되었으며, 암과 투병하던 젊은 여성분들과 가까이 지냈습니다. 또 의사와의 상담을 포함한 치료 과정을 모두 촬영하기 시작했습니다.

그런 노력에도 불구하고, 제가 '면담'했던 한 의사 선생님께서는 제가 장기를 세 개나 이식해야 할 것 같다고 말씀하셨죠.

그러다 지금 저를 치료해 주시는 암 전문의 선생님을 만났**을 때** 비로소 암을 지닌 채로도 하루하루 성실히 살아갈 수 있다고 생각하시는 그분에게 의지하게 되었고, 그 결과 저는 장기 이식은 고사하고 화학 요법이나 방사선 치료도 하지 않고 있습니다.

저는 저 자신이 가장 충만하고 가장 건강하게 하루하루 주어진 삶을 살고 싶어 한다는 걸 **깨달았습니다.**

실제로 투병 생활을 하는 그 누구든지 오늘의 삶에 초점을 맞춰야 한다고 저는 믿습니다. 여러분도 제가 가졌던 관점으로 삶을 바라볼 수 있게 **되기를 바랍니다.**

탐험 스토리 아우트라인[27]

제가 원하는 것은 _____ 입니다.

제가 그것을 원하는 이유는 _____ (배경 이야기 | 주인공 소개 | 혹 설치)입니다.

제가 원하던 것을 얻기 위해, 저는 _____ (행동) 했습니다.

하지만 난관이 있었습니다. _____ (장애물을 극복하는 과정 | 당신이 원하는 것을 얻는 데 따르는 어려움)이었습니다.

항상 저는 _____ (탐험의 여정이 시작될 때 갖고 있던 전제나 세계관) 라고 생각했습니다.

_____ (생각하던 기본 전제를 바꿔야 한다고 깨달았을 때 열린 돌파구) 때 전환점이 찾아왔습니다.

바로 그 순간 저는 _____ (이 스토리에서 가장 크게 배운 점)을 알게 되었습니다.

그런 뒤 저는 _____ (깨달음의 결과로써 취한 행동) 했습니다.

또 하나 제가 깨닫게 된 것은 _____ (이 스토리가 청중에게 유의미한 이유) 라는 것입니다.

탐험 스토리 예문:
에스더 초이저자가 직접 씀

저는 딱딱하고 전문적인 프레젠테이션을 다음 내용이 너무나 궁금한 이야기처럼 재미있게 만드는 법을 가르치고 **싶습니다.** 말도 안 되는 소리 같겠지만 불가능한 것은 아닙니다.

프레젠테이션을 흥미롭고 효과적으로 하는 일에 관심을 **갖게된 건** 제가 일류 경영대학원에서 입학사정관으로 일할 때 수천 명의 자기소개서를 읽으며 스토리의 힘**을 경험했기 때문입니다.** 입학 자기소개서는 대부분이 기발하지도 않고, 사실만 나열해 글이 건조합니다. 그런데 이따금 스토리텔링이 잘 되어 있는 자기소개서를 마주치면 읽느라 시간 가는 줄도 모릅니다. 그런 자기소개서를 쓴 지원자는 지원 자격에 문제가 없는 한 스토리텔링을 제대로 하지 못한 사람들보다 합격할 가능성이 훨씬 높습니다. 그때 궁금증이 생겼습니다. 스토리텔링이란 게 경쟁률이 높은 대학 입시에만 효과가 있을까? 제가 생각하는 답은 절대 그렇지 않습니다.

제가 원했던 것을 얻기 위해 저는 MBA를 졸업하고 리더십 스토리랩이라는 회사를 창업해 리더십 스토리텔링을 교육·상담하고 있습니다.

하지만 난관이 있었습니다. 많은 사람이 비즈니스에서 스토리텔링을 활용하면 쉽게 이해할 수 있고 설득력도 있겠다고 생각하지만 막상 돈을 지급할 만큼의 가치가 있다고 생각진 않았던 것입니다.

저는 회사만 차리면 사람들이 찾아올 **것이라고 줄곧 생각했습니다.** 아주 어리석은 판단이었습니다.

그러다 **전환점이 찾아왔습니다.** 제 커리어의 발단이 되었던 입학사정관 시절을 돌이켜보던 **때였습니다.** 잠재고객들은 스토리텔링에 관심이 있다는 이유만으로 돈을 내지 않습니다. 긴급한 필요가 있어야 합니다. 입학 및 입사 지원, 자금 조달, 신상품 공개 등 마감날이 임박해서 발등에 불이 떨어졌을 때야 기꺼이 돈을 낸다는 사실이 떠올랐습니다.

바로 그 순간, 그동안의 제 마케팅 방법이 부족했거나 통째로 틀렸다는 것을 **깨달았습니다.**

그런 뒤 저는 타이밍과 목표 시장 선정의 중요성을 알게 되었습니다. 저는 비즈니스 세계에서 쓸모가 많은 스토리텔링에 고유한 가치가 있다고 믿으시는 분인 동시에, 지금 당장 그 유용한 기술을 활용해야 할 만큼 중대한 일을 앞두고 계신 분들을 대상으로 제 전문 지식을 제공해야겠다고 마음먹었습니다.

또 하나 제가 깨닫게 된 것은 단순히 제게 아이디어가 있고, 제 아이디어에 동의해주는 사람들이 있다고 해서 반드시 그게 비즈니스 기회가 되는 건 아니라는 점입니다. 좋은 아이디어를 사업화하려면 그 서비스가 간절히 필요한 고객을 찾는 일에 발 벗고 나서야 합니다. 이것이 제가 지금까지 매진하고 있는 일입니다.

지금까지 스토리의 흐름을 그래프로 표현하는 법부터 다섯 가지 비즈니스 기본 플롯, 각 플롯 특유의 감정 특성, 아우트라인을 이용해 스토리텔링 연습하기까지 여러 내용을 다루었다. 당신이 이 다섯 가지 도구를 통합하여 스토리텔링을 할 수 있길 바란다. 또한 당신이 창의적인 사람이 아니라거나 영감이 떠오르지 않는다고 느낄 때마다 이 다섯 가지 도구를 꾸준히 연습하길 바란다. 더 나아가 다섯 가지 플롯을 당신의 두 번째 재능으로 체득하여 사람들의 눈과 귀를 사로잡는 스토리텔러가 되길 바란다.

이제부터는 스토리를 생생하게 만들어내는 방법에 대해 자세히 살펴본다. 이를 위해 가장 먼저 할 일은 청중의 입장에 서서 그들과 유대감을 형성하는 것이다.

생생하게
스토리텔링
하기

3장
청중이 누구인지를 보라

3장의 주제는 관점이다. 어떻게 하면 청중의 입장을 이해하고 청중의 관점에서 강렬한 스토리를 전개해 나갈 것인지 살펴볼 것이다. 이번에도 스토리 몇 편을 예로 들어 관점이라는 개념을 자세히 설명하겠다. 지금부터 누구나 들어봤을 동화 한 편을 소개한다. 하지만 지금까지 당신이 알던 내용과는 사뭇 다를 것이다.

늑대가 들려주는 아기 돼지 삼 형제 이야기

지금까지도 명작으로 회자하는 〈아기 돼지 삼 형제〉 이야기는 당신도 잘 알고 있을 것이다. 아기 돼지 삼 형제가 각각 지푸라기와 나뭇가지와 벽돌로 집을 지은 이야기다. 어릴 적 들었던 내용을 떠올려보자. 덩치 크고 심술 고약한 늑대 한 마리가 아기 돼지 삼 형제를 찾아와 지푸라기 집과 나뭇가지 집을 후 불어 날리고선 첫째와 둘째를 잡아

먹었다. 벽돌로 집을 튼튼하게 지은 셋째만 늑대에게서 도망칠 수 있었다.

그런데 이 동화 속에 더 많은 이야기가 숨어 있다면 어떻게 받아들이겠는가? 혹시 기존의 심술 고약한 늑대를 '억울하게 누명 쓴' 캐릭터로 바꿔 표현한 작품을 본 적 있는가? 〈아기 돼지 삼 형제〉를 패러디한 대표적인 작품으로 동화작가 존 셰스카의 그림책 《늑대가 들려주는 아기 돼지 삼 형제 이야기》를 꼽을 수 있다.[1] 존 셰스카는 지금까지 본 적 없던 늑대의 관점으로 이 명작 동화를 다시 썼다. 그러자 놀라우리만큼 작품의 분위기와 의미, 주제가 달라졌다.

우선, '덩치가 크고 심술이 고약한 늑대'에게도 이름이 있다. 바로 알렉산더 T. 울프. 하지만 주변에서는 늑대를 모두 '알'이라고 불렀다. 옥에 갇힌 알은 수년 전 자신의 운명을 뒤바꾼 그 날에 정확히 무슨 일이 일어났는지 이야기해준다. 알은 이렇게 말한다. "그날 무슨 일이 있었는지는 아무도 몰라. 왜냐하면 아무도 내 이야기는 들어보지 않았거든."

모든 것이 설탕 한 컵과 감기, 심한 재채기 때문이었다. 당시에 나이에 비해 체구가 컸던 알은 감기가 심하게 걸렸지만 할머니께 꼭 생신 케이크를 만들어 드리고 싶었다. 그런데 집에 설탕이 다 떨어지고 없어 이웃에게 설탕을 빌리려고 집을 나섰다.

늑대가 찾아간 그 이웃이 누구였을까?

그렇다. 바로 아기 돼지 삼 형제였다. 알의 이야기에 따르면 삼 형제 중 둘은 그다지 총명하지 않았다고 한다. 그래서 한 놈만 벽돌로 집을 지었고 둘은 지푸라기나 나뭇가지를 건축자재로 선택했다는 것. 알은 가장 가까이 살던 첫째 집에 찾아가 지푸라기 집 문을 두드렸다. 하지만 안에서는 아무 대답이 없었다. 알이 한 번 더 두드려봐도 마찬가지였다. 그런데 바로 그때 알은 느닷없이 코가 근질거려 참을 수가 없어 재채기했다. 입바람이 어찌나 셌던지 지푸라기로 만든 첫째 집이 폭삭 무너져버렸고 첫째는 볏단에 깔려 죽어버렸다. 알은 첫째 돼지를 보며 이렇게 포동포동한 고깃덩어리를 버려두면 너무 아깝겠다 싶어 첫째를 먹어치우고는 설탕을 찾아 다음 집으로 발걸음을 옮겼다. 이후 벌어질 일들은 당신이 아는 그대로다.

결국 스토리는 누구의 관점에서 바라보는가에 의해 결정된다. 아기 돼지 삼 형제 원작과 존 셰스카의 패러디 작품 모두 등장인물과 사건 순서, 결말은 같다는 점에 유념하라. 두 작품 모두 아기 돼지 삼 형제와 늑대가 등장하고 삼 형제는 각기 다른 자재로 집을 지었다. 늑대는 문을 열어달라고 한 뒤 입김을 세게 불어 집을 무너뜨린다. 첫째와 둘째가 죽는 설정도 공통으로 나타난다.

하지만 아기 돼지 삼 형제를 재해석한 스토리를 들은 후엔 상상 속의 '덩치 크고 심술 고약한 늑대'의 모습이 분명 이전과 달라질 것이다. 아마도 마냥 나빠 보이지만은 않을 것이다. 어쩌면 늑대에게 동정심이 생길지도 모르겠다. 늑대는 그저 착한 손자 노릇을 하려고 할머니께 케이크를 만들어 드리려 했을 뿐이니까. 재채기도 감기에 걸렸으니 어쩔 수 없고 돼지를 먹은 것도 어찌 됐든 이유 있는 행동이었다. 알의 입장에서 돼지를 먹지 않으면 음식을 그냥 낭비하는 꼴이니 말이다!

아기 돼지 삼 형제와 늑대 이야기가 보여주듯이 등장인물과 발생

사건은 같을지라도 무엇을 더하고 빼느냐에 따라 스토리가 완전히 달라진다. 바로 여기에 중요한 교훈이 있다. 전략적 스토리텔링이란 단지 당신이 알고 있는 내용을 그대로 전달하는 것이 아니다. 우선 스토리텔링을 통해 당신이 달성하고자 하는 목적을 명확히 파악해야 한다. 아이디어를 제시하는 것인가? 거래를 트고자 하는가? 아니면 또 다른 목적이 있는가? 그런 뒤에 당신이 설득하고자 하는 청중의 관점으로 당신의 스토리를 호소력 있게 재구성해야 한다. 당신의 사고방식, 관심사 그리고 편견은 머릿속에서 지우고 당신에게 가장 중요한 청중의 입장이 되기 위해 다음 질문에 대한 답을 찾아라. "청중이 무엇을 알고 **싶어** 하는가? 청중이 **꼭** 알아야 할 내용은 무엇인가?"

지금부터는 미국 9/11 테러 사건을 계기로 시카고에 설립된 한 회사를 예로 들어보겠다. 설립자 부부는 회사 설립의 동기로 9/11 사건에 큰 의미를 부여했지만 고객 입장에서는 회사와 9/11 사건 사이에 아무런 연관성도 느끼지 못했던 경우였다.

기업가가 받은 영감이 고객에게도
반드시 통하지는 않는다

2001년 9월 11일은 그레고리 클리스 존슨의 아내이자 뉴욕에서 교사로 재직하던 크리스틴이 직장에 휴가를 낸 날이었다. 이 부부는 허드슨강을 경계로 세계무역센터 쌍둥이 빌딩과 마주 보는 뉴저지 아파트에 살았는데, 당시 분양받은 지 얼마 되지 않은 강아지가 집에 적응할 때까지 크리스틴이 휴가를 쓸 생각이었다. 그러던 그 날 아침, 미국 중앙정보국에서 정보 분석가로 잘 나가던 남편이 출근길에 오르고 있을 시각에 크리스틴은 맨해튼에서 벌어지는 참상을 창문 너머로 목격하게 되었다. 비행기 두 대가 쌍둥이 빌딩에 충돌해 세계무역센터가 불에 타 무너지던 바로 그 장면이다. 그녀가 평소대로 출근했다면 지하철에서 내렸을 곳이 바로 세계무역센터 역이었다. 분양받은 강아지가 아니었다면 크리스틴은 쌍둥이 빌딩 코앞에서 일하고 있었을 터였고, 과연 목숨이나 건질 수 있었을지 누구도 장담할 수 없었다.

그날부로 부부의 인생관은 180도로 달라졌다. 부부는 자신들에게 가장 중요한 것이 무엇일까 생각해본 뒤 전에 살던 시카고로 돌아가 버블 아카데미라는 이름의 유아 교육 회사를 차리기로 했다. 그레고리와 크리스틴은 미국 역사상 가장 비극적인 사건을 목도한 후 자신의 거처와 여태껏 쌓아온 경력을 모두 버리고 재정 위험이 따를 수도 있는 사업에 뛰어들겠다는 영감을 받은 것이다. 고로 9/11 테러 사건이 곧 버블 아카데미의 존재 이유였다. 9/11이 터진 지 10년 후 창업자 그레고리는 내가 주최한 워크숍에서 자신의 창업 스토리를 전해주었다.

하지만 버블 아카데미가 유치하고자 하는 고객을 들여다보니 이러한 창립 스토리가 그들에게 전혀 어울리지 않겠다는 판단이 들었다. 버블 아카데미가 공략해야 할 고객들에게서 보이는 특수성 때문이었다. 표적 고객 대다수는 아이를 키우는 전업주부로, 대학 교육을 받은 20대 후반에서 30대 초반인 도시 사람들이었다. 게다가 다른 미국인들보다 애국심도 약한 편이다. 더 중요한 사실은 그 사람들 머릿속에는 온통 자녀 생각뿐이라는 점이었다. 자신의 양육방식에 문제는 없는지, 정말 최선을 다해 아이들을 키우고 있는 것인지 늘 자신에게 되묻는 사람들이었다.

그런 특징을 보이는 청중에게 버블 아카데미의 가치를 알리겠다고 9/11 사건을 언급한다는 것은 앞뒤가 맞지 않았다. 해당 청중이 9/11 사건을 떠올리면 불안감만 커질 것 같았고 최악의 경우엔 중압감이 더해져 버블 아카데미에 영영 관심을 끊을 가능성도 있었다. 그레고리는 이런 피드백을 선뜻 받아들이지 못했다. 회사의 발단 스토리를 오랜 기간 염두에 두었던 데다 2001년에 벌어진 그 운명의 날이 여전히 기억을 사로잡고 있었기 때문이었다. 하지만 결국에는 그레고리도 표적 고객의 마음을 이해하게 되었고 사업에서도 성공하고 싶었기에 회사 스토리를 변경하기로 했다. 우리는 창립 스토리를 다시 만들면서 고객이 알고 싶어 하지도 않고 알아야 할 필요도 없는 기존의 불쾌한 내용을 축소하고, 반대로 고객이 알고 싶어 하며 꼭 알아야 하는 내용을 강조했다. 즉 크리스틴이 교육 분야 전문가라는 점과 그레고리 집안에서 예술 관련 사업을 했다는 점, 이 부부가 유아 발달 분야에 열정적이라는 점을 강조했고 그렇게 다시 탄생한 스토리는 고객들에게 무척 좋은 반응을 얻었다.

이제부터 다른 분야에서 가져온 예시를 살펴보자. 연금/기금 등의 기관투자가들에게 보여줄 투자제안서를 예로 들겠다. 이번 예시의 교훈 또한 당신의 스토리가 청중의 물음에 답해야 한다는 것이다. 질문에 답하지 못하는 순간, 청중은 떠나간다는 걸 말해주는 사례다.

청중에 대한 관심이 우선이다.
능력은 그다음 문제다

혹시라도 당신이 투자제안서를 보게 된다면 내용이 대체로 천편일률적이라고 느낄 것이다. 투자제안서 십중팔구가 해당 투자회사의 조직도, 각 직급에 배치된 직원들의 흠 잡을 데 없는 투자 경력, 투자자 입장에서 해당 투자회사에 자금을 투자할 가치가 있음을 자세히 보여주는 기업 가치 평가모델, 해당 투자회사의 역사, 투자 철학, 투자 과정에만 초점을 맞추기 때문이다. 이런 투자제안서가 겉보기에는 번지르르하고 전문적인 듯 보이지만 결국 자기 얘기만을 나열할 뿐이다.

한 부동산투자신탁 헤지펀드 회사의 투자제안서가 꼭 그랬다. 시카고에 자리한 그 펀드사는 그때그때의 정세에 따라 글로벌 부동산증권펀드나 부동산투자신탁REITS에 투자하는 회사였다. 또한 헤지펀드 회사답게 롱-쇼트 전략을 쓰기도 했다. 즉 전 세계에 상장된 주식과 부동산에 유동적으로 투자할 수 있다는 뜻이었다. 그 펀드사는 투자처를 찾을 때마다 최대한 분석적이고 정량적인 방식으로 기업 가치를 평가했다. 또한 여타 펀드사들이 이자율이나 정치 사건, 정계 움직임 등의 전반적인 변수나 개별 국가 혹은 특정 산업부문에 확실한 전망이 있을 때 투자하는 거시적인 투자 접근법을 쓴 데 반해, 이 펀드사는 기업별 주가를 평가해 투자 기회를 찾는 '상향식' 가치평가 접근법을 썼다. 결과적으로 그 펀드사는 대개 다른 회사와 구별되는 역발상이라는 회사 투자 철학에 따라 투자 기금을 운용하고 있었고, 늘 더

우수한 펀드사를 찾는 다수의 투자자에게 그 점을 선전했다.

그런데 그 밖의 여러 펀드사와 컨설팅해보니 모든 펀드사가 하나같이 자기들은 남들과 다른 투자 철학을 가졌다고 믿고 있었다. 그렇다면 과연 서로 남들과 다르다고 주장하는 투자사들을 잠재고객이 신뢰할 수 있겠는가? 나에게 자문을 의뢰한 위 펀드사 경우엔 실제로 잠재고객들의 신뢰를 잃고 있었다. 회사 실적을 보면 수익률이 11년 연속 22%에 달하는데도 투자자들이 자금을 맡기지 않아 펀드매니저들이 운용자금을 확보하는 데 무척 애를 먹고 있던 것이다. 그리하여 경영진은 이제는 회사가 자기중심적 태도를 버리고 고객에 집중하는 접근 방식을 택할 때라고 결단하게 되었다.

그렇다면 어떻게 고객 입장이 될 수 있는가?

내가 그 회사의 투자제안서를 검토해보니 투자제안서의 핵심적인 문제가 즉시 드러났다. 기존 제안서는 단 한 페이지도 예외 없이 말하고자 하는 내용이 모두 똑같았다. "우리 회사 역량이 이렇게 뛰어난데 투자자들이 대체 왜 우리에게 투자하지 않는가?"에만 초점이 맞춰져 있었다. 이런 스토리텔링 방식은 그 투자제안서가 아무리 프레젠테이션 기본원칙을 잘 따르고 있다고 해도 지나치게 자기중심적인 방식이라 볼 수밖에 없다.

우리는 논점을 바꾸기로 했다. "회사는 어떻게 오랫동안 그렇게 높은 성과를 낼 수 있었는가?", "그 팀은 앞으로도 계속 현재 실적을 유지할 수 있는가?"처럼 잠재고객들이 실질적으로 궁금해할 질문들을 추려보았다. 이해하기 쉽도록 일상적인 예시를 들어보겠다. 친구 한 명이 저번 주에 정말 맛있게 식사를 했다며 미슐랭 가이드 별 세 개짜리 레스토랑을 추천해줬는데 당신은 영 못 미더운 상황이라고 해보자. 실제로 어느 레스토랑이든 미슐랭 가이드 별 세 개를 받게 되면 기존의 주방장, 부주방장, 디저트 요리사가 바뀌는 경우가 많이 발생한다. 별을 받은 후에 요리사들의 가치가 올라가 경쟁 레스토랑에서 그들을 스카우트해가기 때문이다. 어디 그뿐인가, 높은 평가를 받은 데다 기존 직원들도 그대로인 레스토랑조차 여러 가지 사정으로 평소 실력을 발휘하지 못할 수도 있다. 그렇기 때문에 친구가 아무리 특정 레스토랑을 추천한다 해도 당신 또한 그 친구와 똑같은 수준의 식사를 할 거라고는 장담할 수가 없다. 기관투자자도 이와 마찬가지다. 펀드 매니저들이 아무리 열을 내며 자기 회사를 홍보해도 기관투자자들은 의심할 수밖에 없다.

잠재고객들이 늘 의심할 수밖에 없는 상황에서 자신이 어떤 내용에 초점을 맞춰야 하는지만 잘 알아도 이 싸움에서 반은 먹고 들어간다. 위 펀드사의 기존 투자제안서 내용은 "당신이 지금 당장 투자해야 하는 훌륭한 상품을 준비했습니다."라는 식이었다. 우리는 고심 끝에 접근법을 달리하기로 결정했다. 그 결과 새로운 투자제안서는 이런 뉘앙스로 바뀌었다. "저희 회사는 부동산 투자를 이끄는 리더입니다. 저희가 고객님을 올바른 투자의 길로 이끌어드리겠습니다. 고객님의 소중한 자금과 의뢰인들을 위해 부동산 투자의 진정한 솔루션을 선보일 기회를 주십시오." 고객 입장에서 꼭 알아야 할 내용을 중심으로 수정한 새로운 투자제안서는 회사 자체에 중점을 두지 않고 지금까지 이룬 실적을 어떻게 앞으로도 계속 유지할 것인가에 초점을 맞추었다. 즉 단순히 해당 펀드사와 펀드매니저들의 역량만

앵무새처럼 반복하는 것이 아니라 지금까지 어떻게 그런 성과를 냈는지, 어떻게 앞으로도 계속 그 정도의 수익률을 유지할 것인지에 초점을 맞췄다. 요컨대 청중에게 '우리 펀드사의 강점이 무엇인가'만을 반복해서 홍보하던 것을 멈추고 '우리가 어떻게 높은 수익률을 내는가'를 온전하게 보여주려 노력했다. 즉 무엇보다는 어떻게가 중요하다는 점을 깨달음으로써 우리는 이 싸움의 전반전은 이기고 들어갈 수 있었다.

우리는 문제의 투자제안서를 새로 고친 후에 이 싸움의 나머지 절반도 해치울 수 있었다. 우리는 '어떻게'에 중점을 둔 회사 설명과 이 책 2장에서 다룬 다섯 가지 비즈니스 플롯을 활용해 만든 스토리를 새 투자제안서에 담았다. 우리가 다시 만든 이 짧은 스토리 속에는 그 펀드사가 어떻게 처음 시작됐는지(발단 스토리), 부동산 경기 변동이 심한 상황에서 실적을 내기 위해 어떤 일에 착수했는지(탐험 스토리), 세계 금융위기가 이어지는 동안 다른 금융사들보다 어떻게 훨씬 높은 이익을 냈는지(회생 스토리), 저금리와 전 세계의 정치적 불확실성에도 불구하고 어떻게 기준 수익률을 능가하는 결과를 지속해서 내고 있는지(괴물 극복 스토리) 모두 들어 있었다. 우리가 다시 쓴 투자제안서가 그 목적을 달성할 수 있었던 비결은 잠재고객이 어디서든 찾아볼 수 있는 진부한 설명을 지양하고 개개인에게 생생하게 전달될 수 있는 스토리를 만든 데 있었다. 새로운 투자제안서 효과를 톡톡히 본 그 펀드사는 18개월 만에 처음으로 목표로 한 금액을 초과달성하였다!

AIA 모델을 활용하라: 청중을 인정하고Acknowledge 행동을 유도하며Inspire 미래 모습을 열망하게Aspire하라

1장에서 언급했던 3막 법칙을 기억하는가? 간략히 설명하자면 모든 스토리는 세 부분으로 구성되어 있는데 이를 3막 법칙이라고 한다. 1막 혹은 도입부는 스토리가 시작되는 단계로 구체적인 배경과 중심인물들이 등장하고 훅이 설치된다. 2막에서는 중심인물들이 역경을 극복해 나가는 과정을 청중에게 보여준다. 마지막으로 3막에서는 스토리 속 문제가 최종 해결되고 주제가 드러난다. 청중의 입장이 되어 청중의 관점으로 스토리를 만들 때도 기본적으로 3막 법칙을 따라야 한다.

지금부터는 내 의뢰인이었던 글렌 홀리스터 회장의 경우를 예로 들어 보겠다. 홀리스터 회장은 에번스턴에 본사를 둔 ZS 어소시에이츠라는 컨설팅 회사의 대표. 그가 어떻게 AIA 모델을 활용해 영업사원들의 마음을 사로잡았는지 살펴보겠다. 2015년에 홀리스터 회장은 미국에서 네 손가락 안에 드는 항공사를 찾아가 고객을 직접 대면하는 최전선 영업사원 400여 명을 대상으로 프레젠테이션을 하게 되었다. 프레젠테이션 목적은 성능이 향상된 세일즈 대시보드를 영업사원들에게 소개하고 판매하기 위함이었다.

하지만 솔직하게 터놓고 얘기하자. 업종 불문하고 누구도 삶에 큰 변화가 생기기를 바라지 않는다. 임원진과 기업 고문들이 조직을 쇄신하는 데 그토록 애를 먹는 이유도 바로 이 때문이다. 따라서 그런 직원들을 앞에 두고 "이 신제품을 쓰면 업무 환경이 크게 개선될 것"

이라고 이야기해봐야 직원들은 믿지 않는다. 최악의 경우 거센 반발에 부딪히기도 한다. 홀리스터 회장 역시 영업사원들에게 새로운 대시보드의 장점을 홍보할 때 어떤 문제에 부딪히게 될지 알고 있었다.

하지만 다행히도 홀리스터 회장은 AIA 모델을 숙지하고 있었다. 회장은 한 시간 분량의 프레젠테이션을 시작하며 가장 먼저 청중을 인정했다. 그는 청중의 공로를 인정하기 위해 항공사 영업사원의 일과를 낱낱이, 그야말로 분 단위로 쪼개어 묘사했다. 청중의 노고를 인정하는 동안 대시보드 이야기는 절대로 입 밖에 내지 않았다. 자신의 일상 이야기를 들으면 청중이 지루해하지 않을까 싶겠지만 절대 그렇지 않다. 도리어 그 영업사원들은 회장의 프레젠테이션을 귀 기울여 들으며 웃고 손뼉 치고 환호했다. 항공사 영업사원이 어떤 과정과 절차를 밟아가며 일을 하는지, 힘든 점은 무엇인지 이 컨설팅 회사가 주의 깊게 조사하지 않았다면 자신들의 삶을 그토록 자세하게 표현할 수 없었으리란 것을 청중 또한 알고 있었기에 자신들의 수고를 인정해주는 홀리스터 회장에게 청중은 고마움을 느꼈다.

청중을 인정하는 일은 응급실 환자를 안정시키는 일과도 같다. 당신의 청중이 인정받고 있다는 느낌을 받으면 훨씬 더 마음 문을 열고 당신의 말을 들으려 할 것이다. 홀리스터 회장 역시 가장 먼저 청중의 신뢰와 주목을 받아낸 후에 비로소 새로운 대시보드와 그 특징을 소개하며 청중이 근무 시간을 훨씬 더 효율적으로 쓰는 방법을 상상해보도록 유도했다. 즉 홀리스터 회장은 청중에게 대시보드의 주요 기능과 여러 가지 장점을 차례차례 보여준 다음에 현재 업무처리 방식(현재 상황)과 새로운 대시보드를 사용할 경우의 업무처리 방식(바라는 상황)을 비교·대조함으로써 새로운 대시보드를 사용하게 되면 업무가 얼마나 더 수월해질지 머릿속으로 생생하게 그려보도록 유도했다.

홀리스터 회장은 마지막으로 청중이 더 고차원적인 업무에 집중하는 자신의 모습을 열망하도록 만들었다. 즉 이메일 업무와 사전 준비 시간은 대폭 줄이고 고객과 더 오래 대면하는 자신의 모습을 그려보고 또 갈망하도록 만들었다. 대체로 해당 항공사의 최전선 영업사원들의 시간을 많이 잡아먹는 주요 업무는 총 다섯 가지였는데, 홀리스터 회장은 새로운 대시보드를 사용하면 이메일과 사전 준비에 걸리는 시간이 대폭 줄어든다는 점을 강조했다. 결국 영업사원들이 그 시간에 고객을 직접 만나 유대 관계를 강화할 수 있다는 뜻이었다.

〈그림 3-1〉은 홀리스터 회장이 청중에게 보여준 프레젠테이션 자

실제 영업 활동 증가

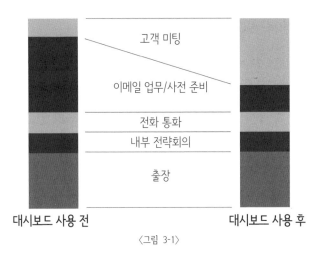

〈그림 3-1〉

료 중 하나다. 자료에 나타나 있듯이 홀리스터 회장은 새 대시보드를 사용하면 현재 업무 시간의 거의 절반을 차지하는 이메일 업무와 사전 준비 시간이 전체 업무 시간의 약 20%로 줄어든다는 점을 특별히 강조했다.

프레젠테이션을 통해 홍보하거나 설득해야 할 때 AIA 모델을 활용할 수 있다. 첫째, 청중 입장에서 만든 스토리를 전달하며 청중의 공로를 인정하라. 둘째, 청중이 당신이 제시한 변화나 아이디어, 상품, 서비스를 긍정적으로 받아들이도록 유도하라. 셋째, 청중이 당신의 제안을 받아들일 경우 바람직하게 달라질 자신들의 미래를 열망하도록 만들어라.

'청중 중심 스토리텔링' 연습하기

한 가지 이상의 언어를 정말 유창하게 구사한다는 것은 두 언어 사이를 자유자재로 넘나들 수 있다는 뜻이다. 누군가의 입장을 파악하는 일도 똑같은 활동이다. 외국어를 익히는 일처럼 상대방 입장에서 생각하는 일도 능수능란해지려면 시간과 노력이 많이 필요하다. 그렇다면 상대방의 입장을 잘 파악하기 위해 어떤 노력이 필요할까? 어떻게 해야 내가 아닌 상대방의 입장에서 생각할 수 있을까? 최고의 해답은 '청중 중심 스토리텔링' 지침을 익히는 것이다.

2014년에 대규모 은행(유에스 뱅크U.S. Bank)이 상대적으로 규모가 작은 은행(차터 원 뱅크Charter One Bank)의 시카고 지점을 합병한 실제 사건을 예로 들어 청중 중심 스토리텔링 지침을 설명해보겠다. 다음

단락에서 자세히 살펴보겠지만 유에스 뱅크와 차터 원 뱅크, 그리고 차터 원 뱅크 기존 고객들은 이 인수합병 문제를 두고 모두 입장이 달랐다. 유에스 뱅크에 이 인수합병은 회사의 몸집불리기를 의미했으나 차터 원 뱅크에는 선택과 집중을 의미했다. 당연히 기존의 차터 원 뱅크 고객들에게 이 인수합병은 불확실성으로 다가왔다.[2]

1. 유에스 뱅크, 자사 직원들에게 인수합병 소식을 알리다

차터 원 뱅크를 인수함으로써 우리 유에스 뱅크는 중대한 전환점을 맞이하게 됩니다. 이번 인수합병을 통해 유에스 뱅크는 예금은행의 선두 주자로 우뚝 설 것이며 시카고 지역 예금은행 중 10위권 안에 진입합니다.[3] 또한 유에스 뱅크는 지점을 3천 개소 이상 보유하게 되어 지점 수 기준으로 미국에서 다섯 손가락 안에 드는 은행이 됩니다.[4]

또한 차터 원 뱅크를 인수함으로써 우리 유에스 뱅크는 시카고 광역 도시권에 백 개소 지점을 추가로 확충하게 되어 시카고에만 150개소가 넘는 지점을 보유하게 됩니다. 그 결과로 지역 내 예금 시장점유율이 두 배 가까이 늘어날 것입니다.[5]

분명하게 말씀드리고 싶은 것은 회사가 커지더라도 우리의 사명은 변하지 않을 것입니다. 개인 고객과 기업 고객 모두 각자의 재정 목표를 이룰 수 있도록 도울 것이며 여러 지역사회에 대한 투자도 멈추지 않을 것입니다. 지역사회에 공헌한다는 유에스 뱅크의 이념은 차터 원 뱅크 직원들의 고용을 보장하는 것에서 첫 발걸음을 내디딜 것입니다. 차터 원 뱅크의 직원들이 현재 재직 중인 지점이나 타 지점에서 계속 근무할 수 있도록 배려할 것입니다.[6] 그리고 무엇보다도 이번 인수합병을 통해 우리 유에스 뱅크가 더 넓고 다양한 지역사회에 기여하게 되었음을 반드시 마음에 새겨둘 것입니다.

2. 차터 원, 고객들에게 유에스 뱅크와의 인수합병 소식을 알리다

오늘 저희 차터 원 뱅크는 유에스 뱅크와 인수합병 계약을 체결했습니다. 오랜 심사숙고 끝에 저희 차터 원 뱅크는 가장 잘할 수 있는 분야, 그리고 가장 큰 성장 기회가 있는 분야에 집중하여 최고의 미래를 만들어 가기로 결정했습니다.

저희 은행을 이용해주신 고객 여러분과 시카고 광역 도시권에서 수고해준 저희 직원들에게 유에스 뱅크가 앞으로 큰 힘이 되어주리라 믿습니다.

저희는 차터 원 뱅크의 미래가 여전히 시카고에 달려 있다고 확신합니다. 차터 원 뱅크는 이제 대출에 집중하고자 합니다. 차터 원 뱅크는 유에스 뱅크와의 인수합병을 통해 새로운 미래를 실현할 것입니다.[7]

3. 기존의 차터 원 고객들, 변화에 응답하다

차터 원 뱅크 고객들은 시카고 내 차터 원 뱅크 지점들이 곧 유에스 뱅크 지점으로 바뀐다는 소식을 이번 주에 전해 들었다. 차터 원 뱅크 측은 자사 고객들에게 계좌 변동이나 추가 수수료는 전혀 없을 것이라 통보했으나 고객들의 우려는 그치지 않고 있다.

시카고 내 위커 파크 지역 출신의 한 고객은 "내가 처음 차터 원 고객이 되었던 이유는 이웃 같은 은행을 원했기 때문이었다. 나도 창구

직원들을 잘 알고 그들도 나를 잘 아는 그런 곳. 매번 은행에 갈 때마다 뭘 팔려고 하지 않는 은행. 나는 그런 은행을 원했다. 미국에서 가장 큰 은행 중 한 곳인 유에스 뱅크가 어떻게 이 기업 특성을 유지할 수 있을지 의문"이라고 밝혔다.

노스 론데일 출신의 한 고객은 저소득 지역을 특히 염려했다. "저소득 지역에 기업의 인수합병이 의미하는 바는 오직 하나, 바로 지점 폐쇄다. 그런데 저소득층 입장에서는 꼭 가까운 곳에 은행이 있어야 한다.[8] 은행 업무를 봐야 할 때마다 지하철을 탈 만큼 여유롭지 않기 때문이다. 우리는 유에스 뱅크 측이 노스 론데일에 있는 지점을 한 군데도 폐쇄하지 않겠다고 발표해주길 바라고 있지만 지금까지 이와 관련해 들은 바가 없다."

만약 당신이 유에스 뱅크 커뮤니케이션팀 직원이라면 이런 상황에서 차터 원 뱅크의 기존 직원 그리고 고객들과 인수합병에 관해 어떻게 소통하겠는가?

이제부터 이 난관을 해결하기 위해 상대방의 입장에서 문제를 바라볼 수 있는 3단계 전략을 소개하겠다. 그런 다음 당신이 유에스 뱅크 커뮤니케이션팀 소속이라는 가정하에 이 3단계 전략을 활용해 어떻게 주요 청중과 더욱 효과적으로 커뮤니케이션할 수 있는지 자세히 살펴보겠다.

1단계:
청중 묘사, 대본 작성, 현재 상황 및 바라는 상황을 그림으로 나타내기
- 당신이 설득해야 하는 청중을 최대한 자세하게 묘사하라.

- 청중을 설득할 때 활용할 '대본'을 작성하라. 지금 단계에서는 꼭 청중의 입장을 고려하지 않아도 된다.
- 청중의 현재 상황과 바라는 상황을 그림으로 그려라.

2단계:

알고 있는 사실, 아직은 알 수 없는 사실을 벤 다이어그램으로 나타내라
- 곧 닥칠 변화에 대해서 당신이 이미 알고 있는 사실을 모두 나열하라(위 상황에서는 기업 인수합병 과정이 곧 닥칠 변화에 해당한다).
- 인수합병과 그 과정에 대해서 당신이 아직은 알 수 없는 사실을 모두 나열하라.
- 인수합병과 그 과정에 대해서 청중이 이미 알고 있는 사실을 모두 나열하라.
- 인수합병과 그 과정에 대해서 청중이 아직은 알 수 없는 사실을 모두 나열하라.
- 당신이 알고 있는 사실, 그리고 청중이 꼭 알아야 하며 알고 싶어 하는 사실을 벤 다이어그램으로 나타내라.

3단계:

AIA 모델을 활용하여 당신의 메시지를 재구성하라

이제 유에스 뱅크가 인수합병 문제로 커뮤니케이션하기 위해 앞서 설명한 3단계 전략을 어떻게 활용할 수 있는지 단계별로 살펴보자.

1단계

유에스 뱅크 측이 차터 원 뱅크 직원들을 묘사한다면

- 전문적이며 믿을 만하다.
- 고객 경험을 중요시한다.
- 현실적이며 '이웃을 돕는 이웃'의 모습을 실천한다.
- 대기 중인 고객이 많아 바쁘다.

유에스 뱅크 측이 곧 인수받을 차터 원 뱅크 고객들을 묘사한다면

- 무척 바쁘다.
- (업무 처리만 빠른 게 아니라) 도움을 주고 예의 있게 대해주는 태도, 만날 때 환영하고 환대하는 모습을 좋아한다.
- 시카고가 '여러 지역사회가 모여 이룬 도시'임을 잘 알고 있기에 지역 은행 직원들이 지역 고객의 이름을 기억해주길 바란다.
- '모멸감을 주는 언사'를 참지 못한다.

이제 위의 내용을 근거로 차터 원 뱅크 직원들과 커뮤니케이션할 때 활용할 '대본'을 작성한다. 기본적인 내용은 다음과 같다.

규정이 시행되면 시카고 광역 도시권 내에 있는 차터 원 뱅크 지점이 유에스 뱅크에 인수되며, 그에 따라 시카고 내 모든 지점이 유에스 뱅크의 지점으로 바뀌게 됩니다.

유에스 뱅크는 고객을 직접 마주하는 차터 원 뱅크 직원들을

모두 고용할 것입니다. 또한 인수합병 후의 변화 과정에 잘 적응할 수 있도록 도울 것입니다.

인수합병에 협조해주셔서 대단히 감사합니다.

1단계의 마지막 과정으로 차터 원 뱅크의 직원 및 고객이 처한 현재 상황과 당신이 바라는 상황을 그림으로 그려라. 예시를 살펴보자.

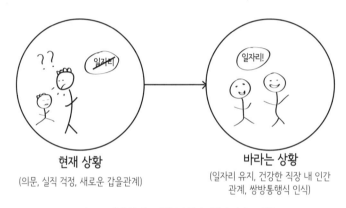

현재 상황
(의문, 실직 걱정, 새로운 갑을관계)

바라는 상황
(일자리 유지, 건강한 직장 내 인간
관계, 쌍방통행식 인식)

〈그림 3-2 차터 원 뱅크 직원들의 현재 상황과 바라는 상황〉

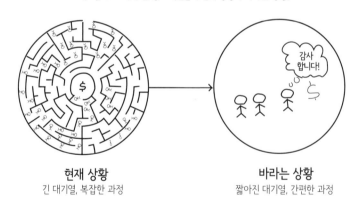

현재 상황
긴 대기열, 복잡한 과정

바라는 상황
짧아진 대기열, 간편한 과정

〈그림 3-3 고객들의 현재 상황과 바라는 상황〉

2단계

먼저 차터 원 뱅크의 인수합병과 그 과정에 대해서 당신이 이미 알고 있는 사실을 모두 작성하라.

- 차터 원 뱅크 직원을 대상으로 한 우수한 고용 보장 정책
- 유에스 뱅크 고위 간부의 목표와 주주의 이해관계
- 차터 원 뱅크의 강점과 약점
- 지점 폐쇄
- 지점장 신규 임명

다음으로 차터 원 뱅크의 인수합병과 그 과정에 대해서 당신이 아직은 알 수 없는 사실을 모두 작성하라.

- (특히 전근을 가게 될 사원 중) 장기근속 사원의 비중이 얼마나 되겠는가?
- 근무 환경이 달라지는 데서 오는 난관에 차터 원 뱅크 출신 직원들이 어떻게 대처할 것인가? 그에 대해 유에스 뱅크 고위 간부와 주주들이 만족할 것인가?
- 차터 원 뱅크의 약점을 개선하기 위해 직원들이 얼마나 열심히 노력할 것인가?
- 지점 폐쇄가 사원들의 근로 의욕에 어떤 영향을 끼칠 것인가?
- 차터 원 뱅크 출신 직원들과 신규 임명된 유에스 뱅크 지점장 간에 어떤 인간관계가 형성될 것인가?

이제 차터 원 뱅크 고객을 대상으로 위의 두 가시 실문을 반복한다.

인수합병과 그 과정에 대해서 고객들이 이미 알고 있는 사실이나 사실로 간주하고 있는 사항을 모두 작성하라.

- 고객 서비스나 계좌 약관 등과 관련해 차터 원 뱅크 고객이 된다는 것의 의미
- 주거래 은행을 바꾼다는 것의 의미
- 이용하던 기업이 대규모 기업에 합병되는 사건을 지켜본 경험
- 규모가 큰 기업이 항상 훌륭한 고객 서비스를 제공하지는 않는단 생각
- 덩치 큰 기업이 인수합병을 시행한 후 지점 몇 군데를 폐쇄할 수도 있다는 우려
- 규모가 큰 기업에서 지점을 운영하면 시설이 더 좋아지리라는 믿음

이제 인수합병과 그 과정에 대해서 은행 고객들이 아직은 알 수 없는 사실을 모두 작성하라.

- 유에스 뱅크 고객이 된다는 것의 의미, 차터 원 뱅크 고객이었을 때보다 실질적으로 고객 경험이 개선될 방향과 가능성
- 몇 군데 지점을 폐쇄하겠다는 유에스 뱅크의 계획
- 차터 원 뱅크 고객들을 인수함으로써 유에스 뱅크가 얻는 이익
- 각 지점의 신규 지점장
- 유에스 뱅크에 남을 차터 원 직원들이 여러 가지 인센티브를 받는다는 사실과 차터 원 고객들이 주거래 지점에서 친숙한 직원들을 만나게 된다는 사실

이제 위에서 작성한 리스트를 활용하여 〈그림 3-4〉와 같이 당신이 이미 알고 있는 사실과 차터 원 뱅크 직원들이 꼭 알아야 하며 알고 싶어 하는 사실들을 벤 다이어그램으로 나타내라.

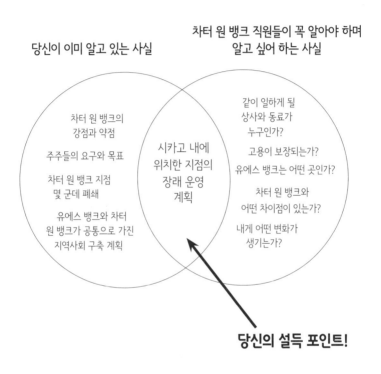

당신이 이미 알고 있는 사실

차터 원 뱅크 직원들이 꼭 알아야 하며 알고 싶어 하는 사실

차터 원 뱅크의 강점과 약점

주주들의 요구와 목표

차터 원 뱅크 지점 몇 군데 폐쇄

유에스 뱅크와 차터 원 뱅크가 공통으로 가진 지역사회 구축 계획

시카고 내에 위치한 지점의 장래 운영 계획

같이 일하게 될 상사와 동료가 누구인가?

고용이 보장되는가?
유에스 뱅크는 어떤 곳인가?

차터 원 뱅크와 어떤 차이점이 있는가?

내게 어떤 변화가 생기는가?

당신의 설득 포인트!

〈그림 3-4〉

이제 〈그림 3-5〉와 같이 당신이 이미 알고 있는 사실과 차터 원 뱅크 고객들이 꼭 알아야 하며 알고 싶어 하는 사실을 벤 다이어그램으로 표현하라.

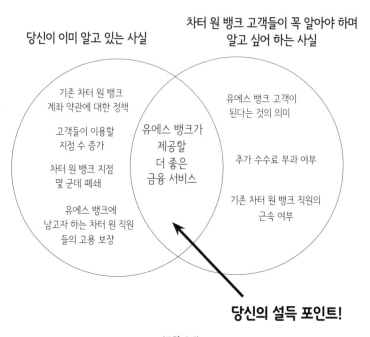

당신이 이미 알고 있는 사실

차터 원 뱅크 고객들이 꼭 알아야 하며
알고 싶어 하는 사실

기존 차터 원 뱅크
계좌 약관에 대한 정책

고객들이 이용할
지점 수 증가

차터 원 뱅크 지점
몇 군데 폐쇄

유에스 뱅크에
남고자 하는 차터 원 직원
들의 고용 보장

유에스 뱅크가
제공할
더 좋은
금융 서비스

유에스 뱅크 고객이
된다는 것의 의미

추가 수수료 부과 여부

기존 차터 원 뱅크 직원의
근속 여부

당신의 설득 포인트!

〈그림 3-5〉

3단계

두 단계에 걸친 분석 과정이 끝났다면 청중을 다시 한번 묘사하라. 그
런 뒤 커뮤니케이션할 때 쓸 대본을 다시 작성하라. 단 이번에는 AIA
모델을 활용해 대본을 작성한다.

차터 원 뱅크 직원 묘사

- 전문적이며 믿을 만하다.
- 격식 있지만 쌀쌀맞거나 거만하지 않다.
- 고객 경험을 중요하게 여긴다.

- 유에스 뱅크와 마찬가지로 고객을 염려하고 있다.
- 인수합병 과정을 겪는 고객들에게 힘이 돼줄 수 있다.
- 대기 중인 고객이 많아 바쁘다.

차터 원 뱅크 직원들을 위한 대본

차터 원 뱅크 직원들은 업계와 고객들 사이에서 고객 중심 서비스를 제공했던 것으로 유명합니다. 실제로 시카고 직원들이 고객들을 일일이 호명하며 반겨주는 모습을 저희도 수차례 목격한 바 있습니다.

차터 원 뱅크와 마찬가지로 저희 유에스 뱅크도 각 지역사회와 결속을 강화하기 위해 노력하고 있습니다. 유에스 뱅크와 차터 원 뱅크가 합병을 앞둔 지금, 차터 원 직원 여러분께서 앞으로도 저희와 함께하여 주시기를 기원합니다. 그리하여 개인 고객과 법인 고객 모두가 각자의 재정적 목표를 달성하도록 도움을 드릴 수 있게 되길 바랍니다.

차터 원 뱅크 고객 묘사

- 인수합병 소식이 공식 발표된 직후에 차터 원 고객들과 커뮤니케이션하게 된다. 어떤 내용을 전달해야 하는가?
- 차터 원 뱅크 고객들은 바쁘다. 내용이 짧고 간결해야 한다.
- 차터 원 뱅크 고객들은 동네 은행 같은 분위기에 친숙함을 느낀다.
- 차터 원 뱅크 고객들은 바보 같은 행동을 참지 않는다. 소위 '헛소리'에 민감하기 때문에 명쾌하게 단도직입적으로 커뮤

니케이션해야 한다.

- 차터 원 뱅크 고객들은 직원들이 공손한 태도로 도와줄 때 고마워한다. 유에스 뱅크가 인수합병 과정에서 어떤 도움을 줄 수 있는지 진실하게 반복, 강조해야 한다.
- 차터 원 뱅크 고객들은 '여러 지역사회가 모여 이룬 도시'에 살고 있다는 점을 좋아한다. 따라서 특정 지역을 언급할 때는 꼭 그 지역사회의 지명을 불러야 한다.

(특정 지역사회의) 차터 원 고객들을 위한 대본

5년 이상 충실한 차터 원 뱅크 고객이 되어주심에 감사드립니다. 고객 여러분께서 아껴주신 덕분에 차터 원 뱅크가 시카고의 재정 건전성을 유지하는 데 중요한 역할을 수행할 수 있었습니다.

차터 원 뱅크가 보유한 시카고 광역 도시권 내 지점들이 모두 유에스 뱅크 지점으로 바뀌게 된다는 점을 알리고자 오늘 이렇게 여러분 앞에 섰습니다. 이번 인수합병을 통해 고객 여러분과 각 지역사회가 더 편리하게 은행을 이용하고 더 많은 자산을 활용할 수 있게 될 것입니다. 하지만 여러분께서 아끼는 지역사회 은행의 모습은 그대로 유지될 것입니다.

고객 여러분의 지역사회를 돕기 위해 저희는 차터 원 뱅크 직원들이 기존에 근무하던 지점에서 계속 일할 수 있도록 했으며, 고객 여러분께서 차터 원 뱅크에서 만든 예금 및 당좌 예금계좌 약관에는 그 어떤 변화도 없을 것임을 이 자리에서 확실하게 밝힙니다.

궁금하신 사항이 있으시거나 재정 목표와 관련해 상담이 필요하시면 언제든지 찾아주십시오. 이번 인수합병을 성공적으로 마치기 위해 고객 여러분의 많은 협조 부탁드립니다.

유에스 뱅크 입장에서 이 인수합병은 곧 시카고 광역 도시권에 백 군데 지점이 생긴다는 의미였다. 하지만 차터 원 뱅크의 직원 및 고객들에게 중요한 사실은 유에스 뱅크의 지점 수 증가가 아니었다. 유에스 뱅크는 '청중 중심 스토리텔링'의 지침을 활용하여 청중에게 필요한 것이 무엇인지 정확하게 간파하여 차터 원 뱅크 직원에게는 고용 보장을, 차터 원 뱅크 고객들에게는 작은 은행이 줄 수 있는 서비스를 제공하겠다고 답변했다.

지금까지 청중 입장에 서서 스토리텔링을 할 때 청중에게 더 가까이 다가갈 수 있음을 살펴보았다. 그런데 만일 막대한 양의 데이터를 스토리로 만들어 전달해야 할 때는 어떻게 할 것인가? 4장에서는 어떻게 스토리와 데이터의 장점들을 하나로 묶을 수 있는지, 그럼으로써 어떻게 데이터 스토리텔링 전문가가 될 수 있는지 살펴보겠다.

4장

데이터를 활용한
스토리텔링

지금은 빅데이터 시대다. 온라인 경제 뉴스의 목록을 재빨리 훑어보라. 방대한 데이터를 활용하려는 기업 관련 기사들이 쏟아져 나온다. 예를 들어 인적 자원관리 업체인 오토매틱 데이터 프로세싱은 직원들의 급여, 통근 거리, 그리고 기타 여러 요소를 바탕으로 직원들의 잠재적 퇴사 가능성을 예측하는 소프트웨어를 테스트하고 있다.[1] 그뿐만이 아니다. 미국 최대 옥외광고 회사인 클리어 채널 아웃도어는 AT&T를 비롯한 통신사에 가입된 수억 명의 빅데이터를 수집해 운전자들의 관심사에 딱 들어맞는 옥외광고판을 만들고 있다.[2]

데이터 활용도 증가는 비단 비즈니스 분야에서만은 아니다. 기업처럼 정치인들도 선거운동 할 때 빅데이터를 활용해 유권자들에게 중요 메시지를 생성·전파한다. 특히 2016년 미국 대선에서 이런 특징이 두드러졌다. 2016년에 한 《포브스》 기사에서 언급된 대로 "빅데이터는 종전의 두루뭉술한 데이터보다 훨씬 양질의 정보를 제시해준다.

웹사이트나 이메일, 연설문이나 여론조사에서 얻어진 정보든 모두 마찬가지다."[3] 빅데이터는 농업에도 활용된다. 새로 개발된 소프트웨어 시스템은 센서로 정보를 수집해 농부가 작물을 최대한 많이 수확하도록 (파종 위치 등의) 최적의 농사법을 가르쳐준다.

요컨대 현재 우리는 거의 모든 공공부문과 민간부문에서 데이터와 데이터 분석 도구를 유례없이 활발하게 이용하는 데이터 붐 시대에 살고 있다. 그런데 이때 당신이 데이터를 활용하고자 한다면 꼭 알아둬야 할 점이 있다. 오늘날 데이터의 양과 속도, 다양성이 급속도로 증가하고 있으나[4] 데이터는 한 가지 결정적인 질문에는 대답을 못 하고 있다. 청중을 설득하기 위해 그 많은 데이터가 품은 의미를 스토리텔러는 어떻게 전달해야 하는가? 이 질문에 대해서는 아무런 답변도 찾을 수가 없다.

그러나 이번에도 정답은 간단하다. 바로 스토리다. 스토리텔링의 주요 조건들을 활용하여 전달하려는 메시지에 힘을 싣는 것이다. 그리하면 깊은 데이터 바다에 빠져 허우적대는 당신 자신과 청중의 손을 잡아 이끌 수 있다.

4장에서는 데이터를 많이 포함한 주제를 가장 효과적으로 전달하려면 어떻게 스토리를 활용해야 하는지 살펴본다. 가장 먼저 할 일은 청중의 정체와 청중에게 꼭 필요한 내용이 무엇인지를 파악하는 것이다.

가장 큰 문제 = 데이터가 너무 많다

4년 전에 우리 가족은 더 큰 집으로 이사했다. 이사는 환영할 일이었지만 이사를 한다는 건 곧 화장실과 부엌을 군데군데 뜯어고치고 커튼과 가구를 설치하고 페인트칠을 새로 해야 한다는 뜻이었다. 그래도 다행히 실력 있는 인테리어 전문가 도움을 받아 일이 수월했다. 그러나 힘든 일도 있었으니, 바로 커뮤니케이션하는 데 애를 먹었다는 것이다. 내가 침실에 달 커튼 가격이나 배송 날짜 등을 물어보면 인테리어 전문가는 바로바로 대답할 생각은 않고 전혀 상관없는 정보만 늘어놓았기 때문이다. 예컨대 이런 식이었다. "제가 납품업자 작업실에 가서 손님이 말씀하신 천이 인기가 많은지, 어느 정도나 떼줄 수 있는지 물어봤더니 글쎄…. 그리고 재봉사한테는 세 번씩이나 얘기해 봤는데요, 그 사람 하는 말이…." 그 인테리어 전문가는 자기 독백을 다 마친 뒤에야 내가 기다리던 답변을 해줬다. 어떨 땐 아예 답변이 없었다.

그때의 일을 곰곰이 생각해본 후 깨닫게 된 점이 있다. 바로 자동차 정비소부터 기업 내 정보통신팀에 이르기까지, 서비스를 제공하는 사람들에게서 이런 커뮤니케이션 단절이 많이 발생한다는 것이다. 나는 그 이유를 도무지 알 수가 없었다. 그러던 중 최근 내 친구 그레그 킴과 대화 도중 새로운 시각을 얻게 되었다. 그레그는 대규모 온라인 사이트를 운영하는 회사에서 데이터 기술자들로 이루어진 팀을 감독하면서 고객관리 업무를 총괄하고 있다. "그 사람들이 왜 그러는지 모르겠지?" 서비스업 종사자들이 설명을 너무 장황하게 한다고 내가 불만을 털어놓자 그가 반문했다. "시급제로 일하는 분들이니 경제적인 이유 때문이 아닐까?" 나는 조심스레 되물었다. 그의 대답은 전혀 달랐다. "아니, 그 사람들은 자신의 가치를 보여주고 싶은 거야." 즉, 자신이 고객을 위해 얼마나 힘들게 일하고 있는지, 자신이 그 분야에 얼마나 박식한지, 최상의 서비스를 제공하기 위해 얼마나 애쓰고 있는지 고객에게 알아달라는 것이었다. 내가 원하는 것은 단지 내 질문에 간결하게 대답해달라는 것인데 말이다.

커뮤니케이션 단절을 경험하며 나는 사람들이 데이터 스토리텔링에 성공하지 못하는 이유를 깨닫게 되었다. 초점을 잘못 맞춘 까닭이었다. 발표자들은 자신이 데이터를 얼마나 많이 축적했는지 보여주고자 자기 자신 그리고 자기가 전달하는 데이터가 무척 가치 있고 믿을 만하다는 식의 말만 엿가락처럼 죽죽 늘리고 있었던 것이다. 그러나 청중은 쏟아지는 데이터 그 자체에는 관심이 없다. 다만 그 데이터가 뜻하는 바는 무엇인지, 왜 중요한지 알고 싶을 뿐이다.

데이터 + 스토리 = 오늘날의 리더십 모델

2015년 10월 광고 연구재단을 대상으로 열린 워크숍에서 청중의 마음을 사로잡는 프레젠테이션이라는 주제로 즐겁게 강연한 적이 있다. 쉬는 시간에 마이클 하이너 광고 연구재단 부사장이 다가와 경험담을 내게 전해주었다. 지금 읽고 있는 4장의 토대를 마련해준 일화였다. 하이너 부사장은 많은 전문가가 프레젠테이션을 준비할 때 어찌나 몰두하는지 그 일이 끝나고 나면 진이 다 빠진다고 했다. 피곤함에 찌들다 보면 진짜 프레젠테이션은 아직 시작도 안 했다는 사실을 잊어버리기도 한다! 준비 과정에 들이는 과잉 노력 때문에 오히려 프레젠테이션이 실패할 수도 있는데 말이다.

실제로 발표자가 한 주제에만 몰두할수록 발표자는 아는 게 많아질지 몰라도 청중과 커뮤니케이션 단절이 일어날 가능성이 커진다. 이런 현상을 '지식의 저주'라고 일컫는데, 이는 우리가 일단 무엇인가를 알고 나면 그것을 모른다는 게 어떤 것인지 생각하기 힘들어진다는 뜻이다. 다시 말해 무언가를 알고 난 후에는 상대방의 입장에서 생각하기가 훨씬 힘들어진다는 말이다.

이것을 방지하고자 나는 〈그림 4-1〉에 나와 있는 리더십 커뮤니케이션 모델을 새로 만들었다.

도표에서 보는 바와 같이, 데이터가 결부된 스토리텔링을 효과적으로 하려면 여섯 가지 상호작용이 발표자와 청중 사이에서 이루어져야 한다.

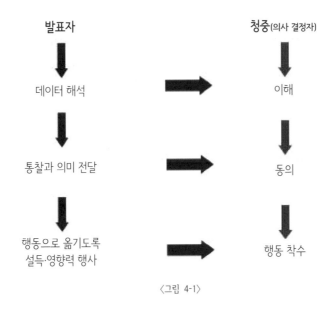

〈그림 4-1〉

1. **발표자가 데이터를 해석한다.** 발표자들은 종종 1단계에 가장 많은 시간을 쏟아붓는다. 발표의 본질적인 목적은 상사나 고객이 어떠한 행동이나 결정을 하도록 제안하는 것인데도 불구하고 당신은 온통 1단계에 정신이 팔려 아직 다섯 단계가 남아 있다는 사실조차 망각하는 것이다! 스토리텔링에 성공하려면 남아 있는 다섯 단계를 모두 거쳐야만 한다.

2. **의사 결정자가 발표자의 해석을 이해한다.** 오늘날은 고도의 지식을 쌓은 전문가들이 그렇지 않은 비전문가들과 소통해야 하는 시대다. 예를 들어 보험계리사는 고객 대표, 손해사정사, 회사 경영진에게 어떤 기준으로 여러 보험 상품에 해당 보험료를 책정하고 권고했는지 설명해야 한다. 암 전문의는 다양한 치료법과 그에 따른 비용과 기대효과에 관해 동료 의료진 및 환자들과 의견을 나눈다. 여기서 문제는 전문가가 해석한 내용을 청중이 이해하지 못하는 경우가 종종 발생한다는 것인데, 그럼에도 청중은 거리낌 없이 질문하거나 다시 명확하게 설명해달라고 부탁하지 않는다. 그 이유가 청중이 내용에 관심이 없어서인지, 아니면 체면이 깎이는 게 싫어서인지는 별개의 문제다. 어쨌든 당신이 아무리 쉽게 설명해도 청중이 이해하지 못한다면 당신이 투입한 시간과 노력이 물거품이 되고 만다. 그렇게 되면 당신이 데이터를 해석한 내용은 물론, 당신의 가치를 알릴 기회도 함께 사라지게 되므로 청중에게 꼭 기초적인 내용을 이해시켜야 한다.

3. **발표자가 자신의 통찰과 숨은 의미를 전달한다.** 데이터를 해

석하는 일 자체는 무척 재미있는 작업이다. 하지만 명심하라. (데이터 기술자들에겐 미안한 말이지만) 데이터 해석 작업은 목적을 이루기 위한 수단에 불과하다. 분야를 불문하고 데이터를 해석하는 궁극적인 목표는 리더에게 새롭고 중요한 통찰을 제공하여 한정된 자원으로 최상의 결정을 내리게 하기 위함이다. 따라서 발표자는 데이터를 해석하여 얻어낸 통찰을 발표 도입부에서 분명하게 밝혀야 한다.

4. **(최선의 경우) 의사 결정자가 발표자의 통찰에 동의한다.** 발표자가 해석한 내용을 청중이 이해했다고 해서 반드시 그 내용에 동의하리란 보장은 없다. 똑같은 데이터를 가지고도 여러 가지 다른 해석이 나올 수 있기 때문이다. 여기 흥미로운 사실이 하나 있는데, 혹여 발표자의 통찰이 청중의 신념과 충돌하는 경우, 청중은 그 즉시 자기가 옳다고 마음속으로 확신한다는 것이다. 한번 자리 잡은 타성을 깨부수기란 불가능에 가깝다. 하지만 뜻이 있는 곳에 길이 있나니, 어떻게 그 타성을 깰 수 있는지 설명하겠다!

5. **의사 결정자가 행동으로 옮기도록 설득·촉구한다.** 데이터 프로젝트를 진행할 때는 먼저 두 가지 중요한 질문에 답해야 한다.

   a. 현재 상황이 어떠한가?

   b. 현재 상황이 회사 입장에 유리한가? 그렇다면 현 상황을 어떻게 최대한으로 활용할 수 있는가? 만일 흘러가는 상황이 회사 입장에 불리하다면 어떻게 내처해야 하는가?

현재 상황까지 고려해가며 청중을 이해시키기는 결코 쉬운 일이 아니다. 사람들은 늘 하던 대로 하고자 하기 때문이다. 변화시킨다는 것은 어려운 일이다. 습관이 그토록 변하지 않는 이유도 그 때문이다. 조직의 도그마(신조)가 일단 자리를 잡으면 그 신조는 규준을 낳게 되고 신념 체계로 굳어지며 결국엔 행동으로 나타나게 된다. 그렇기 때문에 청중의 규준과 신념 체계에 반하는 행동을 제안하는 일은 특히나 어려울 수밖에 없다. 그렇다면 당신은 어떻게 청중을 변화시킬 것인가? 이번 4장의 주제가 남을 변화시키는 방법이다. 잠시 후 실질적인 팁을 제공하겠다.

6. **발표자의 의도대로 의사 결정자가 행동한다.** 리더십이 있다는 말은 장·단기적으로 긍정적인 변화를 끌어낼 수 있다는 뜻이다. 긍정적인 변화는 다른 사람들이 당신의 스토리를 듣고 행동으로 옮길 때 발생한다. 사실 스토리를 싫어하는 사람은 없다. 중요한 건 스토리가 끝난 다음이다. 훌륭한 리더십 스토리는 청중의 행동을 끌어내고 촉진한다. 그러기 위해 좀 더 구체적으로 들어가 보자.

지금까지 데이터를 기반으로 한 스토리텔링을 충실히 해낼 때 어떤 과정을 거치며 어떤 결과가 도출되는지 살펴보았다. 그렇다면 어떻게 해야 위의 리더십 모델에 따라 스토리텔링 할 수 있을까? 가장 먼저 할 일은 청중의 유형을 파악하는 일이다. 지금부터 청중의 유형에 관해 논의할 것이다. 청중이 누구인지 알면 데이터를 이해시키기가 수월해진다.

당연한 말이지만 프레젠테이션을 하는 목적은 상대방이 행동하게 만드는 것이다. 그러므로 가장 먼저 할 일은 청중이 어떤 유형에 속하는가를 파악하는 것이다. 그래야만 스토리텔링의 조건과 기술을 활용함으로써 데이터 분석을 통해 얻은 통찰과 함축적 의미를 효과적으로 전달할 수 있다. 그런 후에야 비로소 청중을 설득하고 행동을 유발할 수 있다.

청중이 누구인가 파악하라: 청중의 다섯 가지 유형

데이터 프레젠테이션을 듣고도 청중이 만족스러운 해답이나 통찰, 교훈을 제대로 전달받지 못하는 이유는 당신이 청중의 유형과 욕구를 알지 못한 채 프레젠테이션을 했기 때문이다. 발표자가 꼭 전달하고 싶어 하는 것과 청중이 듣고 싶어 하는 것 사이에 종종 괴리가 발생한다. 토론토대학교에서 데이터 사서로 근무하는 킴벌리 실크는 바로 이 점을 강조한다. "우리가 데이터를 근거로 어떤 결정을 내려야 한다고 주장할 때 저지르는 잘못이 있다. 바로 수집한 데이터도 풍부하고 또한 여러 가지 해답도 이미 찾아냈지만 정작 청중에게 중요한 질문에는 답하지 못하는 것이다."[5] 내가 앞서 예로 들었던 인테리어 전문가를 떠올려보자. 인테리어 전문가로서는 고객이 자신의 노고를 더 많이 알수록 자신이 더 유능한 사람으로 비칠 것이라고 생각하기 쉽다. 하지만 고객 입장에서는 듣고 싶은 대답을 빨리 들어야 자기 일상으로 돌아갈 수 있기 때문에 원하는 대답을 해주는 인테리어 전문가를 더 유능하다고 생각할 것이다.

그렇다면 어떻게 해야 하겠는가?

답은 결국 청중이다. 커뮤니케이션에 성공하기 위해서는 청중을 이해하는 것이 **핵심**이다. 특히나 전달해야 할 데이터의 양이 많을 때는 청중이 누구인가 파악하는 게 필수다. 《하버드 비즈니스 리뷰》에 실린 한 기사는 청중을 다섯 가지 유형으로 분류했다.[6]

똑똑한 비전문가

이 청중 유형은 발표자의 전문 영역이나 데이터 해석에 관해 심도 있게 배운 사람들은 아니다. 그렇지만 이들은 똑똑하고 대체로 고등교육을 마친 사람들로, 발표자가 속해 있는 업계를 낯설어하지 않고 지나치게 단순화한 발표를 좋아하지도 않는 까다로운 청중 유형이다. 자산관리회사가 주최하는 신상품 프레젠테이션을 재무상담사들이 듣고 있다고 가정해보자. 청중으로 앉아 있는 재무상담사들이 다양한 교육을 받고 엄격한 자격시험에 통과한 것은 사실이지만 그렇다고 해서 그들이 자산운용 매니저나 포트폴리오 매니저는 아니다. 그렇기 때문에 자산관리회사가 투자 여부를 결정지을 때 활용하는 복잡한 기업가치 평가모델을 그대로 보여준다면 청중인 재무상담사들의 이해도는 떨어질 것이다.

프로젝트팀 내 동료들

두 번째 청중 유형은 마케팅팀이나 영업팀, 재무팀, 회계팀, 판매팀, 인사팀 등 다양한 분야에서 차출되어 프로젝트팀원이 된 각 분야의

'최우수' 동료들이다. 발표자의 프레젠테이션 주제에 익숙하며, 프레젠테이션을 듣고 해당 주제를 어떻게 자기 분야에 활용할지 치밀하게 이해하고 알아가길 원하는 청중이다.

상사

다음 청중은 발표자의 상사다. 발표자의 업무 진행 상황을 이해하고 도와주기도 해야 하는 직속 상사를 말한다. 상사라는 청중은 당신이 발표한 제안서를 자기 이름을 걸고 직급이 더 높은 상사에게 전달하는 사람이다. 쉽게 말하자면 자신의 커리어가 발표자에게 달려 있다고 해도 과언이 아니다. 그렇기 때문에 상사라는 청중은 발표자의 프레젠테이션을 세부 사항까지 충분히 숙지하여 복잡한 주제를 철저하게 이해하고 싶어 한다.[7]

고위 임원

발표자의 상사의 상사, 혹은 발표자가 속한 조직 내에서 훨씬 높은 직위에 앉아 있는 사람들이 이 청중 유형에 해당한다. 눈코 뜰 새 없이 바빠서 시간도 인내심도 기대하기 어려운 기업 임원들이다. 고위 임원이라는 청중은 간결한 발표를 좋아하고, 또 요구한다. 이들이 하루에도 수차례 중요한 결정을 내려야 한다는 사실을 발표자들은 잘 모른다. 간혹 이들은 프레젠테이션을 왜 하는 건지도 모르는 채, 혹은 그 이유를 까맣게 잊은 채 프레젠테이션을 듣고 있는 경우도 있다.

동료 전문가

특히 학계나 싱크탱크, 연구기관에서 프레젠테이션할 때는 동료 전문가들이 곧 청중이기 때문에 청중이 발표자보다 발표 주제를 더 많이 알거나 발표자만큼 잘 알고 있는 경우가 발생한다. 이런 경우에는 청중에게 (특히나 스토리텔링 형식으로) 내용을 일일이 설명해줄 필요가 없다. 동료 전문가 청중은 발표자의 방법론과 연구 결과를 놓고 탐구하고 토론하길 바랄 가능성이 높기 때문이다.

데이터 전문가들은 데이터를 수집하고 처리, 분석, 판단, 전달하는 과정을 거친다. 물론 당신이 꼭 데이터 전문가일 필요는 없다. 각자 능력에 따라 이런 과정을 거쳐서 청중이 데이터를 바탕으로 이성적인 결정을 내릴 수 있도록 하는 것이 데이터 스토리텔링이다.

당신이 데이터 스토리텔링을 능숙하게 하고 싶다면 가장 먼저 청중이 위 다섯 가지 유형 중 어디에 속하는가를 파악하라. 고위 임원을 앞에 두고 프레젠테이션할 때와 이종업계 전문가를 앞에 두고 할 때 두 방식은 결코 같을 수 없다. 청중의 구성과 필요를 간파해야 '데이터 스토리텔링'이 가능해지며 그럴 때 메시지를 잘 전달할 수 있다.

중요한 것은 데이터 그 자체가 아니라 데이터 스토리텔링이다

발표하기에 앞서 데이터를 해석하고 청중의 유형을 파악하면 어떤 종류의 데이터를 보여줘야 청중이 잘 이해할 것인지를 알 수 있다. 다음 단계는 데이터에서 얻은 통찰과 함축적 의미를 공유하여 청중이 행동하도록 이끄는 단계다. 청중이 행동하게 만드는 것, 그것이 바로 데이터 스토리텔링의 목적이다.

데이터 스토리텔링을 한다는 것은 곧 당신의 청중과 발표의 목적을 기억하고, 청중의 인지적 욕구를 만족시킬 만한 데이터를 전달한다는 뜻이다. 소프트웨어 회사 어도비에서 데이터 사이언스와 데이터 해석의 중요성을 강조했던 브렌트 다익스는 데이터 스토리텔링을 "이야기적 요소와 데이터 시각화를 활용함으로써 데이터에서 얻은 통찰을 더욱 효과적으로 전달하기 위한 체계화된 접근방법"이라고 정의했다.[8] 여기서 말하는 '이야기적 요소'는 단순히 프레젠테이션을 번지르르하게 만들어주는 액세서리가 아니다. 우리 인간은 차갑고 어려운 사실 정보나 논리보다는 스토리를 들을 때 더 이해를 잘하기 때문에 데이터를 전달할 때도 반드시 서사적 요소가 필요하다. 실제로 최근에 《사이언티픽 아메리칸》에 실린 한 기사에서는 똑같은 개념을 설명하더라도 스토리 형태로 개념을 전달할 때 사람들이 더 잘 이해했다고 밝혔다.[9]

스토리와 감정이 결합할 때 스토리에 힘이 생긴다. 앞서 언급한 《사이언티픽 아메리칸》의 기사에서는 "인류에 관한 그 어떤 스토리도, 인류의 본성을 연구하는 그 어떤 학문도, 인류의 감정에 대한 얘기가 없다면 그건 거짓말"이라고 평했다. 그렇다. 인간을 둘러싼 이야기로 만들어진 프레젠테이션은 (듣는 이의) 두뇌에 더 친화적이라 할 수 있을 뿐만 아니라 진실로 여겨질 가능성도 높다. 결론적으로 데이터를 가치 있게 만드는 것은 수치 정보 그 자체가 아니라 수치가 나타내는 의미다. 제프 블랫과 밥 필빈은 《하버드 비즈니스 리뷰》의 기사에서 다음과 같이 말했다. "데이터 사이언티스트들은 방대한 데이터에 모든 답이 나와 있다고 믿고 싶어 하지만 데이터 사이언스 분야에서 가장 중요한 건 질적 연구다. 즉 데이터에 질문을 던져 문제에 대한 해답을 찾고, 그 해답을 스토리로 전달해야 한다." 당신도 반드시 기억하라.

이제부터는 데이터를 가지고 효과적으로 스토리텔링 할 방법을 5단계 과정으로 나누어 살펴보겠다.

데이터 스토리텔링의 시작: 데이터와 스토리를 엮는 5단계 과정

능숙한 데이터 스토리텔러가 되고 싶은가? 지금부터 설명하는 5단계 과정과 각 과정에서 필요한 기술을 마스터하라.

1. **감정 이입:** 청중 입장이 되어라.
2. **입증과 설득 모두 필요:** 입증과 설득이 각각 언제 필요한지 깨우처라.
3. **수치 정보보다 메시지에 집중:** 청중이 핵심적인 수치 정보를 잘 기억하도록 메시지에 중점을 두어라.
4. **데이터에 의미를 부여:** 중요한 것은 '그래서 어쩌라고'다.
5. **청중이 알고 싶어 하는 것 먼저, 꼭 알아야 할 내용은 나중에** 청중이 꼭 들어야 하는 내용에 초점을 맞춰라.

1단계:

감정 이입

3장에서 우리는 관점의 중요성에 대해, 즉 스토리텔러가 청중 입장에 서는 일이 얼마나 중요한가를 살펴보았다. 특히나 데이터를 전달해야 할 때 이 '관점'이라는 개념이 무척 중요해진다. '지식의 저주'에 쉽게 빠지기 때문이다. 자신이 알고 있는 사실을 청중도 다 알 거라고 생각하는 이 지식의 저주에 빠진다는 말은 곧 발표자가 청중의 입장에 서기 힘들어진다는 뜻이다. 이를 방지하기 위해 당신의 청중이 꼭 알아야 한다고 생각되는 자료를 파워포인트에 쏟아붓기 전에 먼저 세 가지 질문에 답해보라.

프레젠테이션 준비 단계에서의 질문 세 가지. 잠시 시간을 내어 다음 세 가지 질문에 대답해보라. 준비 과정에 드는 시간과 에너지를 크게 절감할 수 있다. 또 언제든지 다시 뒤로 돌아가 써놓은 답을 수정·보완해도 좋다. 그럴수록 당신의 메시지가 선명해지고, 청중에게 무엇이 필요한지를 더 잘 이해할 수 있기 때문이다.

1. 어떤 사람들이 나의 청중인가? 그들이 무엇을 알고 싶어 하는가? (앞서 설명한 청중의 다섯 가지 유형을 떠올려보라.)
2. 프레젠테이션을 들은 청중이 내가 말한 내용을 전부 기억하지는 못하더라도 다음 요점만큼은 꼭 기억해주길 바란다.

    a. _____

    b. _____

    c. _____

(꼭 기억해주길 바라는 요점 세 가지를 10 단어 내로 표현하라.)

3. 나의 프레젠테이션 주제 외에 청중이 어떤 문제로 속을 태우고 있는가? 무슨 문제 때문에 밤잠을 이루지 못하고 있는가?

위 질문에 스스로 답해보면 프레젠테이션 길잡이를 얻게 되어 어떤 구조와 콘텐츠로 청중에게 다가가야 하는지 알 수 있다. 또한 그 답변들이 여과 장치 역할을 해주기 때문에 관련성이 떨어지는 자료를 삭제하여 더욱 세련된 프레젠테이션을 준비할 수 있다.

몇 해 전에 나는 온라인 여행사에서 비즈니스 정보 분석가로 일하는 분에게 의뢰를 받은 적이 있다. 회사가 특정 해외시장으로 사업을 확장해야 하는가? 라는 문제에 프레젠테이션을 통해 답을 제시해야 하는 상황에서 나를 찾아온 것이다. 그는 이미 몇 주 동안 시장 조사를 마치고 사업개발 프레젠테이션 자료를 준비하고 있던 터였다. 문제는 파워포인트 초안을 세 개나 만들고 검토까지 마쳤는데도 여전히 데이터로 꽉 찬 파워포인트 슬라이드가 50페이지에 육박했다는 점이다. 의뢰인은 해당 프로젝트를 준비하는 데 시간과 에너지를 무척 많이 쏟았던 터라 이제 어떤 자료가 필요하고 필요하지 않은지 구별하기가 힘들다고 고충을 털어놓았다. 나는 그에게 프레젠테이션 준비 질문 세 가지에 스스로 답해보라고 요청했다. 다음은 그의 답변을 쉽게 고쳐 쓴 내용이다.

1. **나의 주요 청중은** 우리 전략팀의 차장님이다. 차장님은 내 프

레젠테이션을 들은 후 모회사로 가서 CEO에게 관련 제안서를 제출할 예정이다. 차장님이 전략팀에 있는 다른 직원들에게도 내 프레젠테이션을 들으러 오라고 하겠지만, 결론적으로 내 프레젠테이션을 듣는 중요 청중은 나의 상사다.

2. **차장님이 내 프레젠테이션을 듣고 나서 내가 말한 내용을 전부 기억하지는 못하더라도** 나는 이것만큼은 꼭 기억해주길 바란다.

   a. 표적 시장이 어디든, 표적 상품이 무엇이든 웹사이트의 편리성이 핵심이다. **아홉 단어**

   b. 지금 당장 표적 시장으로 사업을 확장해야 한다. **일곱 단어**

3. **무슨 문제 때문에 청중이 밤잠을 이루지 못하고 있는가?** 차장님은 비교적 최근에 지금 회사로 이직했다. 소문에 따르면 전에 다니던 회사를 직접 그만둔 게 아니라 해고를 당했다고 한다. 소문이 사실이라면 본인의 커리어 상 퇴보나 다름없는 현재 직장으로 굳이 옮겨온 이유가 이해가 간다. 그래서 차장님은 자신의 능력을 증명하기 위해 계속 애쓰고 있다. 내가 아이디어를 낼 때마다 십중팔구 캐물을 것이다. 따라서 프레젠테이션을 할 때 근거 데이터를 필요 이상으로 많이 제시해야 할 뿐만 아니라 그 방대한 데이터를 어떻게 구성해야 할지도 생각해야 한다. 이번 제안서를 통해 차장님이 능력 있는 리더로 보이게 만들어야 하며 그래야만 아이디어가 상부에 받아들여져서 회사가 경쟁력을 갖출 수 있다.

준비 질문 세 가지에 답하는 과정에서 내 의뢰인은 프레젠테이션 자료를 선별하는 분명한 기준이 생겼다. 따라서 50페이지짜리 슬라이드를 다르게 보기 시작했다. 모든 자료가 꼭 필요하다고 생각했었지만 이제 프레젠테이션 주제에 도움이 될 만한 데이터만 골라낼 기준이 생긴 것이다. 그가 모으고 만들었던 데이터와 파워포인트 슬라이드 중에서 중요도가 떨어지는 내용을 모두 배제하고 나니 50페이지에 육박하던 파워포인트 자료가 결국엔 열일곱 페이지로 요약되었다.

2단계:
입증과 설득

우리는 학교에 다니는 내내 문제의 답을 쓰고 그 근거를 대라고 교육받았다. 수학 선생님들은 모두 "풀이 과정도 쓰라"고 시켰다. 문제의 정답을 맞혀도 그 답이 나오기까지의 풀이 과정을 제대로 쓰지 못하면 부분 점수만 받기도 했다. 그렇게 우리는 우리가 쓴 답과 아이디어를 '입증'하도록 길들어왔다.

그런데 문제는 프로 무대에서 우리에게 요구하는 사항이 학교에서와는 다르다는 점이다. 그런데도 많은 이들이 이 점을 잘 모르고 있다. 방대한 데이터를 효과적으로 전달하기 위해서는 입증과 설득의 차이점을 뚜렷이 구분할 줄 알아야 한다는 사실을 그 누구도 명쾌하게 설명해주지 않기 때문이다.

그렇다면 입증과 설득의 차이점은 무엇일까? 입증이란 가장 합당한 분석 과정을 거쳐서 증거를 토대로 자신의 결론을 뒷받침하는 행위다. 이에 반해 설득은 표적 청중이 자신의 관점에 동의하게 만들어 자신의 의도대로 움직이게 하는 행위다. 《네이처》나 《뉴잉글랜드 저널 오브 메디슨》 등 과학 저널이 입증의 좋은 예다. 그런 출판물에는 연구논문 보고서나 여러 가지 가설, 통계 공식, 방법론에 대한 논평, 실험 결과, 결론 등의 내용이 실리며 아주 전문적인 용어로 기사를 작성한다. 다른 전문가들에게 인정을 받아야 하므로 과학자나 연구진은 자신의 연구 결과가 정확하다는 것을 반드시 입증해야만 하며, 자신의 연구에 어떤 한계가 있는지 알아보고 다른 전문가들이 자신의 현재 결론을 보고 추가로 연구하고 싶어지도록 만들어야 한다. 반대로 정치인들은 유권자들을 설득하고 집결시키기 위해 커뮤니케이션을 한다. 또한 정치 연설문은 전략적인 메시지와 선별적인 사실 정보를 활용해 만드는데, 이는 유권자들의 감정과 지지를 북돋기 위함이다.

방대한 데이터를 전달할 목적으로 만든 스토리 속에는 입증과 설득이 모두 필요하다. 그렇기 때문에 당신은 그 두 가지의 차이점을 꼭 숙지하여 각기 어떻게 활용해야 하는지 알아야 한다. 대다수 전문 직업인들은 교육을 많이 받아 자신의 요점과 결론을 입증하는 방법 정도는 이미 잘 알고 있다. 하지만 거기에서 그치지 않고 청중을 설득할 콘텐츠를 갖춰야 한다. 수치 정보보다 스토리에 집중하며 당신의 메시지를 전달하는 데 무게를 실을 때 설득력이 생긴다. 3단계와 4단계에서 자세히 살펴보자.

3단계:
수치 정보보다 메시지에 집중

제목 그대로 수치 정보보다는 메시지가 더욱 중요하므로 메시지에 관심을 더 많이 기울여야 한다. 수치 정보가 가지고 있는 특성 때문이다.

사람의 기억력이 아무리 좋아도 우리가 뇌에 저장할 수 있는 수치 정보의 양에는 한계가 있다. 1950년대 중반에 심리학자 조지 밀러 박사는 〈마법의 숫자 7±2〉라는 제목의 논문[10]에서 사람은 평균적으로 작업기억에 7±2개 숫자만을 저장할 수 있다는, 지금은 널리 받아들여진 개념을 입증해냈다. 머릿속에 수치 정보를 저장하는 데는 한계가 있으므로 발표자는 수치 정보를 어느 정도까지 청중에게 보여줄 것인가 신중하게 결정해야 한다.

〈표 9〉 연구 5a에서의 기술 통계와 가변적인 급간상관도

	1	2	3	4	5	6	7	8	9	10	11	12
1. 타민족 집단에 의한 야만인 취급	-											
2. 타민족 집단에 대한 선입견	.38**	-										
3. 야만인 취급	.26**	.04	-									
4. 선입견	.33***	.38***	.33***	-								
5. 드론 공습	.10	.07	.27***	.25***	-							
6. 군국주의적 테러 방지	.24***	.15**	.39***	.31***	.69***	-						
7. 무슬림 이민 반대	.11*	-.03	.31***	.14**	.40***	.39***	-					
8. ISIS 반대 탄원서 서명	.22***	.09	.24***	.19***	.46***	.55***	.27***	-				
9. 반이슬람 극단주의 기금에 기부	.11*	.03	.29***	.19***	.54***	.61***	.46***	.42***	-			
10. ISIS와 싸우고 있는 군인 응원	.11*	.08	.12*	.01	.23***	.23***	.11*	.24***	.24***	-		
11. 테러 사건의 피해자 유가족 위로	.07	.12*	.05	.14*	.01	.02	-.06	.14*	.04	.40***	-	
12. 테러범에 대한 징벌 수위	.29***	.14*	.39***	.33***	.52***	.73***	.26***	.46***	.43***	.23***	.12	

〈그림 4-2〉

사람들은 대부분 숫자에 약하지만, 우리에겐 다행히도 이야기라는 구원투수가 있다. 〈그림 4-2〉의 예시를 살펴보자.

〈그림 4-2〉 자료는 누르 크틸리, 고든 허드슨, 에밀 브루너 박사[11]가 〈타민족 집단에 대한 인식이 초래하는 영향〉에 관한 논문에서 발췌한 통계자료다. 연구자들은 특히 "타민족집단의 행동에서 비인간적인 느낌을 받았을 때 그 반대급부로 그들에게 비인간적인 행동으로 되돌려줘도 좋다고 믿게 되는, 그리하여 그들에 대한 공격적인 조치를 지지하게 되는" 심리적인 과정에 주목하였다. 쉽게 말해서 "미국인들이 무슬림에게 야만인 취급을 당한다고 느끼게 되면 그들도 마찬가지로 무슬림들을 야만인 취급할 가능성이 커진다."[12]는 뜻이다. 따옴표 안에 인용한 이 연구의 핵심 내용과 실제 논문에 기술된 내용을 비교해 보라. 원문은 다음과 같다.

논문 필진은 우선 실험조건의 변인을 성공적으로 조작했는지 평가했다. 즉, 조작된 변수로 인해 아랍인들이 미국인을 야만인 취급하고 있다는 미국인 피실험자들의 인식에 변화가 어느 정도로 발생했는지 평가했다. 실제 평가 결과 아랍인들이 미국인을 야만인 취급하고 있음을 시사하는 설문결과를 본 미국인 피실험자 중에는 아랍인들이 대체로 두 민족 집단을 문명화 정도가 높은 (수준이 동등한) 집단으로 인식한다고 응답한 비중(M = 2.36, SD = 1.29), $F(1,153) = 49.20$, $P < .001$, partial $\eta2 = .24$보다 아랍인들은 미국인을 야만인 취급한다고 응답한 비중이 훨씬 더 높았다. (M = 4.05, SD =

1.65) 아랍인들이 미국인에게 반감이 있다고 미국인 피실험자들이 생각하도록 만든 조작만으로도 미미하지만 유의미한 결과를 얻었다. (높은 수준의 타민족 집단에 의한 야만인 취급 조건: 타민족 집단에 대한 선입견 M = 4.88, SD = 1.24. 낮은 수준의 타민족 집단에 의한 야만인 취급 조건: 타민족 집단에 대한 선입견 M = 4.29, SD = 1.32), $F(1,153) = 8.18$, $P = .005$, partial $\eta2 = .05$.

연구자들은 자신의 연구 결과를 입증해야 하지만 저널 기자는 해당 연구의 핵심 내용을 소개해 독자를 설득하기만 하면 된다는 점을 확실히 깨달았길 바란다. 서로의 상황이 완전히 다른 것이다. 더욱이 기사를 쓰는 기자는 어떤 결과가 예상된다든지, 혹은 예상되지 않는다든지 하는 요점을 가능한 한 최소한의 단어로 서술해야 한다. 기사를 읽는 독자들에게 어려운 통계 정보는 그렇게 중요하지 않기 때문이다. 그러니 명심하라. 메시지를 중심으로 데이터를 전달할 때 청중의 기억 용량에 여유가 생기고, 그렇게 해야 꼭 알아야 하는 수치 정보가 나왔을 때 청중이 그 수치 정보를 두뇌 속 작업기억에 저장할 수 있다.

4단계:
데이터에 의미를 부여
얼티미터 그룹의 산업분석가 수잔 이틀린저는 데이터와 데이터 해석에 관해 다음과 같이 말했다. "데이터는 스스로 의미를 만들어내지 않는다. 의미부여는 우리가 할 일이다."[13] 그녀는 2014년에 테드TED 강연에 나가 데이터에 대해 날카롭게 논평하기도 했다. 바로 빅데이터 시대에 오히려 데이터 때문에 잘못된 결정을 내릴 위험이 더 커졌다는 것이다. 실제로 데이터를 완벽하게 이해하지 못한 채 행동으로 옮기는 경우가 종종 발생하기 때문이다. 그러므로 데이터 스토리텔러는 데이터를 분석하고, 그 분석한 내용을 청중에게 이해시켜야 하며, 더 나아가 의사 결정자가 그 분석 내용을 보고 의사 결정에 활용하도록 만들어야 한다.

여기서 또 하나 중요한 사실은 데이터 스토리텔러와 의사 결정자가 동일 인물이 아니라는 점이다. 최종적으로 의사를 결정하는 인물은 주로 집단 내 고위직원으로서 발표자로부터 의사 결정에 도움이 될 만한 분석과 통찰을 얻길 원하는 청중이다. 따라서 당신이 데이터 스토리텔러 역할을 수행한다는 말은 곧 의사 결정자에게 의미 있는 데이터를 제시한다는 뜻이다. 당신은 어떻게 데이터에 의미를 부여할 것인가?

컨설턴트 사이먼 사이넥이 쓴 《나는 왜 이 일을 하는가》라는 책에 단순하면서도 명쾌한 해답이 있다.[14] 오늘날 우리는 무엇인가를 설명할 때 대체로 삼분법을 사용한다. 즉 무엇을, 어떻게, 왜라는 세 가지 범주로 무엇인가를 설명한다는 뜻이다. 사이넥에 따르면 모든 사람이 자기가 무슨 일을 하는지 설명할 수 있으며, 그중 많은 이가 그 일을 어떻게 하는지도 설명할 수 있지만, 지금 하는 일을 왜 하고 있는지 설명할 사람은 찾아보기 힘들다고 한다. 정작 타인의 마음을 움직이는 것은 '왜'인데 말이다. 따라서 의사 결정자에게 의미 있는 데이터를 전달하고 싶다면 당신이 무슨 데이터를 왜 갖고 있는지를 설명해야 한다. 당신이 '어떻게' 그런 결론에 이르렀는지에 대한 설명은 의사 결정자가 질문해 올 때까지 일단 보류한다. 우선은 무엇과 왜를 강조하라.

'무엇'과 '왜'를 중심으로 효과적으로 커뮤니케이션하는 방법은 무엇인가? 회의실에서 프레젠테이션 하든, 잠깐 상사에게 새로운 내용을 보고하든, 답은 하나다. 1장에서 스토리텔링의 주요 조건으로 소개했던 3막 법칙을 활용하면 된다. (〈그림 4-3〉 참조)

데이터 스토리의 구조

	스토리	데이터 스토리
시작	1막 배경 설정	해답 훅 설치
중간	2막 전개 과정	전후 관계 상기시키고 상술하고 재구성하라
끝	3막 해결책 제시	후속 조치 장·단기적 조치

〈그림 4-3〉

스토리의 배경을 설명하는 1막이 시작되는 즉시 청중이 가장 기대하고 있을 문제의 해답을 전달하라. 즉 청중이 해당 사안에 왜 관심을 가져야 하는지, 청중이 당신 말을 듣고 무엇을 해야 하는지 알려라. 1막을 효율적으로 구성하면 그 자체가 훌륭한 혹으로 작용한다. 청중은 '어떻게?'라는 질문을 던질 것이다. 맞다. 문제는 어떻게?이다. 도입부에서부터 당신은 문제의 해결책을 제시한 바 있다. 청중은 질문에 대한 답을 이미 들었다. 청중 입장에서는 당신이 어떻게 그런 결론에 도달하게 됐는지 궁금해할 수밖에 없다. 하지만 어쩌다 보면 1막에 해당하는 발표를 다 듣고도 당신의 직속 상사가 당신의 분석을 제대로 이해하지 못할 수도 있고, 이사회에서 당신의 제안에 의구심을 가질 수도 있을 것이다. 이것은 오히려 좋은 징후다. 2막을 시작하는 완벽한 상황이 만들어진 것이다.

당신이 1막에서 효과적으로 프레젠테이션의 배경과 혹을 선보였다면 2막에서는 '어떻게' 해당 결론에 이르게 됐는지 본격적으로 보여줄 차례다. 그렇다고 당신이 조사했던 방대한 데이터를 모조리 쏟아붓겠다는 생각은 버려라. 어떻게 그런 결론을 내리게 되었는지 가장 잘 보여줄 방법이 있다. 바로 3R이다. 청중에게 중요 내용을 상기시키고 Remind 해결책을 내놓은 과정을 상술하고Recount 문제를 바라보는 청중의 관점을 재구성하라Reframe. 이때 주의할 것이 있다. 당신은 이미 해당 프로젝트에 많은 시간을 쏟았겠지만, 청중 입장에서는 프레젠테이션의 목적조차 모를 수 있다는 사실을 기억하라. 프레젠테이션을 듣는 청중이 지위가 높고 발표자와 직급 차이가 클수록 이런 현상이 빈번하게 발생한다. 그러므로 우선 프로젝트가 의도하는 결과와 이제까지의 진행 상황을 요약하면서 프로젝트의 전반적인 맥락을 다시 한 번 상기시켜라. 그런 뒤에 당신이 어떤 과정을 거쳐 해결책에 이르렀는지 상술하라. 논리 전달에 있어 수준 높은 발표를 이어가도록 유의해야 한다. 특히 세부 사항에 집착하여 발표가 지리멸렬해지지 않도록 세세한 수식과 설명은 잠시 미뤄두거나 첨부 자료로 제시하라. 마지막으로 청중의 관점을 재구성하라. 아주 작은 변화라도 좋다. 당신이 수행한 연구, 조사, 데이터 해석으로 청중이 새로운 통찰을 갖고 문제를 조금이나마 달리 보게 되었는가를 의식하면서 발표를 준비하고 진행하라. 예컨대 당신이 속한 조직에서 모든 고객층을 대상으로 마케팅을 펼치는 시장전략을 유지하고 있다고 치자. 그런데 당신이 연구 분석한 결과, 부가가치가 높은 우수 고객을 대상으로 마케팅 예산의 60%를 집중해야 회사에 이익이라는 결론이 나왔다. 스토리텔링의 이유는 결국 이 자료를 근거로 청중의 관점을 조금이나마 바꿔놓는 것이다. 스토리텔링의 핵심이 도전이라면 도전이 궁극적으로 추구하는 것은 변화다. 사람들이 스토리텔링에 목말라하는 이유도 결국은 유의미한 변화를 경험하기 위함이다.

자, 이제 스토리텔링을 마무리하는 3막이다. 3막의 마무리는 1막을 시작한 지점에서 매듭을 짓는 것이 좋다. 해당 사안의 발생 배경, 청중이 관심을 가져야 하는 이유, 청중이 취해야 할 조치를 다시 한번 언급하라. 이때 장·단기적으로 필요한 후속 조치를 심도 있게 설명하라. 그런 뒤에는 질의응답 시간을 가져라. 물론 발표자는 모든 질문에 답변할 준비가 돼 있어야 한다.

5단계:
청중이 알고 싶어 하는 내용부터 전달

빅데이터를 연구하고 분석하는 이들은 주어진 상황에서 조직이 어떤 선택을 해야 하는지 가장 잘 알고 있는 인물, 혹은 팀이라고 보아도 좋을 것이다. 그래서 데이터 기반의 발표가 끝난 후 상사들이 물어보는 여러 가지 질문들이 사안과는 아무 관련이 없거나 시기가 적절하지 않거나 혹은 전략적으로 중요하지 않은 경우가 많다는 점을 잘 알 것이다. 그렇다면 어떻게 윗사람의 심기를 건들지 않으면서도 꼭 필요한 내용을 전달할 수 있을까? 지금부터 실제 사례를 통해 '청중이 알고 싶어 하는 내용부터 전달한 뒤에 꼭 알아야 하는 내용을 전달하는 방법'을 살펴보자(기업 및 개인의 실명은 밝히지 않는다).

테렌스는 이동통신 기기로 유명한 기술기업의 디자인 연구가로 마케팅 상무와 디자인 상무 밑에서 일한다. 그러던 어느 날, 테렌스는 회사 내 고객 서비스 부서가 현재 고객들을 유지하기 위해 어떤 역할을 하고 있는지 의구심이 생겨서 500명이 넘는 고객을 대상으로 질적·양적 연구를 시행했다. 그런데 분석 결과, 회사의 고객지원 정책과 관련해 회사에 악영향을 끼칠 만한 심각한 문제들이 발견되었다. 테렌스가 그 문제에 관해 프레젠테이션을 해야겠다고 마음먹고 준비하고 있는데 상무가 찾아와 말했다.

상무는 놀랍게도 그의 프레젠테이션을 듣게 될 임원들이 고객 서비스 현장경험에는 별다른 관심이 없다고 테렌스에게 전했다. 임원들은 고객 서비스보다는 회사 측에서 투자를 많이 한 신제품 스프로켓 5000의 하드웨어와 소프트웨어에 별다른 문제가 없는지가 더 궁금했던 것이다. 물론 테렌스는 고객 데이터를 연구하던 터라 신제품 하드웨어와 소프트웨어 문제보다 더 심각한 문제가 회사에 도사리고 있음을 이미 알고 있었지만, 청중이 중요하게 생각하는 내용을 무시하기보다는 아주 전략적인 방법으로 프레젠테이션을 준비했다.

프레젠테이션을 시작하며 테렌스는 우선 임원진의 궁금증부터 해결해주었다. 최근에 있었던 자사 제품 하드웨어의 변화와 그 변화에 대한 고객들의 반응을 사업개요에 담아 프레젠테이션을 준비했다. 또한 소프트웨어 점검과 직접 연관성이 있는 사용자 경험을 조사해 그 결과를 사업개요에 실었다. 특히 임원들이 순수 추천고객 지수*NPS에 관심이 많다는 점을 알고 있던 테렌스는 청중으로 와 있는 임원진이 NPS 결과를 분명하게 볼 수 있도록 사업개요를 구성했다. 그런데 바로 여기에 테렌스의 전략이 숨어 있었다. 테렌스는 이해하기 무척 어려운 수치 정보를 소개하며 사업개요를 마무리했다. 그 수치 정보는 고객들의 NPS 점수를 나타낸 자료로써 고객들이 제품에 낮은 점수를 매기지 않았는데도 고객 서비스 부서와 대면하기만 하면 NPS 점수가 37% 하락한다는 사실을 보여주고 있었다. 하지만 테렌스는 곧바로 수치 정보를 설명하지 않고 '바버라'라는 고객의 스토리를 청중에게 들려주었다. 바버라는 스프로켓의 초창기 모델이 출시됐을 때부터 충성도가 높은 고객이 되어 신제품이 나올 때마다 자사 제품을 구매하는 고객이었다. 그런데 그렇게 충성도 높은 고객인 바버라가 NPS에는 (아주 낮은 점수인) 3점을 줬다. 테렌스는 바버라가 고객 서비스 부서 때문에 어떤 불쾌한 일을 겪었는지 청중에게 설명했다.

그런 뒤 테렌스는 마지막으로 고객 서비스 부서와 대면해본 경험이 있는 고객집단이 그렇지 않은 고객집단보다 훨씬 더 NPS에 낮은 점

---

* '추천 의향'이라는 단 하나의 문항으로 고객 로열티를 측정하는 방법

수를 주고 있음을 보여주는 전반적인 수치 정보를 제시하며 프레젠테이션을 마쳤다. 간단히 말해 고객 서비스 부서 때문에 충성도 높은 고객들이 등을 돌리고 있음을 보여준 것이다.

현장에서 프레젠테이션을 듣던 청중은 테렌스의 직속 상사 두 명과 임원 몇 사람이었다. 테렌스가 발견한 사실과 그가 스토리를 전달한 방식 덕분에 청중은 고객 서비스와 관련해 심각한 문제가 있었다는 점을 자각하게 되었다. 그 결과 테렌스의 프레젠테이션이 상부로 전달되어 CEO와 모회사에서도 이 내용을 받아보게 되었고, 상부에서 고객지원 정책을 감사한 후 조치를 할 수 있었다.

테렌스의 예화는 데이터 스토리텔링의 효과가 얼마나 큰지를 잘 보여준다. 우리가 테렌스에게 배울 점은 다음과 같다.

1. 그는 청중이 알고 싶어 하는 내용을 먼저 전달하고 나서 청중이 꼭 알아야 하는 내용을 전달했다.
2. 그는 곧바로 수치 정보를 설명하는 대신 먼저 바버라를 예로 들어 스토리텔링을 했다. 그런 뒤에 수치 정보를 소개하며 고객 서비스 부서 때문에 고객 충성도가 떨어지고 있다는 스토리의 메시지를 강조했다.
3. 그는 프레젠테이션하는 내내 청중이 알고 싶어 하는 내용과 꼭 알아야 할 내용 사이의 균형을 맞췄다. 이는 가장 효과적인 스토리텔링 법이다.

이 중 세 번째 내용을 조금 더 논의해보자. 훌륭한 스토리텔러는 청중이 알고 싶어 하는 내용을 명확하게 설명해주는 일과 새로운 사실에 대한 궁금증을 자극하여 청중이 아직 중요성을 파악하지 못한 사안에 관심을 유도하는 일 사이에 균형을 맞출 줄 아는 사람이다. 혹시 '프레젠테이션할 때는 명확하게 설명해주는 일이 1순위가 아닌가?'라고 생각하는가? 프레젠테이션 주제를 불문하고 발표자가 명확한 설명만 되풀이하게 되면 실제로 청중은 두 가지 반응을 보이는데, 들어야 할 내용을 모두 들었다고 생각해서 청중이 발표자에게 집중하지 않거나 비판적인 자세로 발표자의 잘못만 찾아보게 된다. 그러므로 당신이 청중의 관심을 떨어뜨리거나 프레젠테이션 내내 청중의 날 선 비판에 방어만 하고 싶은 게 아니라면 의도적으로 불충분하게 만든 흥미로운 정보를 보여줌으로써 청중의 궁금증을 자극하는 게 상책이다. 〈그림 4-4〉와 같이 명확한 설명과 궁금증 유발의 균형을 맞추는 전략은 청중이 더 많은 내용을 알고 싶게 만들 뿐만 아니라 기본 내용은 꼭 듣고 가야겠다는 청중의 적극적 태도를 부추기기도 한다.

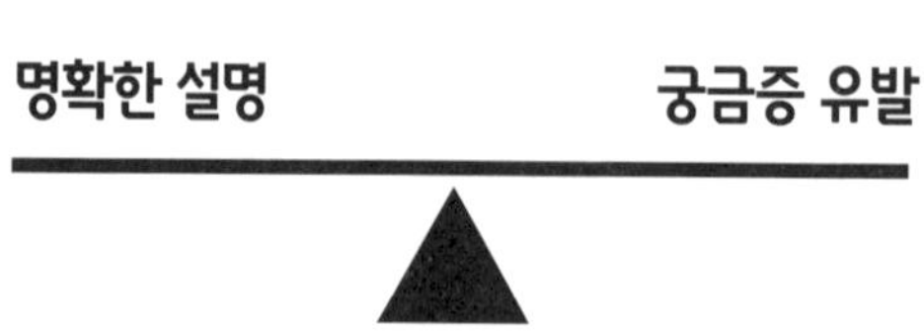

명확한 설명   **궁금증 유발**

〈그림 4-4〉

97페이지짜리 데이터 자료를
매력적인 스토리로 만든 비법

당신이 어떻게 데이터 스토리텔링을 할 것인가는 당신이 조사하고 있는 데이터의 성격과 청중이 꼭 알아야 하는 내용이 무엇이냐에 따라 결정된다. 깊이 고민할 필요까지는 없다. 개념을 점검하는 수준에서 데이터와 스토리에 관해 생각해봐도 충분하니까. 어도비에서 데이터 사이언스와 데이터 해석의 중요성을 강조했던 브렌트 다익스는 이와 관련해 다음과 같이 조언했다.[15] 그는 가장 먼저 핵심이 되는 아이디어를 중심으로 데이터 스토리를 구조화하라고 주문한다. "데이터 스토리에는 의도된 목표 지점이 있어야 한다. 스토리텔러는 자기가 설정한 의도대로 청중이 토론하고 행동하도록 이끌어야 한다."고 다익스는 강조한다. 두 번째로, 해당 데이터가 의미하는 바를 청중이 이해할 수 있도록 문제의 전후 맥락과 수치 자료를 충분히 설명해줘야 한다고 주장한다. 이어서 그는 청중이 수치 정보의 수렁에 빠지지 않도록 데이터를 일목요연하게 직선형으로 배열해야 한다고 조언한다. 마지막으로 당신이 데이터의 직선형 '플롯'을 구상하고 있다면 고전적인 스토리텔링의 주요 기법 중에서 차용할 것이 없는지 살펴볼 필요가 있다. 다익스는 "발표자가 배경설정이나 등장인물, 갈등 같은 요소를 활용할 때, 청중이 발표자의 스토리에 감성적으로 몰입하게 된다."고 말한다.

이에 대한 예시를 살펴보자.

2015년 8월, 미국 교통부에서는 미국 국도망을 이용하는 트럭 운전자들의 주차공간 부족 문제를 주제로 97페이지짜리 조사 보고서를 발간했다.[16] 도로망 전역에 주차공간과 휴게시설을 확충하는 일은 편리성의 문제이자 공공안전의 문제이기도 했다. 미국 교통부는 주차공간의 보급률을 속속들이 조사하고 그 결과를 종합해 보고서로 펴냈다. 그런데 보고서에 문제가 있었다. 보고서를 펼치면 사실 정보와 수치 정보가 수백 가지씩 쏟아져나와 자세히 읽어보려면 몇 시간이 걸릴 판이었다. 또한 읽어본다 해도 당면 문제의 큰 그림을 이해하거나 문제에 담긴 의미 파악도 기대하기 어려웠다. 다시 말해 보고서에 데이터 요소가 넘쳐났지만, 그 어떤 데이터도 핵심 메시지와 부합하거나 해결방안과 어우러지지 못하고 있었다. 더 짧게 표현하자면 **그래서 어떻다고?**에 대한 것이 눈 씻고 찾아봐도 없었다는 뜻이다. 이 보고서와 극명한 대조를 이루는 두 개의 저널 기사를 살펴보자. 이 기사에서 저널리스트들은 사건의 배경, 등장인물, 갈등 같은 스토리텔링 요소들을 활용해 기사를 작성하였고 그 덕분에 넓은 독자층이 사안의 핵심내용을 이해하고 통찰할 수 있었다.

배경 《시애틀 타임스》 린 톰슨 기자는 다음과 같이 기사를 작성했다.[17] "노스 벤드 시의회는 통행량 문제와 배기가스, 도로 마모를 이유로 들어 노스 벤드시를 지나는 I-90번 광역고속도로 근처에 추진되는 대형트럭 전용휴게소의 확충사업을 금지할 생각이다. 이에 대해 트럭 운전자들은 시애틀과 [시애틀에서 90번 고속도로를 따라 동쪽으로 약 160km 떨어진] 엘렌스버그 사이에 상용주차장이 없다는 점을 강조한다. 하지만 노스 벤드 시의회의 주장은 다르다. 매일 트럭 900여 대가 34번 출구 근처에 주차하고 있으며 [시애틀과 엘렌스버그 사이에 위치한] 스노퀼미 패스가 눈사태 방지작업이나 도로 사정 때문에 폐쇄되기라도 하면 고속도로 위로 줄지어 주차하는 트럭이 300~400대 추가로 늘어난다고 반론하고 있다." 기자는 이런 식으로 문제의 배경을 설명해줌으로써 독자들이 차량통행 문제와 도로 상황, 기상조건까지 아울러 주차문제의 정황을 심도 있게 바라볼 수 있도록 도왔다. 스토리의 조건을 활용한 기사문을 계속 이어서 살펴보자.

등장인물1. "트레이시 기핀 씨는 아이다호주에서 22미터짜리 대형트럭을 운행한다. 그는 최근에 시애틀 터코마 국제공항에서 하역기계를 내려준 뒤 몬태나주와 캐나다로 운송할 시저리프트를 실으러 가던 도중 대형트럭 전용 휴게소에 차를 세웠다." 린 톰슨 기자는 독자들이 트럭 운전자의 모습과 그들이 운반하는 대형화물을 상상할 수 있도록 기사문을 작성했다. 독자들은 트럭 운전자들에게 주차장과 휴게시설이 필요한 이유, 그리고 해당 사안에 숨어있는 인간적인 측면을 올바로 이해할 수 있었다.

등장인물2. 린 톰슨 기자는 론디 린델 시 행정관의 말도 인용했다. "시민들은 노스 벤드가 가진 전원적인 풍취와 아름다운 자연, 소도시 특유의 장점을 시 차원에서 보전해주길 바라고 있습니다. 그런데 우리 지역의 대형트럭 전용휴게소 규모를 확장하면 과연 이 도시가 잘 보전될까요? 그렇지 않다고 봅니다." 이 짧은 인용문만 보고도 독자들은 시민들의 희망 사항을 지키기 위해 노력하는 시 공무원들의 목소리를 명백하게 들을 수 있었다. 또한 미국 국도망 문제와 관련해 이러한 반대여론도 상당하다는 점을 독자들이 알게 되었다.

갈등. "트럭 운전사들은 어디에서 용변을 보아야 합니까? 잠은 어디서 잡니까?' 노스 벤드에 사는 조이스 힙마 씨가 항의했다. 그녀의 남편 칼 씨는 장거리 트럭 운전을 한다. 조이스 힙마 씨는 '운전자들이 고속도로 위에서 밤을 지새우면 사고가 날 수 있으니 주차공간을 제공해달라'고 요청하고 있다." 린 톰슨 기자는 노스 벤드에 거주하며 트럭으로 생계를 꾸려나가는 제삼자를 기사에 등장시킴으로써 두 집단 간에 벌어지는 갈등을 깊이 있게 보여주고 청중이 주차공간 부족 문제를 다차원으로 바라볼 수 있도록 만들었다.

감정. 린 톰슨 기자는 대형트럭 전용휴게소를 운영했던 부모님 밑에서 자란 게이넬 건더슨 씨의 말을 추가 인용하여 주차공간 부족 문제를 둘러싼 감정적인 측면을 다루었다. "게이넬 건더슨 씨는 '부모님은 우리 가족과 우리 집안의 사업도 중요하게 생각했지만, 트럭 운전사 한 분 한 분을 중요하게 생각하셨다'고 말하며 '트럭 운전사에게는 식사할 권리, 안전한 장소에 주차할 권리가 있다'고 자기 생각을 밝혔다." 독자들은 트럭 운전사들이 기본적인 욕구와 권리를 침해당하고 있다고 생각하는 건더슨 씨의 견해를 알 수 있었다.

해결 방안. 기술 잡지 《와이어드》 출신인 아리안 마셜 기자는 데이터를 활용하여 위 문제를 해결하는 최첨단 방안을 온라인 기사로 작성해 공개했다.[18] 바로 영상처리 소프트웨어를 활용하여 전방에 있는 트럭 주차장에 몇 자리나 남아 있는지 고속도로 표지판에 띄워서 트럭 운전사들이 계획을 세울 수 있도록 하자는 방안이었다. 실제로 과학자들이 연방 자금을 얻어 관련 연구를 진행하고 있다. 마셜 기자는 기사에서 해당 연구팀장 파파니쿨로풀로스 박사를 거론했다. "파파니쿨로풀로스 박사 자신도 정확히 몇 명이나 그 시스템을 이용할지는 예견할 수 없다고 한다. 하지만 분명한 사실은 이 시스템이 꼭 트럭 운전자들에게만 필요한 게 아니라는 점이다." 마셜 기자는 덧붙였다. "[트럭 주차장 운영진 등] 관련 사업자들도 차량 운행 데이터를 활용하여 손쉽게 비즈니스 의사 결정을 할 수 있을 것이다."

두 기사는 주제가 같다. 즉 두 기사 모두 대형트럭 운전자들을 위한 주차공간과 휴게시설이 부족하다는 문제점을 꼬집고 있다. 우선 첫 번째 기사는 우리가 꼭 알아야 할 스토리의 조건인 관련 인물, 문제의 배경, 그리고 트럭 운전자들과 시민 및 공무원 사이에서 충돌하는 이해관계 같은 다양한 갈등을 활용해 기사를 풀어나갔다. 그에 반해 두 번째 기사는 대형트럭 주차공간 문제가 어떻게 전 국가적인 문제가 될 수 있는지 보어준 다음, 활용 가능한 기술을 해결책으로 제시했다.

이처럼 두 기사는 스토리의 조건들을 완벽하게 이용함으로써 데이터에서 얻어낸 통찰과 함축 의미, 해결 방안을 독자들이 잘 이해할 수 있도록 데이터 스토리텔링 했다.

혹시 평소에 데이터 스토리텔링을 할 때 청중에게 그저 밑도 끝도 없이 방대한 데이터만 쏟아냈는가? (안타깝게도 대부분 사람이 이런 식으로 데이터를 전달한다.) 그렇다면 이제라도 스토리텔링 기술을 연마하라. 데이터 속에 숨어 있는 스토리를 파악해 청중에게 효과적으로 전달할 능력을 갖추면 업무가 한결 쉬워지고, 높은 성과를 이룰 수 있으며, 그 누구에게라도 매력적인 스토리텔링을 할 수 있다. 데이터를 매력적인 스토리로 전달할 때 청중 모두가 스토리에 관심을 두고 발표자와 데이터가 제시한 대로 움직인다. 그리고 이런 데이터 스토리텔링을 하고 나면 당신은 청중과 회사를 긍정적으로 변화시킨 인물로 평가받을 것이다.

5장

복잡한 내용을
명확하게 설명하기

한 연금기금에서 자산관리회사를 물색하고 있는데 당신 회사가 최종 후보로 선정됐다고 상상해보자. 이윤이 수십억 원이나 되는 계약이다. 신이 난 당신은 최종 홍보 프레젠테이션에서 사용할 파워포인트 자료를 만든다. 그런 뒤 파워포인트 수정과 발표 연습을 반복하고, 반복하고, 또 반복한다. 당신의 회사보다 규모가 100배나 더 큰 기업 두 곳과 맞붙어야 하는 상황이라 가능한 한 가장 강렬하게 당신 회사를 홍보해야 하기 때문이다!

더군다나 그 둘 중 한 곳은 연금기금의 자금을 지금까지 10년 이상 관리하고 있는 회사다. 그런데 연금기금 측에서 그 회사가 불만족스러워서 자산관리회사를 새로 구하는 것인지, 다시 그 회사에 자금을 맡길 생각이지만 형식상으로 공식 모집을 하는 것인지 현재로서는 알 수 없는 상황이다. 이런 상황에서 당신이 염두에 두어야 하는 건 바로 청중이다. 홍보 프레젠테이션을 들을 청중은 연금기금 이사 일흔다섯 명과 사외이사 열다섯 명이며, 그중에 투자 쪽 전문가가 아홉 명도 채 안 된다. 즉 청중이 '알파 세대'나 '귀속주의' 같은 금융 전문용어를 못 알아듣는다고 봐야 한다는 뜻이다.

전후 사정이 이러한 경우에 당신이 프레젠테이션해야 한다면 당신은 어떻게 비전문가들 앞에서 이해하기 쉽고 믿음이 가면서도 설득력 있게 발표할 것인가? 한 걸음 더 나아가 당신의 회사가 다른 후보 회사들보다 뛰어나다는 점을 어필하면서도 연금기금 측에서 지금까지 자금을 잘못 관리했다는 뉘앙스를 풍겨서는 안 된다. 당신이라면 어떻게 하겠는가?

위 스토리는 내 지인의 경험담이다. 프레젠테이션 결과가 궁금하겠지만 일단 당신이 이와 비슷한 상황에 부닥쳤던 경험, 다시 말해 복잡하고 어려운 개념을 당신보다 그 주제에 관해 잘 알지 못하는 사람들에게 설명해야 했던 경험을 한번 떠올려보라. 독자 중에는 남들에게 생소한 새로운 투자 방법으로 유명해진 사람도 있을 터이고, 세무 전문가나 회계사들도 있을 터이다. 해당 분야의 전문가들조차 어리둥절하게 만드는 생소하고 난해한 지식의 소유자도 있을 것이다. 아니면 아주 훌륭한 분석 툴을 개발했음에도 사용하기가 어려워 잠재고객들이 기존에 사용하던 (기능이 뒤떨어지는) 툴을 고집해 고민스러운 사람도 있을 것이다.

5장에서는 전문용어가 쏟아져 나오고 대개 그 과정과 개념도 복잡한 금융계를 예로 들어 어떻게 하면 스토리텔링의 조건들을 활용해 당신의 메시지를 더욱 효과적으로 전달할 수 있는지 살펴볼 것이다. 구체적으로는 다음 세 가지 전략을 다룬다.

- **분할·정복하라:** 상대방에게 전달할 복잡한 내용을 몇 가지 항목으로 나누어서 청중이 당신의 말을 조금 더 쉽게 받아들이게 하라.
- **생소한 내용을 친숙한 내용에 비유하라:** 비유와 은유를 사용하면 생소한 것일지라도 개개인의 경험과 연관 짓기 쉽다.
- **3막 구조로 스토리의 밑바탕을 다져라:** AIA 모델을 활용하면 의심의 눈초리로 당신을 바라보는 청중에게서 환심을 얻을 수 있다.

지금부터 스토리를 전략적으로 활용하여 예상 밖의 훌륭한 결과물을 얻어낸 세 가지 실화를 소개한다. 세 가지 예화를 통해 당신은 금융계뿐만 아니라 다른 여러 분야에서도 활용이 가능한 중요한 교훈을 얻게 될 것이다.

분할·정복하라

금융은 어려운 전문용어뿐만 아니라 복잡한 정량적 모델과 개념이 많이 등장하므로 모두가 어려워하는 분야다. 금융산업 내부자들의 일에 관해 몇 마디만 하면 문외한들은 벌써 헷갈리기 시작한다. 깊이 들어갈 필요도 없다. 그냥 자기 직함만 말해줘도 충분히 머리가 지끈거리니 말이다! 실제로 친구 한 명이 대형 은행에서 '기관파생상품 판매 책임자'로 일한 적이 있었는데, 나는 아직도 그게 무슨 말인지 모르겠다. 물론 금융 관계자들끼리야 적어도 업계 내에서는 서로 자기네 말로 의사를 주고받을 수 있겠지만 금융과 전혀 상관이 없거나 겉다리로만 알고 있는 사람들이 소통 대상이라면 그 복잡한 내용을 효과적으로 전달할 다른 방도를 찾아야만 한다.

방법은 무엇일까?

2003년도부터 여러 비영리단체와 임팩트 투자자들을 대상으로 투자 자문 활동을 하는 조엘 무어에게 커뮤니케이션 전략을 한 가지 배워보자. 조엘 무어는 복잡한 금융 상품을 이해하려면 우선 금융 상품을 크게 두 가지로 나눠서 생각하면 된다고 말한다. 먼저 첫 번째는 '빌려주는 방식'이다. 채권이나 메자닌[*]mezzanine, P2P 대출, (2008년 세계 금융위기 이후 악명을 떨친 주택 저당증권 등의) 자산유동화증권 같은 다양한 상품이 여기에 포함된다. 두 번째는 '소유하는 방식'으로 주식, 벤처캐피털, 사모펀드, 부동산 투자 등이 여기 해당한다.

위 내용을 이렇게 이해하면 아주 쉽다. 만일 당신이 친구에게 무엇인가를 빌려주면 친구는 감사를 표하며 그 물건을 다시 돌려줄 것이다. 일상에서는 빌려준 물건과 함께 '감사'의 마음을 받는다면, 금융계에서는 빌려준 돈과 함께 그만큼의 화폐 이자를 받는다. 소유하는 방식도 마찬가지다. 당신이 자택이나 빈티지 기타, 최신 스마트폰 등의 전자기기를 소유하고 있으면 자신이 쓰고 싶을 때 언제든 쓸 수도 있고, 소유품의 경제적 가치가 상승할 가능성도 있다. 즉 무엇인가를 소유하고 있으면 잠재적인 이익이 발생한다는 뜻이다. 이 개념을 금융계에 적용하면 당신이 주식 등의 금융 상품을 소유하고 있으면 투자

---

[*] 채권과 주식의 중간 위험 단계에 있는 전환사채CB와 신주인수권부사채BW 등

의 결과로 배당금이라는 이익을 얻게 될 수도 있다는 말이다.

조엘 무어는 금융 상품이라는 복잡한 개념을 단순하게 두 종류로 나누고, 지나치게 많은 전문 용어들을 누구나 공감할 단순한 내용으로 바꿔 설명했다. 바로 금융 상품이라는 개념을 분할·정복한 것이다. 일반인 투자자들은 본인이 빌려주는 방식과 소유하는 방식 중 어떤 투자 방식을 선택했는가만 잘 알아도 더 쉽게 앞으로의 투자 방향을 설정할 수 있다. 이는 마치 낯익은 얼굴을 찾아 두리번두리번하며 고등학교나 대학교 동문회 장소에 들어서는 상황과 비슷하다. 아는 얼굴을 발견해 서로 인사를 주고받을 때까지 사람들은 모임에서 방황하기 일쑤다. 따라서 이럴 때는 친한 옛 친구들을 찾아내고, 학교 다닐 때는 몰랐던 동문과 대화하면서 모임에 빨리 적응해야 한다. 그럴수록 모임이 재밌어지기 때문이다. 동문회 예시처럼 조엘 무어가 금융 상품을 쉽게 설명한 덕분에 투자자들은 투자에 친숙함을 느꼈고, 그리하여 자신 있게 투자를 시작할 수 있게 되었다.

생소한 내용을 친숙한 내용에 비유하라

두 번째로는 생소한 내용을 친숙한 것에 비유하는 법을 살펴본다.

우베 쉴혼은 시카고에 있는 스위스 연방은행UBS의 신흥국 채권담당 대표였다. 신흥국에 채권 투자의 기회가 있는지를 판단할 때는 보통 위험점수를 계산한다.[1] 하지만 우베 쉴혼 대표는 위험점수를 근거로 투자 기회 여부를 판단하지 않았다. 우베 쉴혼 대표에게 투자를 맡긴 의뢰인들은 금융에 밝았으므로 당연히 그에게 이유를 물었다.

위험점수는 신용평가모델과 같이 잠재적 투자 대상의 금융변수(우베 쉴혼 대표의 경우에는 투자를 염두에 두고 있는 기업이나 국가의 부채)를 계산해 정량적 지표로 나타내는 수학적 모형, 혹은 도구를 말한다. 어떤 국가가 됐든 그 국가 내에 염두에 두고 있는 투자종목이 있다면 해당 국가의 정부 부채나 국내총생산GDP, 외부부채, 수출액, 경제 성장, 인플레이션 등의 거시적인 경제변수를 계산해 위험점수 값을 구할 수 있다. 그리고 국가별로 위험점수 값을 계산해 도출한 위험도에 따라 전반적인 채권투자의 가격이 책정되기도 한다. 일반적으로 채권 가격과 투자 위험도 사이에는 장기간에 걸친 상관관계가 존재한다. 즉 투자 위험도가 낮을수록 채권 가격은 높아지는 상관관계가 나타난다. 그리고 채권 가격과 투자 위험도 간의 상관관계가 크게 어긋나는 곳, 바로 그곳에 투자 기회가 있음을 의미한다.

하지만 우베 쉴혼팀은 위험점수 결과로 투자 기회를 찾지 않았다. 이에 대해 잠재고객들을 비롯한 여러 사람이 경쟁사에서는 위험점수를 활용하는데 왜 당신은 하지 않느냐고 지적하면 우베 쉴혼 대표는 곧바로 그러한 관행을 흠잡기보다는 투자를 젊은 사람의 건강에 비유해 답변했다. 대표적인 건강지표로 혈압과 콜레스테롤 수치를 꼽을 수 있는데 평균적으로 대다수의 젊은 사람들이 중·장년층보다 혈압 및 콜레스테롤 수치가 낮으므로 대개 젊은 사람들의 '종합적인 건강 점수'가 더 높다. 하지만 그렇다고 해서 젊은 사람들의 건강 점수가 언제나 높을 것이라고 말할 수는 없다.

대학교에서 운동선수로 활동 중인 내 친구 마이크를 예로 들면 그는 훈련도 혹독하게 하고 음식도 무척 가려서 먹었다. 그러니 신체검사를 할 때마다 결과는 늘 훌륭했다. 하지만 문제가 하나 생겼으니, 바로 1기 암에 걸린 것이다. 일반적인 신체검사로는 암을 전혀 찾아내지 못했다.

우베 쉴혼 대표는 여러 요소를 종합하여 계산한 위험점수도 이와 마찬가지라고 지적한다. 전 세계 국가 중 신흥시장으로 묶여 있는 국가 집단의 경제 상태는 전반적인 위험점수를 활용해 잘 살펴볼 수 있을지 몰라도 위험점수의 평균값으로 개별 국가의 경제 상태를 점검할 경우에는 심각한 오류가 발생할 수 있다. 국가별로 처한 상황이 복잡하기 때문이다. 베네수엘라를 예로 들어보자. 2000년대 초, 베네수엘라는 GDP나 물가상승률 등의 전반적인 경제지표에서 강세를 보였다. 하지만 유가가 하락하자마자 다른 모든 경제지표가 급격하게 하락했다. 우고 차베스 베네수엘라 전 대통령 정권하에서 경제지표가 왜곡됐던 것도 일부 원인이었다. 베네수엘라의 높은 석유 의존도와 불안정한 정치체제가 바로 위험 점수상에 드러나지 않았던 숨은 '암'이었고, 이 암적 요소로 인해 투자자들에게 놓칠 수 없는 투자의 땅이었던 베네수엘라는 아주 위험천만한 곳이 되고 말았다. 우베 쉴혼 대표는 이런 이유로 위험점수를 멀리했던 것이었고, 고객들은 투자를 건강에 비유한 그의 설명을 쉽게 이해할 수 있었다.

그런데 생소한 내용과 친숙한 내용을 짝지으면 왜 커뮤니케이션의 효과가 커지는 것일까? 래리 자코비 박사 연구팀은 생소한 것과 친숙한 것 사이의 관련성에 관해 설명한다. "무엇인가가 친숙하다고 느껴진다면 그 경험에 '과거'가 녹아 있기 때문이다. 달리 말해 과거의 경험이 현재 경험에 투영되는 것이다."[2] 즉 당신이 청중 입장에서 생소한 주제를 친숙한 내용에 연결하여 설명할 때, 그 낯선 아이디어가 어떤 이질적인 개념이라기보다는 청중 개개인이 이전에 한 번 겪어본 적이 있는 경험이라고 느끼게 만든다. 그런데 사람들은 자신이 직접 겪은 경험에 최고의 가치를 두기 때문에 발표자가 친숙한 내용에 빗대어 생소한 내용을 설명하면 발표자의 말을 곧잘 믿게 된다.

아이폰 7을 예로 들자면, 애플 측에서 2016년 9월에 메모리와 배터리 수명은 늘리고, 이어폰 단자를 없앤 아이폰 7을 공식 발표했을 때 소비자와 업계 전문가들은 복잡 미묘한 심정이었다. 이에 관해 《뉴욕 타임스》에서 비유를 들어 기사를 한 편 썼다. "애플의 아이폰은 이제 10주년을 앞에 두고 사춘기에 접어들었다. 신체 변화가 아직은 어색한 청소년들처럼 아이폰 7 역시… 조금은 불편한 과도기를 맞이한다."[3] 기자의 의도였는지는 모르겠지만, 아이폰을 사춘기에 비유한 덕분에 스마트폰을 구매하는 대중이 아이폰 7을 거부감 없이 받아들이게 되었다. 누구나 겪는 사춘기라는 시기에 아이폰의 새로운 변화를 빗대어 설명한 덕분이었다.

생소한 주제와 친숙한 내용을 엮는 두 번째 방법은 바로 은유를 쓰는 것이다. 《뉴 옥스퍼드 아메리칸 사전》에서는 은유에 대해 "어떤 사물이나 행위를 뜻이 전혀 다른 단어나 구로 표현할 때 그 비유의 대상이 되는 단어"라고 정의한다. 예를 들어 경제학자이자 베스트셀러 작가인 찰스 윌런 교수는 자신의 저서 《벌거벗은 통계학》에서 계량적인 설명 없이 중심극한정리라는 통계 개념을 독자에게 설명했다. "중심극한정리는 통계학의 르브론 제임스다."[4] 찰스 윌런 교수는 중심극한정리의 힘과 우아함과 민첩함, 그리고 중심극한정리가 끼치는 광범위한 영향을 학술 용어 없이 소개하고 싶었기에 이 추상적인 수학 이론이 곧 NBA 스타 선수라는 은유법을 썼고, 독자들은 중심극한정리의 기초적인 내용을 쉽게 이해할 수 있었다.

은유는 누구나 사용할 수 있다. 실제로도 은유는 일상생활에서 자주 쓰인다. 《뉴욕타임스》의 데이비드 브룩스 기자는 〈일상의 시詩〉라는 제목의 기사에서 일상 속 은유에 관해 다음과 같이 썼다. "사람들은 흔히 관계를 건강에 비유한다. 친구와의 관계가 시들해졌다, 혹은 결혼 생활이 건강하다는 식으로 표현하는 것이다. 논쟁에 불이 붙었을 때는 전쟁에 빗대어 표현한다. 또한 시간에 관해 말할 때 사람들은 시간을 돈에 비유하고, 돈을 얘기할 때는 보통 물에 빗대는 은유를 사용한다."[5] 은유의 중요성은 두말하면 잔소리다.

3막 구조로 스토리의 밑바탕을 다져라

1장에서 살펴보았듯이 훌륭한 스토리는 모두 그 구조가 비슷하다. 기초를 튼튼히 다진 건물이 무너지지 않듯이 구조가 단단한 스토리가 힘이 있다. 스토리는 청중의 관심을 끌면서도 전체 배경을 설명해주는 시작, 흥미진진한 여정을 보여주는 중간, 그리고 논리적·감정적으로 청중이 만족감을 느끼는 끝, 이렇게 세 부분으로 구성돼야 한다. 특히 스토리 주제가 복잡하거나 친숙하지 않을 때는 더더욱 이 구조가 명확해야 한다. 기업의 특정 의사결정을 돕는 분석 소프트웨어를 판매하기 위해 (3장에서 논의했던) AIA 구조를 활용한 기업가의 예시를 살펴보자.

AIA 모델을 다시 한번 짚고 넘어가자면, 프레젠테이션할 때 가장 먼저 청중을 인정하고, 그런 다음 당신의 아이템을 통해 자신들의 현재 상황을 개선하도록 유도하며, 마지막으로 당신의 아이템을 채택하면 달라질 자신의 미래를 열망하도록 만드는 프레젠테이션 모델이다.

내 동료 제이슨 에이트컨은 경영 컨설턴트이자 창업가로서 여러 가지 사업을 하고 있다. 그중 하나가 대기업들이 합작 투자하기 적합한 벤처기업을 찾도록 도와주는 기업분석 플랫폼이다. 플랫폼을 완성하기도 전에 이 회사는 이미 《포춘》이 선정한 100대 기업 중 하나를 표적 고객으로 삼았다. 조인트벤처JV 합작 투자에 최대 5조 4천억 원까지 출자할 능력이 있는 기업이었다. 따라서 파트너십을 맺는 일은 이 기업으로서도 매우 중요한 사안이었다. 협력사로 어떤 회사를 선택하느냐에 따라 기업에 심각한 손해가 발생할 수도 있는 문제인지라 이전에 함께 일해본 회사를 다시 협력사로 선택하는 경우가 많았다. 그러던 중 그 기업은 최근 협력사 때문에 난처한 상황에 빠졌다. 바로 형편없는 합작 투자를 추진하는 바람에 프로젝트 기한이 길어져 하루에 최대 '21억' 원에 달하는 손해를 보고 있던 것이다! 이미 시한을 넘긴 그 프로젝트가 워낙 복잡하기도 하고 그간의 프로젝트와는 성격이 달라서 고위급 관리자들도 프로젝트가 끝나려면 시간이 더 걸릴 수밖에 없다고 체념하고 있었다.

제이슨은 위 상황을 염두에 두고 홍보 활동에 시동을 걸었다. 그는 첫 단계로 자신이 판매할 상품이나 서비스를 언급하는 대신에 그 기업이 처한 합작 투자 문제부터 언급했다. 사실 이런 방식은 쉽지만은 않다. 고위임원 입장에서는 자기들이 미처 알아채지 못한 심각하고 중대한 회사 문제를 외부인에게 듣는다는 게 곤혹스러울 수 있기 때문이다. 그래서 청중의 문제를 언급할 때는 반드시 밑바탕에 기지와 더불어 존중이 깔려 있어야 한다. 이 경우라면 "어떤 대기업에서든지 이런 문제가 발생할 수 있습니다. 신뢰 관계를 형성한 기존 협력사에 다시 한번 기회를 주는 것도 일리는 있습니다. 적어도 타사와 동등한 기회를 준다는 뜻에서는 말이죠." 정도의 취지로 접근할 수도 있겠다. 여기서 사용한 '적어도 다시 한번 기회를 준다'는 표현은 스토리가 시작 단계에서 상대를 인정하는 중간 단계로 넘어가도록 만드는 촉매제 역할을 한다. 제이슨 에이트컨은 올바른 합작 투자 결정을 내리고 회사의 수익성을 보장하기 위해서는 신뢰와 인맥만으로는 충분하지 않다고 주장했고, 그럼으로써 더 나은 대안으로 자신의 분석 플랫폼이 있다고 소개할 수 있었다. 즉 잠재고객이 처한 문제를 인정한 뒤, 협력사를 선정하는 기존의 방식과는 다른 방법을 생각해보도록 유도함으로써 제이슨 에이트컨은 청중이 자신의 분석 플랫폼에 더 관심을 갖게 만들었다. 그런 다음에 자신이 제공할 분석 플랫폼을 통해 어떻게 협력사를 올바로 선정할 수 있는지 강조하면 되는 것이다.

스토리는 마무리가 중요하다. 스토리를 마치면서 "그럼 다음 회의는 언제로 잡을까요?" 같은 질문이나 "여기에 서명하시면 됩니다." 같은 결론은 피해야 한다. 비록 저 두 가지 과정이 언젠간 필요하지만 일단은 안 된다. 스토리의 '끝'은 AIA 모델의 세 번째 단계로 청중이 지금과는 다른 미래 모습을 열망하게 만드는 단계다. 그러므로 제이슨 에이트컨의 경우라면 잠재고객이 자신의 분석 플랫폼을 사용한 덕분에 합작 투자 문제로 금전적 손해를 입기는커녕 상당한 수익을 거두는 미래 모습을 그려보도록 만들어야 한다. 오늘날 전문가들은 상상력을 과소평가하고 있지만, 사실 상상력은 그 힘이 대단하다. 그러므로 청중이 당신을 통해 이룰 더 나은 미래 모습을 상상해보도록 만들며 스토리를 마무리하라. 이번에 소개한 스토리텔링 방식을 통해 제이슨 에이트컨은 큰 성공을 거두었다. 목표로 하던《포춘》 선정 100대 기업이 첫 고객사가 되어준 것이다. 플랫폼이 완성되기도 전에!

세 가지 전략을 종합적으로 활용하라

5장을 마무리하며 처음 나왔던 예화를 다시 떠올려보자. 한 자산관리회사가 최종 홍보 프레젠테이션에서 대규모 경쟁사 두 곳과 맞붙게 되었다. 거기다 두 경쟁사 중 한 곳은 지금까지 연금기금의 자금을 관리해온 회사였다. 그런 상황 속에서 이 예화의 주인공 회사는 최종적으로 자금 관리 권한을 얻어내고, 골리앗을 쓰러트린 다윗이 된다. 어떻게 이런 일이 가능했던 걸까? 발표자가 프레젠테이션을 준비하는 동안 청중을 면밀히 조사한 덕분에 청중의 다양한 투자 경험을 잘 알고 있었기 때문이다. 물론 홍보 책자에는 해당 업계에서 흔히 사용하는 수치 정보와 세부 내용을 하나도 빠짐없이 모두 실었지만, 프레젠테이션 자료만큼은 전문 용어를 최소한으로 사용해 만들었다. 그 결과 자산관리회사의 발표자는 자신들의 강점을 청중이 이해할 수 있을 만한 경험과 연관 지어서 설명할 수 있었다. 또한 청중이 쉽게 이해하고 기억할 수 있도록 분할·정복 전략을 활용해 회사의 여러 가지 전략을 설명했다. 그런 뒤 마지막으로, 연금을 관리할 때는 반드시 연금에 장기적 이익이 생기도록 해야 한다는 점과 연금과 관련된 자신의 가치관을 내세워 호소했다. 발표자는 한때 자신의 가족이 경영하는 다국적 기업에서 일한 적이 있었다. 당시에 그와 가족들은 직원들을 단순히 노동력을 제공해주는 사람들로 보지 않고 자신들이 책임져야 하는 대가족의 일원으로 바라보았기 때문에 시민들에게 장기적으로 복지 혜택을 제공하는 연금기금 사업의 중요성을 잘 알고 있다고 말했다. 발표자는 이렇게 5장에서 다룬 세 가지 전략을 종합하여 사용함으로써 자신들이 무엇을 제공해줄 수 있는지 보여주고, 자금을 관리해줄 회사로 자신들을 채택해야겠다는 생각이 들게끔 청중의 감정을 자극했다.

물론 스토리텔링을 한다고 해서 기업을 대상으로 하는 프레젠테이션이 늘 성공하는 것은 아니다. 하지만 5장에서 다룬 개념을 활용해야 스토리텔링의 주제를 단순화할 수 있고, 비유를 효과적으로 사용할 수 있으며, 논리와 공감과 감정을 모두 아울러서 청중을 설득할 수 있다.

6장

스토리의 힘과 단순한 시각 자료를 결합하라

우리는 시각적인 세상에 살고 있지만 효과적인 스토리텔링을 위해 간단한 시각 자료를 활용하면 좋다는 생각을 선뜻 받아들이지 못하는 사람이 많다. 시각 자료, 즉 인포그래픽*을 만들기 위해 미술 공부를 하거나 전문 일러스트레이터를 고용해야 하는 것은 아니니 주저할 필요는 없다. 그저 점을 찍고 선만 그릴 수 있다면 준비물은 다 갖춘 셈이다.

시각적 효과는 왜 중요한 걸까? 노스웨스턴대학교에서 교수직과 시각적 인지 연구소장직을 겸하고 있는 인지심리학 박사 스티브 프랜코네리는 시각적 요소의 효과를 간단명료하게 요약했다. "칠판에 시각 자료를 띄워 보십시오. 그 시각 자료가 회의를 좌우합니다." 시각 자료를 쓰면 청중이 집중하게 된다는 사실에는 대부분 사람이 동의할 것이다. 특히 효과적으로 만들어진 시각 자료가 발휘하는 힘은 실로

---

* 정보, 데이터, 지식을 시각적으로 표현한 자료

대단하다.

6장에서는 스토리텔링을 위해 시각 자료를 어떻게 활용해야 하는지 다음과 같이 크게 세 부분으로 나눠서 살펴보도록 하겠다. 가장 먼저 스토리텔링을 위한 시각 자료인 스토리픽처StoryPicture©의 여섯 가지 유형을 알아본다. 그다음에는 복잡한 주제를 단순화해서 전달하기 위해 어떻게 자신만의 독특한 스토리픽처를 만들 수 있는지 설명한다. 마지막으로 실제 현장에서 스토리픽처를 활용해 스토리텔링을 할 때 꼭 알아야 하는 기본 사항을 논의해본다. 6장에서 소개하는 여러 예화를 통해 당신은 시각적 자료를 곁들인 스토리텔링이 어떻게 진행되는지, 그리고 강력한 시각 자료를 곁들일 때 어떻게 당신의 스토리텔링이 힘을 얻게 되는지 알게 될 것이다.

시각적 스토리텔링

우리 회사를 찾아오는 의뢰인 중에 시각 자료를 활용하면 복잡한 내용을 효과적으로 전달할 수 있다는 데 이의를 제기하는 사람은 별로 없다. 그들도 청중 입장이 되어본 적이 많기 때문이다. 하지만 시각 자료에 왜 이런 힘이 있는지 원리를 제대로 아는 사람은 거의 없다. 답은 간단하다. 인간의 오감 중에 시각적 영역이 두뇌의 정보자원 중 40% 정도를 차지하기 때문이다.[1] 시각 자극은 여타 감각 자극보다 압도적이다. 예를 들어 개 짖는 소리만 들을 때보다 실제로 개를 두 눈으로 볼 때 뇌에 더 많은 정보가 전달되어 당신이 어떻게 반응할지 결정하는 데 도움을 준다. 개가 온순해 보이는지 아니면 도망가야 할 만큼 사나워 보이는지…. 사실 시각 자극은 매우 지배적이어서 당신이 듣는 것에 영향을 끼치기도 한다. 덩치 큰 개가 짖으면 실제 소리보다 더 크게 들릴 수도 있다. 다시 말해 스토리에 시각적 요소를 결합하면 당신의 스토리텔링은 훨씬 강력해질 수 있다.

바로 이 지점에서 스토리픽처 개념이 대두된다. 스토리픽처란 스토리를 표현하는 시각적 틀로 정의되며 스토리를 더 효과적으로 전달해주는 역할을 한다. 스토리픽처를 활용해 스토리를 개발하고 전달하는 일은 전략적이면서도 무척 재미있는 활동이다.

- 말하고자 하는 바를 강렬한 시각적 틀, 즉 스토리픽처로 표현하라
- 청중과 청중의 경험을 중심으로 스토리픽처를 만들어서 청중이 스토리텔링에 참여하도록 유도하라
- 청중의 관심을 활용해 의사소통을 더 깊이 있게 진행해 나가라

이제 스토리픽처를 여섯 가지 유형으로 나눠 자세히 살펴볼 텐데, 먼저 두 가지를 명심해야 한다. 첫째, 스토리픽처의 형태는 놀라우리만큼 단순하다. 스토리픽처는 당신이 전달하려는 내용 일부만을 좀 더 쉽게 표현해줄 뿐, 전체 내용을 통째로 보여주지는 않는다. 다시 말해 당신의 스토리를 하나도 빠짐없이 표현할 목적으로 스토리픽처를 사용하지 말라는 뜻이다. 스토리픽처를 사용하는 이유는 복잡하고 추상적인 개념을 청중이 이해하기 쉬운 단순한 그림으로 바꿔 표현하기 위한 것임을 명심하라. 둘째, 책에서 소개하는 스토리픽처의 여섯 가

지 유형을 접하고 나면 스토리픽처가 전혀 어렵게 느껴지지 않을 것이다. 다만 문제는 스토리픽처를 어떻게 활용하느냐다. 아는 데 그치지 말고 직접 활용할 수 있어야 한다. 지금 바로 시작하자. 첫 단계로 종이와 필기구를 꺼내 들고 당신이 중요하다고 생각하는 문제를 하나 선정하라. 무엇이든 상관없다. 예를 들어 어떤 이는 일과 삶의 균형이 중요하다고 생각할 것이고, 어떤 이는 직장 내에서 확고한 리더십을 갖추는 일이 중요하다고 생각할 것이다. 그게 무엇이 됐든, 당신에게 중요한 문제가 떠올랐다면 그 문제를 왜 중요하게 생각하는지 말과 그림으로 설명해보라.

이 단계를 생략하고 넘어가고 싶겠지만 6장에서 다룰 스토리텔링 툴을 읽기 전에 반드시 거쳐야 하는 단계다. 당신이 중요하게 생각하는 문제를 단어와 그림으로 표현해보고, 지금부터 소개하는 스토리텔링 툴에 그 문제를 대입해 시각적 스토리텔링을 연습해보라.

스토리픽처의 여섯 가지 유형

가장 효과적으로 스토리텔링 하기 위해 꼭 필요한 스토리픽처의 여섯 가지 유형을 소개하겠다.

유형1:
선순환
순환은 **체계**를 나타낸다. 대표적인 예로 사람들은 생태계를 설명할 때 순환이라는 개념을 이용해 자연에 있는 여러 요소의 구성과 상호

작용을 그림으로 표현한다. 더 나아가 물리학, 생물학, 심리학계에서도 순환 개념을 활용한다. 당연히 비즈니스에서도 순환이라는 개념을 활용할 수 있다.

의뢰인분들 중 많은 이가 이렇게 말한다. "저는 스토리텔링을 못 해요. 사촌들도 하고, 친구들도 하고, 하물며 할머니도 스토리텔링을 하는데 전 못 해요." 각자 나름대로 이유도 있다. "사람들 앞에서 스토리텔링을 해야 할 때면 바로 머릿속이 까매져요.", "저는 숫자에는 밝은데 스토리는… 영 아니에요." 모두 핑계에 가깝다.

그들이 무엇을 두려워하든 간에 대단한 스토리텔러가 되기 위해 천부적인 재능이나 기적 같은 변화가 있어야 하는 건 아니라고 나는 늘 강조한다. 사실 그렇게 어렵지 않아 누구나 할 수 있는 일이다. 나는 의뢰인들에게 "금을 채굴한다고 생각해보라"고 말하며, 〈그림 6-1〉과 같이 종이 위에 '채굴'이라고 적는다.

채 굴

〈그림 6-1〉

그런 뒤에 이렇게 설명한다. "모든 사람은 금광 위에 앉아 있어요. 다만 인식하지 못할 뿐이죠. 그 금광의 이름은 바로 인생입니다. 실제 겪은 경험에서부터 당신의 경력, 추억, 계획 그리고 업적에 이르기까지 이 모든 것이 금광이에요. 하지만 방향이 분명해야 해요. 그리고 방향을 잡았다면 올바른 툴을 사용해야 하죠. 그럴 때 비로소 스토리텔링을 운에 맡기지 않고 체계적으로 해낼 수 있으니까요."(스토리 수집을 주제로 하는 7장에서 '채굴'에 대해 더 자세히 살펴볼 것이다.)

"자신의 실제 경험에서 금광석을 채굴한다고 해서 끝이 아닙니다. 원석의 진가를 발견하기 위해 해야 할 일이 있죠." 나는 의뢰인에게 이렇게 말하며 스토리픽처에 단어를 하나 더 추가해 〈그림 6-2〉처럼 시각 자료가 점차 선순환 구조로 발전해 나가는 모습을 보여준다.

그런 뒤 또 설명을 덧붙인다. "인생에서 채굴한 원석도 실제 금광석처럼 제련 과정을 거쳐야 합니다. 여기서 말하는 제련은 스토리의 구조와 플롯을 짜고, 중심 인물이 마주치는 역경 등을 스토리 속에 설치하는 작업을 말합니다. 스토리를 제련하는 과정에서 꼭 필요한 내용과 그렇지 않은 내용이 구별되기 때문에 스토리의 덩치가 차츰 줄어들죠. 하지만 제련한 금이 그렇듯, 스토리도 제련 과정을 거쳐야 무게가 가벼워지고 값어치가 훨씬 더 높아집니다. 즉 간결하면서도 매력적인 스토리가 탄생한다는 말입니다."

〈그림 6-2〉

"할 일이 한 가지 더 남아 있습니다. 제련 과정을 거쳤다고 해서 청중이 곧바로 스토리의 내용을 이해하거나 스토리의 가치를 알아보지는 않기 때문입니다. 따라서 선순환 스토리픽처에 한 가지 요소가 더 필요합니다. 바로 그 스토리를 어떻게 가장 효과적으로 전달할지 고민하는 단계죠." 나는 이렇게 말하며 선순환 스토리픽처의 마지막 단계를 채워 넣는다. 바로 전달이다. 〈그림 6-3〉과 같이 스토리픽처에 '전달'이라고 적은 후, 각 요소를 화살표로 이어주면 선순환 모양이 완성된다.

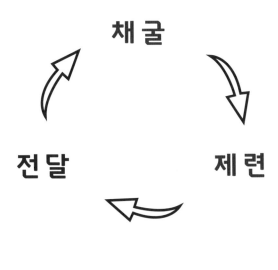

〈그림 6-3〉

선순환을 완성하고 나면 꼭 강조하는 내용이 있다. 똑같은 금이라도 장신구나 트로피 혹은 치과 보철용 등등 용도가 다양하듯이 스토리의 용도도 스토리텔러의 목적에 따라 달라진다는 사실이다. "스토리가 제대로 작동하는지 알아보려면 표적 청중에게 직접 전달해봐야 합니다. 그런데 스토리의 효과가 미약하다면 더 제련하거나 다시 채굴 단계로 돌아가 효과적인 스토리를 새로 만들어야 하지요. 그래서 전달에서 제련으로 되돌아가는 화살표가 필요합니다." 그렇게 최종 완성한 선순환 스토리픽처는 〈그림 6-4〉와 같다.

〈그림 6-4〉

선순환 스토리픽처를 활용하면 주요 구성 요소 간의 배열과 상호작용을 이해하기 쉽게 보여줄 수 있다. 또 어떤 시스템이 돌아가는 원리를 직관적으로 나타낼 수 있다.

유형2:

벤 다이어그램

벤 다이어그램은 여러 분야에서 활용된다. 벤 다이어그램은 원을 이용한 그래프로써 통계와 확률부터 컬러 차트에 이르기까지 다양한 내용을 표현할 수 있다. 또한 사람들 사이에 내재한 **관계**의 본질을 극명하게 나타내줄 수도 있다. 사람뿐만 아니라 사물 혹은 그 어떤 특질이나 행동의 연관 관계 역시 명료하게 시각화할 수 있다. 벤 다이어그램이라고 하면 대부분 사람이 원 두 개가 부분적으로 겹친 벤 다이어그램을 떠올리지만, 여기서는 다소 생소한 유형인 **둥지형 벤 다이어그램**을 스토리픽처로 소개한다. 예를 들어 내가 일상생활과 직장생활에서 중요하다고 생각하는 문제를 둥지형 벤 다이어그램으로 표현하자면, 〈그림 6-5〉 자료처럼 큰 원 안에 작은 원이 포섭된 벤 다이어그램을 그린 뒤 가장 작은 원 가운데에 '규범'이라고 쓴다.

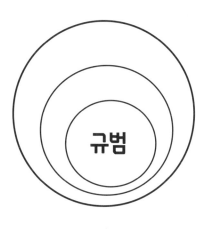

〈그림 6-5〉

이 벤 다이어그램을 두고 나는 이렇게 설명한다. "보시다시피 원 세 개가 중첩된 벤 다이어그램입니다. 그중에 가장 안쪽 원은 규범, 특히 행동 규범의 영역입니다. 쉽게 말해 다른 사람들이 '정상'이라고 생각하는 행동, 언행, 복장, 주장, 대화 등이 속해 있는 영역이죠. 각 문화와 사회에서 사람들이 서로에게 기대하는 행실이라고도 할 수 있습니다." 제일 안쪽에 있는 원이 규범을 나타낸다면 가장 큰 원의 외곽선은 무엇을 나타낼까? 〈그림 6-6〉을 보자.

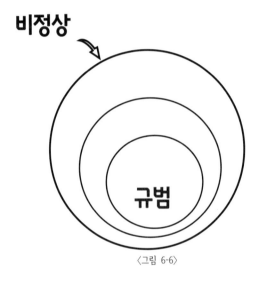

〈그림 6-6〉

〈그림 6-6〉의 '비정상'이라는 표현은 몹시 이질적이거나 생각지도 못한 행동을 일컫는다. 규범에 맞는 행동과 너무 멀리 떨어져 있어서 사람들이 도저히 이해하지 못하거나, 외면하고 싶어 하는 행동이다. 동료가 내게 들려준 경험담을 예로 들겠다. 대학교 동문회에서 만난 어떤 동창 이야기였다. 그 동창생은 자동차 할부금을 못 갚은 사람들

에게서 차를 회수해가는 일을 하는데, 본인 입으로 '욕심쟁이들을 무참하게 혼내주는 일' 전문가라고 알리고 다니며 킬킬댔다고 한다. 유머 감각이 괴팍해서가 아니라 자기 일을 진심으로 자랑스러워하는 사람이었다. 물론 실제로 사치를 부리다 차를 회수당한 사람들도 있겠지만, 실직하거나 피치 못할 사정이 있던 여러 사람을 만난다면 우리들 대다수는 안타까움을 느낄 것이다. 그래서 내 동료는 핑계를 대고 그 자리를 떴다고 한다. 동문회 행사장에 있던 다른 사람들도 자칭 '욕심쟁이 처단자'와 몇 차례 대화를 나눠보고는 역시 자리를 떠났단다. 비정상이 무엇인지 보여주는 예화다.

내가 그린 벤 다이어그램에는 규범에도, 비정상에도 해당하지 않는 영역이 존재한다. 실제로 나는 〈그림 6-7〉에 나와 있듯이 구불구불한 선으로 표시한 영역을 좋아한다. 바로 '안성맞춤'인 영역이다.

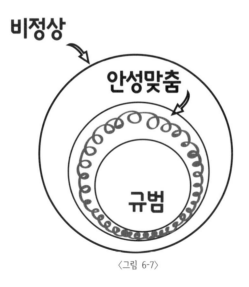

〈그림 6-7〉

나는 색다른 걸 좋아한다. 하지만 내 말과 행동에 다른 사람들이 거부감을 느낄 정도로 튀고 싶진 않다. 예를 들어, 나는 연수회나 워크숍이 있을 때마다 행사 시작 전에 한 번, 쉬는 시간 중에 한 번, 그리고 행사 끝에 한 번 음악을 튼다. 이때 꼭 트는 음악이 바로 '핫 클럽 오브 샌프란시스코'의 음악이다. 바이올린이나 기타 독주가 특징적인 이 밴드의 음악은 중간빠르기의 곡들이 많아서 음악이 없으면 삭막하고 단조로웠을 공간에 에너지를 불어 넣어 분위기를 띄우는 데 적합하다. 나는 또 행사 장소의 좌석 배열을 꼭 카페처럼 바꿔 달라고 부탁한다. 불가피한 경우에는 어쩔 수 없지만 회의실이나 강의실 같은 좌석 배열을 피하기 위해서다. 이렇게 분위기를 만들어 놓으면 행사에 참석하는 이들은 여기는 무엇인가가 (좋은 쪽으로) 다르다고 느끼기는 하지만 정확히 뭐가 다른지는 콕 집어 말하지는 못한다.

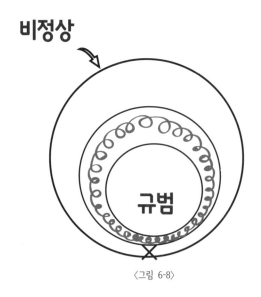

〈그림 6-8〉

또 하나 주목해야 할 것은 내가 그린 벤 다이어그램의 원들이 완벽한 동심원이 아니라는 점이다. 즉 원마다 중심이 다 다르다는 뜻이다. 허용도 때문이다. 어떤 집단에서는 규범에서 조금이라도 벗어난 행동을 용납하지 않는다. 그런 집단은 〈그림 6-8〉의 X에 위치한다.

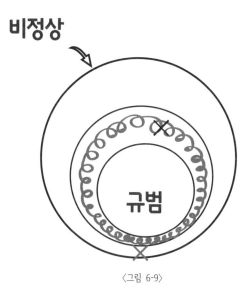

〈그림 6-9〉

그런 집단이 있는가 하면 〈그림 6-9〉의 X에 위치한 집단도 있다. 이런 곳은 집단 구성원이 어떤 행동을 했을 때 비정상이라고 단정하지 않고 다양성을 받아들이기도 한다.

즉 벤 다이어그램 상에서 규범으로부터 같은 거리만큼 이탈해 있을 때 엄격한 집단은 그 행동을 비정상적이라고 여기겠지만 상대적으로 더 다양한 행동을 인정하는 집단에서는 이를 크게 신경 쓰지 않는다는 뜻이다. 특히 스토리텔링을 준비하는 단계에서 이 사실을 꼭 명심해야 한다. 자신만의 스토리를 만들 때 꼭 이렇게 질문하라. "색다른 행동의 허용 범위가 어느 정도인가?"

벤 다이어그램 스토리픽처를 설명할 때 나는 보통 이쯤에서 설명을 멈추고 각자 경험을 되돌아보라고 부탁한다. 스토리픽처의 가장 큰 힘은 바로 청중이 이 툴을 스스로 활용하여 자신만의 스토리를 공유하도록 만드는 데 있기 때문이다. 여기에서 소개한 벤 다이어그램 스토리픽처의 사용 사례만 보더라도 청중이 직접 자신의 위치에 'X' 표시를 할 수 있을 것이므로 그것을 통해 청중 개개인의 경험을 반영한 새로운 시각 자료가 탄생하게 되는 것이다. 스토리픽처에는 청중을 끌어당기는 힘이 있다. 당신의 이야기 틀 안에 청중이 닻을 내리게 함으로써 특정 사안을 같은 시점에서 바라볼 수 있게 만든다. 결국 청중이 당신의 이야기에 동의하게 될 가능성도 커진다.

지금까지 벤 다이어그램을 설명하며 (작은 원이 큰 원 안에 완전히 포섭된) 둥지형 벤 다이어그램을 예로 들었으나 벤 다이어그램은 종류가 많다. 예를 들면 서로 관련성이나 상호작용이 전혀 없는 두 가지 이상의 요소를 표현하기 위해 원들이 조금도 겹치지 않고 각각 떨어져 있는 벤 다이어그램, 두 개 이상의 원이 부분적으로만 겹쳐 있는 아주 전형적인 벤 다이어그램 유형 등이 있다. 우리가 알고 있는 전형적인 벤 다이어그램은 두 가지 조건 사이의 공통점을 보여주기도 하지만 아주 새로운 개념을 나타낼 때도 유용하다. 예를 들어 빨간색 원과 파란색 원을 부분적으로 겹쳐서 보라색이라는 새로운 색깔을 표현할 수도 있고, 노력을 나타내는 원과 행운을 나타내는 원을 겹친 벤 다이어그램으로 노력과 행운이 맞닿을 때 성공이 찾아온다는 자신만의 가치관을 설명할 수도 있다. 설명하고자 하는 내용이 많아질수록 원의 개수도 늘어나고 중첩되는 부분도 많아진다.

요컨대 벤 다이어그램 스토리픽처를 사용하면 특정 인물들이나 어떠한 특성, 행동, 사물 사이의 관계를 발표자가 어떻게 바라보는지 생생하게 나타낼 수 있기 때문에 청중이 발표자의 관점을 명확하게 이해할 수 있다.

유형3:
그래프

그래프는 다양한 목적으로 활용되지만, 주로 **패턴이나 관계, 경과, 변화, 조합**을 표현한다. 그래프로 표현할 수 있는 대표적인 예로 시시각각 요동치는 석유나 주식의 가격, 인구의 증감 추이 등을 꼽을 수 있다. 작가 커트 보니것 역시 시간의 경과를 x축에, 주인공의 행복도를 y축에 놓은 그래프로 스토리의 모양새를 설명했다. 그는 우리가 이 책의 2장에서도 살펴보았던 〈그림 6-10〉 그래프를 통해, 단순하면서도 탁월하게 스토리의 줄거리를 시각적으로 표현해냈다.

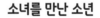

소녀를 만난 소년

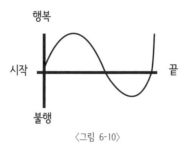

〈그림 6-10〉

많은 사람이 오랫동안 문학과 스토리를 연구하며 그 속에 담긴 복잡한 구조와 구성요소를 설명해 왔으나 커트 보니것 작가만큼 스토리의 형태를 간단명료하게 그려낸 사람은 이제까지 없었다. 그가 선택한 스토리의 핵심이 되는 요소는 단 두 가지다. 바로 시간의 경과와 그에 따른 행복도이다. 다른 중요한 스토리 요소들도 분명 있을 터인데 보니것은 나머지 모든 것들을 제외해 버리고 시간의 흐름에 따른 행복도만을 주목했다는 것인가? 물론이다. 그는 등장인물의 감정도 언급하지 않았다. 이야기를 끌어나가는 관점도 마찬가지로 배제하였다. 그럼에도 불구하고 그의 그래프는 스토리텔링을 논할 때 매우 훌륭한 기본 틀을 제공해준다. 책이나 영화, 연극, 텔레비전의 스토리는 물론이고, 개인이나 단체가 실제로 겪는 삶의 기복에 관해 서로 의견을 나눌 때도 마찬가지로 유용한 틀이다.

비즈니스 커뮤니케이션을 할 때 그래프를 어떻게 다양하게 활용할 수 있는지는 6장 끝부분에서 설명하겠다. 일단은 그래프가 **패턴이나 관계, 경과, 변화, 조합**을 표현해주는 유용한 스토리픽처라는 점만 기억해두자.

유형4:
파이 차트

사실 파이 차트의 개념은 매우 간단하다. 하지만 적재적소에 활용하기만 하면 당신의 핵심 메시지를 아주 강렬하게 만들 수 있다. 〈괴짜 경제학〉이라는 유명한 팟캐스트에서 미국과 멕시코의 합병 가능성을 주제로 방송한 적이 있었다. 그리고 나는 그날, 파이 차트를 가장 잘 활용한 스토리텔링을 듣게 되었다. 사실 두 국가의 합병을 거론하는 것은 그 자체만으로도 여러모로 큰 논란을 일으킬 만한 도발적인 주제이다. 두 국가를 합병하려면 어떤 계획이 필요한지, 혹은 문화적으로 정말 합병이 가능한지 등의 문제보다 식민주의의 부활이라는 공포감부터 불러일으킨 건 당연한 귀결이다. 하지만 〈괴짜 경제학〉은 누구나 쉽사리 물어보지 못하는 질문을 하고 그에 대한 결론을 내리려고 힘쓰며 성장한 팟캐스트다. 해당 방송에서도 명성에 걸맞게 여러 경제학자와 정치인, 그리고 비센테 폭스 멕시코 전 대통령과의 인터뷰까지 마련했다. 마지막 인터뷰는 오바마 대통령 시절 미국 경제자문위원회 회장을 역임한 오스탄 굴스비 시카고대 교수 차례였다. 진행자 스티븐 더브너는 "어떻게 생각하세요? [합병이] 좋은 생각인가요?"라고 물었다.

이에 대해 오스탄 굴스비 교수는 "수년 전에 경제자문위원회에서 일했던 제 오랜 친구 한 명이 제가 위원회 일을 맡게 되었을 때 이렇게 조언했습니다. '훌륭한 경제자문위원회 회장은 훌륭한 정원사 같은 존재다. [정원사가 하는 일의] 90%는 잡초를 뽑는 일이요, 10%는 씨앗을 심는 일이다.' 이번 사안이 잡초 뽑기에 속할지, 커다란 성장 잠재력을 지닌 씨앗 뿌리기로 구분돼야 할지 따져봐야겠네요."[2] 오스탄 굴스비 교수가 이 사안을 파이 차트로 표현한다면 〈그림 6-11〉과 같을 것이다.

오스탄 굴스비 교수는 청취자들에게 직접 파이 차트를 그려 보여줄 순 없었지만 〈그림 6-11〉의 파이 차트를 쉽게 떠올려볼 수 있도록 쉬운 수치 정보를 말로 전달했다. 사실상 오스탄 굴스비 교수는 '잡초와

<그림 6-11>

씨앗'이라는 틀을 활용해서 청취자가 직접 생각해보도록 만든 것이었다. 미국과 멕시코의 합병 문제가 잡초 같은 질문에 속하는지, 아니면 높은 성장 가능성을 지닌 씨앗에 속하는지?

파이 차트는 **비중**과 **비율**이 생명이다. 오스탄 굴스비 교수의 설명을 듣고 나면 그가 하는 일의 90%가 '잡초를 뽑는 일', 즉 특정 안건이 논의할 가치가 있는지, 논의를 계속할 경우 잠재적으로 득이 될지 해가 될지 파악하는 일이라는 것을 쉽게 추론할 수 있다. 그날 오스탄 굴스비 교수는 두 국가의 합병 문제는 실행 가능성도 없고 논의를 지속해봐야 논란만 들끓게 되리란 것을 알았기 때문에 그 문제를 두고 더 고민할 가치도 없다는 자신의 의사를 교묘하게 드러냈고, 청취자들도 자신과 같은 결론을 내리도록 이끌었다.

유형5:

공식

혹시 '물리학 선망'이라는 말을 알고 있는가? 물리학자들과 사회과학자들이 선의의 경쟁을 벌이는 과정에서 생겨난 용어다. 물리학을 비롯해 자연과학을 연구하는 과학자들은 구체적인 과학적 방법론에 따라 데이터를 수집 및 분석하여 어떤 환경에서도 똑같이 적용되는 법칙이나 이론을 만들어낸다. 맨해튼 한복판에서나 킬리만자로산 정상에서나 똑같이 작용하는 중력을 예로 들 수 있다. 더 쉬운 예로 2 + 2 = 4라는 사실에는 변함이 없다. 사회과학자들도 학계의 고유한 과학적 접근법에 따라 데이터를 수집하기는 하지만 아무래도 발견된 사회 현상이나 가설에 예외 사항이 많이 존재하며 모든 상황에 일괄적으로 적용되지 않는다. 그래서 자연과학이 기타 여러 학계의 '선망'의 대상이 된 건지도 모르겠다. 자연과학에서는 상대적으로 견고하며 전 세계 어디에서나 적용이 되는 원리와 법칙, 즉 **절대 법칙**이라 여겨지는 것을 다루기 때문이다.

　다섯 번째 스토리픽처는 바로 공식이다. 공식을 활용하면 변하지 않는 절대 법칙과 몇 가지 요소들 사이의 관련성을 시각 자료로 표현할 수 있다. 〈그림 6-12〉의 예시를 살펴보자.

〈그림 6-12〉

첫 번째 사진은 음주를, 두 번째 사진은 운전을 표현한 사진이다. 그리고 마지막 사진은 죽음을 상징한다. 음주 + 운전 = 죽음이라는 공식을 표현한 자료다. 술을 마시고 운전하면 그 결과가 늘 죽음일까? 물론 아니다. 하지만 이 자료는 자연과학자들이 원칙을 세우듯이 음주운전과 교통사고의 '필연성'을 시각적 공식으로 보여줌으로써 음주운전을 하면 교통사고가 발생할 가능성이 기하급수적으로 늘어난다는 메시지를 훨씬 분명하게 드러낸다.

공식을 이용하는 또 다른 스토리픽처 방법에는 '아이디어 비율'이 있다. 오래전에 톰이라는 동료와 함께 일한 적이 있다. 능력이 뛰어나서 요청하는 대로 결과물을 내놓았던 동료였고, 나는 그와 일하는 게 좋았다. 단지 문제가 된 것은 수다였다. 말이 많아도 너무 많았다. 그의 입은 쉴 새 없이 작동했다. 톰이 혼자 일하고 있을 때 행여나 "내가 뭐 도와줄 것 없어?" 물어보면 혼자서 15분 동안 쉬지 않고 떠들어댔다. 나보다 두 배나 빠른 속도로 말이다! 그런데 더 큰 문제는 그렇게 속사포처럼 말을 쏟아내도 그의 말을 듣는 우리는 정확히 그가 무슨 말을 하고 싶은 것인지 (과연 대화에 주제가 있기나 한 것인지) 도무지 알 수가 없었다.

공식

$$\frac{\text{전달하는 아이디어 개수}}{\text{사용하는 단어의 개수}}$$

〈그림 6-13〉

어떤 사람이 커뮤니케이션을 잘하는지, 못하는지는 〈전달하는 아이디어 개수 ÷ 사용하는 단어의 개수〉의 값을 보면 된다. 아이디어 나눗셈을 훨씬 더 단순하게 표현해보면 〈그림 6-13〉과 같이 나타낼 수 있다.

쉽게 말해 노련한 스토리텔러는 똑같은 아이디어를 남들보다 적은 단어만 사용해 설명할 줄 아는 사람이다. 물론 아이디어 나눗셈이 전문적인 연구 결과로 만들어진 공식은 아니지만 논쟁의 여지는 없다고 본다. 상대방의 말을 막고 싶다면 "실례지만 잠시만 조용히 해주시면 감사하겠습니다."라고 말하는 것보다 "그만하세요!"라고 외쳐야 의사가 확실하게 전달되는 것과 마찬가지다. 그러므로 커뮤니케이션할 때 아이디어 나눗셈을 유념하라. 그리고 더 나아가 자신만의 스토리텔링 공식도 한번 고안해보라.

유형6:
기타 임기응변형 스토리픽처

지금부터는 앞서 살펴본 다섯 가지 스토리픽처 유형에는 꼭 들어맞진 않지만 그 효과만큼은 뛰어난 임기응변형 스토리픽처를 한 의뢰인의 사례를 들어 소개하고자 한다. 투자회사 직원이었던 그 의뢰인은 회사가 보유한 콩고공화국 석유 투자 상품 문제로 고객들에게 질문을 숱하게 받았다. 콩고공화국과 비슷한 이름을 가진 여러 나라가 내전을 벌이고 있는 어지러운 상황에서 해당 상품에 투자해도 되겠냐는 질문이었다. 그러면 그는 가장 먼저 투자대상 국가이자 내전으로 분열된 콩고 지도의 윤곽을 〈그림 6-14〉와 같이 그렸다(이 안에

〈그림 6-14〉

는 '콩고'라는 단어가 포함된 이름을 가진 다수의 나라가 분쟁에 가세하고 있다).

그리고 내전이 벌어지는데 투자 위험도가 너무 높지 않으냐는 의문을 제기하면, 그때 내 의뢰인은 지도 위에 반군이 집중 활동하는 지역을 표시했다. 〈그림 6-15〉과 같이 반군은 해당 국가의 동북 지역에서 활동하고 있었다.

그런 뒤에 그는 〈그림 6-16〉과 같이 국가 한가운데에 일직선을 그었다.

그가 그은 선은 절대 공식적인 경계선이 아니다. 하지만 선을 하나 그은 덕분에 내 의뢰인은 〈그림 6-17〉과 같이 스토리픽처에 가장 중요한 내용도 표시하고, 자신의 요점도 더욱 분명하게 전달할 수 있었다.

〈그림 6-15〉

〈그림 6-16〉

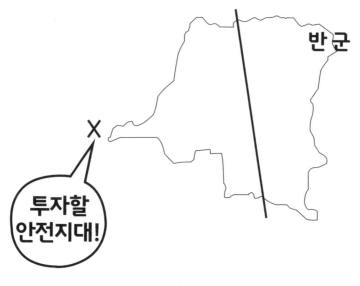

〈그림 6-17〉

그가 최종으로 완성한 스토리픽처를 본 후 그의 고객들은 투자 지역이 반군의 활동 지역과는 거리가 먼 안전한 곳임을 확인할 수 있었다. 내 의뢰인이 맨 나중에 밝혔듯이, 실제로 투자가 이루어질 지역은 콩고공화국으로, 분쟁이 심한 콩고민주공화국과는 완전히 다른 국가였다. 기억하라. 어떤 사실을 전달할 때 지도를 들고 커뮤니케이션 내용에 맞춰서 즉각적으로 스토리픽처를 만들어가며 하는 스토리텔링에 비하면 말로만 하는 설명은 무기력하기 짝이 없다.

스토리픽처 실전 활용법

지금부터 가장 효과적인 스토리픽처를 만들려면 실제 프레젠테이션 현장에서 무엇을 해야 하는지 설명하겠다.

1. **필기구를 필히 지참하라.** 청중에게 스토리픽처를 강렬하게 전달하려면 역설적이게도 스토리픽처의 무게를 줄여야 한다. 겉치레나 자질구레한 설명은 금물이며 대단한 것을 전달하겠다거나 공개하겠다는 생각도 버려야 한다. 예를 들어 다수의 청중을 대상으로 프레젠테이션을 한다면 스토리텔링 중간에 소박하게 칠판에 시각 자료를 그려도 무방하다. (물론 필기구에 아무 문제가 없는지 미리 꼭 확인해야 한다!) 만약 청중이 몇 사람 되지 않을 때는 아무 종이 위에 스토리픽처를 그려도 된다. 스토리픽처를 활용함으로써 얻는 잠재적인 이점은 스토리텔러가 청중에게 알맞은 시각 자료를 제시하면서 자신이 주인공이 되어 대화를 주도적으로 이끌어 나가게 된다는 데 있다.

2. **스토리픽처로 스토리텔링의 문을 열어라.** 회의나 프레젠테이션에서 스토리텔링 초반에 스토리픽처를 공개하면 청중이 스토리의 배경을 쉽게 이해할 수 있고, 스토리텔러의 관점에 자신의 관점을 맞추게 되며, 발표 내용을 진중하게 생각하게 된다. 협상 테이블에서는 문제가 되는 사안과 주장하는 바를 확고히 규정할 수 있다. 또 마케팅에서 초기에 스토리픽처로

포문을 열면 마케터가 제시한 가격을 고객들이 신뢰하게 되며 불필요한 흥정을 방지할 수 있다.

3. **회심의 스토리픽처는 혼자 간직하라.** 당신이 만든 회심의 스토리픽처를 파워포인트 이외의 자료에 싣는 행동은 절대 금물이다. 가장 중요한 시각 자료를 홍보 책자 등에 싣게 되면 그저 그런 다른 자료에 묻혀서 청중이 덜 집중하기 때문이다. 게다가 사람들은 못 보던 자료가 바로 눈앞에 나타날 때 그 자료가 참신하다고 생각하며 자신의 손에 들린 자료보다 더 최신 자료라고 인식한다. 그렇기 때문에 당신이 칵테일 잔 밑에 까는 냅킨에 그림을 그리든, 갑자기 칠판으로 가서 그림을 그리든 청중은 새로운 자료가 제시되면 당신이 그 아이디어를 방금 떠올렸을 거라고 믿는다. 그 내용이 이미 당신이 오래전부터 생각해 놓았던 아이디어일지라도 말이다. 새로운 시각 자료 앞에서 청중은 경계태세를 낮추고 마음 문을 활짝 열어 당신의 말을 듣는다. 요즘에는 자료집을 인쇄할 때 디자인에 신경을 많이 써서 과하게 세련되게 만드는 경우가 많은데 그렇다고 청중이 더 흥미로워하지는 않는다. 스토리텔링을 할 때는 '소박'한 방식으로 청중의 귀를 솔깃하게 만들어라. 청중이 스토리에 집중하며 혼잣말로 물을 것이다. "다음 내용은 뭘까?"

4. **말하는 연습, 그리는 연습, 제때 말하고 제때 그리는 타이밍 연습을 하라.** '그깟 스토리픽처 쯤이야 누워서 떡 먹기지'라고 생각하지 말라. 앞서 설명했듯 스토리픽처가 적재적소에 나

타날 때 스토리텔러가 그 자료를 즉석에서 만들어냈다고 청중이 생각한다. 실제로 발표를 앞둔 스토리텔러는 최대한 효과적으로 스토리픽처를 활용하기 위해 발표 도중에 어느 지점에서 언제 어떤 스토리픽처를 띄우고 다시 지울지를 미리 숙지하고 있어야 한다. 마술사가 타이밍을 맞추기 위해 수도 없이 트릭을 연습해보는 것도 이 때문이다. 그러니 연습하고 또 연습하라. 그래야 더 자연스럽게 스토리픽처를 선보일 수 있고, 그럴 때 비로소 스토리픽처의 효과가 배가된다.

당신의 메시지를 강력하게 전달하는 가장 간단하면서도 자연스러우며 효율이 높은 방법 중 한 가지가 바로 스토리픽처를 활용하는 것이다. 당신도 꼭 스토리픽처를 활용해보길 바란다.

7장에서는 훌륭한 스토리텔러가 되는 비결을 하나 더 소개하겠다. 그 비결은 바로 스토리를 수집하는 것이다.

7장

모든 곳에서
스토리를 수집하라

내가 처음으로 대학에서 스토리텔링을 공부를 시작했을 때 노스웨스턴대학교 방송영화학과의 리브스 콜린스 교수님 지도를 받게 된 건 행운이었다. 거의 15년 전 일이지만 그때 얻은 중요한 교훈은 아직도 남아 있다. 바로 스토리 수집의 중요성이다. 프레젠테이션을 준비할 때 사람들은 알맞은 스토리 한 가지를 찾아내는 데 준비 기간의 절반을 써버리는 경우가 많이 발생한다. 개인적인 경험은 한계가 있다. 스토리를 수집해야 한다. 교사, 의사, 변호사, 회계사 등 여러 전문직 종사자들이 지속해서 교육을 받아 새로운 기술을 습득하고 각 직업의 면허를 유지하듯이 스토리텔러 또한 정기적으로 스토리를 수집하는 활동을 게을리해서는 안 된다.

7장에서는 스토리 수집 방법 중 하나를 알려주고자 한다. 탁월한 질문을 던짐으로써 청중이 자기만의 스토리를 만들어내도록 유도한 후 이를 적극적으로 경청하여 스토리를 수집하는 방법이다.

스토리 수집이 왜 중요할까

스토리 수집이 꼭 필요하다는 말에 여전히 의구심을 품는 이들도 있을 것이다. 개인의 경험에서만 비롯한 스토리는 그 양에 한계가 있다고 앞서 설명했다. 스토리를 수집해야 하는 이유는 이것 말고도 몇 가지가 더 있다.

연습

남들과 경쟁해야 하는 수영 선수는 1주일에 6일씩 아침 일찍 훈련을 시작해야 한다. 연기를 전문적으로 하는 배우는 실제 공연에 들어갈 때까지 아주 오랜 시간 혼자서 혹은 동료 배우들과 함께 리허설한다. 타고난 재능이 출중하다 해도 어떤 분야에 통달하려면 지겨우리만큼 오랜 시간 수련해야 한다. 어떤 이는 최소한 1만 시간을 공들여야 한다고도 했다.[1] 그렇다면 스토리텔러는 이러저러한 이야기로 연습삼아 끊임없이 해보면 어떨까? 그럴듯한 말이긴 하나 스토리를 무수히 쏟아낸다고 훌륭한 스토리텔링이 되지는 않는다. 스토리텔링에 통달하는 과정은 글쓰기에 통달하는 과정과 비슷하다. 작가란 본질적으로 글을 쓰는 사람들이지만 독서도 반드시 해야 한다. 그것도 어마어마하게 많이 읽어야 한다! 작가 스티븐 킹 역시 미국 공영 라디오와의 인터뷰에서 비슷한 말을 했다. "작가가 되고자 하는 사람들이 꼭 해야 하는 일이 두 가지 있습니다. 다독과 다작입니다. 제가 알고 있는 이 두 가지 외에는 다른 방도가 없습니다. 글쓰기에 왕도란 없습니다."[2]

마찬가지로 스토리텔러도 반드시 다양한 스토리들을 듣고 수집해야 한다. 단지 위대한 스토리의 세계에 흠뻑 빠지기 위해서도 아니요, 스토리를 많이 알기 위해서만도 아니다. 물론 이 두 가지 경험 모두 스토리텔링에 도움이 되기는 한다. 그렇지만 당신이 많은 스토리를 듣고 수집해야 하는 결정적인 이유는 바로 청중과 당신 사이를 연결해줄 다리를 놓기 위함이다(청중은 스토리텔링에 있어서 가장 중요한 요소임을 잊지 말자). 스토리를 수집할 때 스토리텔러는 청중의 입장에 설 수 있게 되고 그 과정에서 무엇이 청중에게 중요한지, 무엇이 청중의 마음을 움직일 수 있는지 깨닫게 되며 거기서 더 나아가 청중에게서 수집한 스토리들이 결국 당신의 스토리로 체화되기 때문이다.

관점

우리는 3장에서 관점에 관해 자세히 살펴보았다. 여기서는 베테랑 스

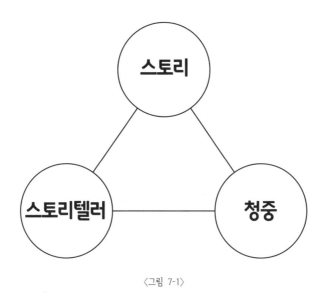

〈그림 7-1〉

토리텔러이자 교사인 더그 립먼의 스토리텔링 모델[3]을 통해 관점의 중요성을 거듭 설명하고자 한다. 〈그림 7-1〉에 나타나 있듯이 당신과 청중을 이어주고 당신의 스토리와 청중을 이어주는 매개체가 바로 관점이다.

대개 누군가가 스토리를 전할 때 누군가는 듣는 입장에 선다. 그러므로 스토리텔링이 이뤄지는 조건으로 스토리와 스토리텔러, 청중을 꼽을 수 있겠다. 스토리텔링의 세 가지 조건을 하나로 이어주는 세 개의 선(〈그림 7-1〉)은 각 조건 간의 연결성을 나타내며 유대의 강도는 강할 수도, 보통일 수도, 약할 수도 있다. 예를 들어 당신이 회사 내 프로젝트팀을 대상으로 새로운 아이디어를 홍보하고 있다고 가정해 보자. 그런데 당신 스스로 그 새로운 아이디어가 영 못 미덥다(상사

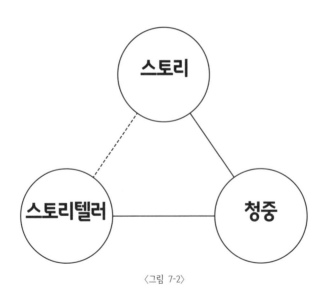

〈그림 7-2〉

대신 프레젠테이션을 하고 있다고 치자). 이때 당신이 전달하고자 하는 아이디어가 곧 스토리이며 당신은 스토리텔러, 당신의 직장 동료들은 청중이 된다. 이제 〈그림 7-2〉와 같이 더그 립먼의 스토리텔링 모델을 이용해 예시 속 상황을 그림으로 표현해보겠다.

가령 당신이 홍보하고자 하는 아이디어에 청중이 긍정도, 부정도 않고 그저 무덤덤한 반응이라면 이때 당신의 스토리와 청중을 연결하는 선은 연결 강도가 강하진 않더라도 실선 정도로 표현할 수 있다. 하지만 스토리텔러인 당신과 스토리는 희미한 점선으로 연결되는데, 이는 당신이 해당 스토리를 만든 상사만큼 그 스토리에 열의를 갖지 못했다는 의미다. 혹시 스스로 생각하기에도 별로 내키지 않는 메시지를 전달해야 했던 적이 있는가? 필시 혼자 갖고 있던 그 부정적인 생각이 알게 모르게 당신의 메시지 전달 방식에 영향을 끼치고 그 결과 메시지를 받아들이는 청중에게도 부정적인 느낌이 전달되었을 것이다. 스토리텔러 자신이 전혀 열의를 느끼지 않는 스토리에 청중이 감동할 확률은 극히 낮다.

다른 상황을 가정해보자. 당신은 2015년 월드 시리즈에서 우승한 캔자스시티 로열스팀의 열혈 팬이다. 그때 당신 아들은 생후 12개월도 채 안 됐을 때라 당연히 야구의 야자도 모르던 시절이다. 아들이 어느 정도 자라고 난 후, 당신은 캔자스시티 로열스팀이 당시 어떻게 우승을 차지했는지 아들에게 설명하고 또 설명한다. 이 상황에서 캔자스시티 로열스팀의 우승이 당신이 전달할 스토리가 되고, 당신은 스토리텔러, 당신의 아들은 청중이 된다.

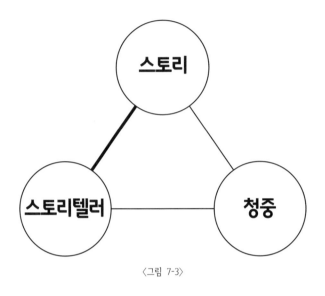

〈그림 7-3〉

캔자스시티 로열스팀의 우승 스토리를 전달하는 시점에 아들이 야구를 좋아하지도, 싫어하지도 않는 상황이라면 우승 스토리와 아들 사이의 연결 강도는 중간 수준으로 〈그림 7-3〉처럼 평범한 실선으로 표현할 수 있다. 그렇지만 같은 자료에 두꺼운 선으로 표현돼 있듯이 당신과 스토리 사이는 강하게 연결돼 있고, 이는 스토리텔링 방식에도 영향을 끼친다. 당신은 그때 일을 설명하면서 확신과 기쁨에 찬 마음으로 당시 경기 장면을 몸짓까지 동원해 시연할지도 모른다.

지금까지 스토리와 스토리텔러, 청중 사이의 관계를 충분히 설명했으니 이제는 관점에 관해 설명하겠다. 저 멀리 어느 도시에 또 다른 아버지와 아들이 산다고 치자. 그 아들은 당신 아들과 나이가 비슷하고 그 아이의 아버지는 캔자스시티 로열스에 패배한 뉴욕 메츠팀의 열혈 팬이다. 이때 두 사람이 각각 아들에게 어떻게 월드 시리즈 스토리를 전달하게 될지 상상해보라. 똑같은 경기를 보았음에도 두 사람은 각자 자기 관점에 따라 서로 다른 내용을 강조하게 될 것이다. 예를 들면 (패배한) 뉴욕 메츠를 좋아하는 아버지는 심판들이 판단을 잘못해서 팀이 불리해졌다고 말할 가능성이 있지만 (우승을 차지한) 캔자스시티 로열스 팬인 당신은 로열스팀이 공격과 수비를 얼마나 잘했는지 떠벌일 공산이 크다.

이렇듯 관점은 스토리텔링의 강력한 요소이다. 한 가지 역사적 사건에 대해서도 국가들은 저마다의 관점에 따라 다르게 설명한다. 독립전쟁이라는 한 가지 사건을 서로 다르게 설명하는 영국과 미국처럼 말이다. 이 말은 당신이 스토리를 더 많이 수집하면 할수록 더 능숙하게 다른 이들의 관점을 이해하고 설명할 수 있게 된다는 뜻이다. 여러 가지 외국어를 할 줄 알면 대화 상대의 국적에 맞춰 그들의 언어로 소통할 수 있듯이 스토리를 많이 수집하면 할수록 어떤 청중을 만나더라도 그들을 가장 잘 설득할 스토리를 끄집어낼 수 있다. 당신도 이미 알고 있겠지만 청중 입장에 서서 그들에게 꼭 맞는 스토리를 전달할 때 비로소 청중의 마음속에 울림이 생겨나는 법이다. 이런 면에서 스토리 수집은 매우 가치 있는 활동이라 하겠다.

상대방을 인정하라 = 스토리텔링의 묘약

인정을 받는다는 것은 눈에 보이지 않는 활력소다. 어떤 상황과 환경에서도 힘을 샘솟게 하고 일하고자 하는 동기를 유발한다. '인정하다'

라는 단어의 사전적 정의는 다음과 같다. 1. 무엇인가의 존재를 받아들이다. 2. 사실이나 중요성을 인식하다. 3. 인식했다는 걸 표현하다. 에너지 프로젝트의 CEO 토니 슈왈츠는 "인간은 타인에게 존중받고 가치 있게 여겨지려는 욕구가 식욕만큼 강하다"[4]고 논평했다. 요컨대 사람들은 타인에게 인정받을 때 존중받고 있다고 느낀다. 그렇지 않은 경우에는 어떨까? 토니 슈왈츠가 《하버드 비즈니스 리뷰》 블로그에서 충고했듯 "자신의 가치가 무너져 내릴지도 모른다고 느낄수록 인간은 자신의 가치를 방어하고 회복하는 일에 급급하게 되며 그럴수록 삶 속에서 가치를 실현해 가기 힘들어진다." 책을 읽어야 글쓰기 실력이 연마되듯 스토리를 수집해야 스토리텔링 실력이 향상되는 것은 의심의 여지가 없지만, 스토리 수집의 의미는 여기서 그치는 게 아니다. 스토리를 수집하는 과정에서 당신은 보이지도 않고 느껴지지도 않는 커다란 보물을 얻게 된다. 청중을 인정하고 존중할 줄 아는 능력이 그것이다. 당신은 청중의 말에 귀 기울이고 이해하며 그들과 호응하는 법을 자연스레 터득할 것이다. 그리고 자신의 가치를 인정해주는 당신의 스토리텔링에 청중은 귀 기울일 것이다.

청중을 인정하는 것은 '청중의 관점에서 스토리텔링 하기'에 있어서 너무도 중요한 핵심임을 강조하고자 한다. 짧은 세 가지 예화를 통해 상대방을 인정하는 스토리텔링을 어떻게 실행해야 하는지 살펴보겠다.

우선 환자를 안정시켜라

나는 우리 집에서 두 아이 중 막내였다. 그 때문인지 어려서부터 자연스레 남의 말을 잘 듣는 편이었다. 식구들은 갈등이 있을 때 당사자끼리 직접 대화하기보다는 나에게 털어놓기를 좋아했다. 사실상 20년 가까이 가족들을 중재하고 문제를 해결하는 역할을 도맡았다. 그러던 중 1996년도에 대학원에 입학했고 학교에 마련된 중재자를 위한 훈련과정에 참여하게 되었다. 나는 심리학과 상담학, 덤으로 법학 강의도 들으며 분쟁 해결에 필요한 주요 과정을 곧바로 배우게 되리라 상상했다.

하지만 오산이었다. 물론 내가 기대한 내용을 훈련과정에서 모두 다루기는 했으나 초기교육은 소위 '중재자의 제1 임무'라는 주제에만 집중됐다. 그 제1 임무란 문제 해결이 아니었다. 분쟁 당사자들 각자가 중재의 결과로써 원하는 바를 인정할 줄 아는(동의하라는 뜻은 아니다.) 중재자의 자질과 관련된 내용이었다. 예를 들어 어느 대학가에서 밤늦게까지 시끄럽게 파티를 여는 학생들과 그 옆집에 사는 여성을 중재해야 하는 상황일 때 그 여성은 학생들이 당장 방을 빼줬으면 좋겠다고 생각할 테지만 학생들은 그와 반대로 옆집에 사는 나이 많은 여성이 저녁 여덟 시 반밖에 안 된 시간에 벌써 조용히 하라고 닦달하거나 경찰에 신고해서 모임을 해산시키는 행동을 그만해주길 바랄 것이다. 이럴 때 중재자는 분쟁 당사자들의 요구사항이 타당한지를 당장에 따지는 게 아니라 우선 그들의 요구사항을 인정해야 한다.

"환자들을 안정시켜야 합니다." 선생님이 교육과정 내내 반복하고 또 반복했던 말이다. 그러면서 중재 과정에서 분쟁 당사자들을 인정하는 것이 이제 막 응급실에 실려 온 환자를 대하는 것과 비슷하다고 설명했다. 그 어떤 진단이나 치료행위보다도 안정이 우선이다. 응급처치하듯이 중재자가 최우선으로 해야 하는 일이 바로 분쟁 당사자들의 요구사항을 인정하는 것이다. 요구사항이 아무리 부당하거나 비현실적이라도 말이다. 서로가 감정적으로 격해진 때는 반발심으로 무장된 상태다. 상대방이 자신의 말을 들어준다고 느낄 때야 비로소 무장이 해제되고 다소나마 양보할 마음도 생긴다.

회사에 꼭 필요한 직원을 붙잡을 수 있다

어느 날 오후, 빌이라는 내 고객이 예약 시간에 맞춰 상담을 받으러 왔는데 느낌이 평소 같지 않았다. 무슨 일이냐고 물으니 가장 가깝게 지내던 분석가 스티브가 회사를 떠나므로 후임자를 구해야 한다고 답했다(몇 개월 동안 상담을 진행해 왔기 때문에 그의 팀 구성원들을 잘 알고 있었다). 스티브는 4년 전에 빌과 함께 대학생 인턴으로 시작했던 직원으로 빌이 가장 가깝게 지내던 분석가이자 파트너였다. 사실 스티브는 당시 승진이 코앞이었다. 과연 스티브만큼 지적이고 의욕적인 사람을 찾을 수 있을지 미지수였다. 후임 직원을 뽑는다고 해도 스티브만큼 업무 지식과 회사 문화를 잘 이해하려면 몇 년이 걸릴 게 분명했다. 스티브가 왜 승진을 코앞에 두고 회사를 그만뒀냐고 내가 물었더니 빌은 스티브가 자신이 곧 승진한다는 사실을 몰랐다고 대답했다. 물론 스티브는 연봉도 높고 처우도 꽤 좋았다. 하지만 그저 제자리걸음만 하는 선임들을 보며 그 작은 회사에서는 자신의 커리어를 발전시킬 기회가 없다고 판단한 것이다. 빌과 더 대화를 나눠보니 설상가상으로 스티브는 단 한 번도 빌을 비롯한 직장 동료들로부터 자신이 회사에 기여한 부분에 대해 존중 섞인 말을 들어보지 못했다는 사실을 알 수 있었다. 발전 기회나 타인으로부터의 인정을 느끼지 못한 까닭에 스티브는 회사를 옮겨야겠다고 마음먹은 것이다.

사내 문화를 격상시킬 수 있다

창업가이자 재생에너지 사업체의 임원이며 노숙자 문제 해결에도 앞장서고 있는 피트 케이덴은 여러 방면에서 성공을 거둔 사람이다. 여러 성공담 중에서도 그는 자신이 회사에서 주관했던 한 프로그램을 가장 자랑스러워했다. '대박 공로상'5이라고 이름 붙인 프로그램으로 일종의 동료 간 추천 시스템이다. 모범 사례가 되었거나 인상적인 일을 해낸 동료에 대해 칭찬의 글을 올리도록 하여 데이터베이스로 취합하는 방식이다. 결국 서로의 공로를 공식적으로 인정하자는 취지로 해석된다. 실제 있었던 일이기만 하면 직원 누구든 동료의 공로를 작성해 제출할 수 있다. 직원들이 공로 노트를 제출하면 알고리즘을 거친 후 위원회로 넘어가고, 그 과정은 직원 누구나 지켜볼 수 있다. 이런 과정을 거쳐 월말, 분기 말, 연말에 인정 노트를 가장 많이 받은 직원들이 상금을 받게 된다.

대박 공로상 프로그램은 피트 케이덴 팀원 대다수가 인정과 존중을 받고 있다고 느끼게 해주었으며 직원들의 성과를 평가하는 골치 아픈 업무를 경영진에게만 떠맡길 필요가 없다는 사실을 확실하게 보여주었다. 회사 구성원 모두가 언제든지 자유롭게 동료들에게 '대박 공로상'을 수여할 수 있었고 그 덕분에 회사 내에 더 확실한 동기부여와 호혜 관계가 이루어지는 신순환 구조가 형성될 수 있었다. 요컨대 금전적 보상에 따른 단기적 효과를 넘어서서 회사의 문화가 더 나은 방향으로 발전했고 상대방을 긍정적으로 인정하는 분위기가 지금까지도 이어지고 있다.

상황이 어떻든지 개개인을 인정하는 최고의 방법은 그들 스스로 자신의 스토리를 털어놓을 수 있도록 도와주고 그런 뒤에 그들의 말을 경청하는 것이다. 지금부터 그 과정을 논의해본다.

탁월한 질문은 상대방의 스토리를 끌어낸다

"저는 남들에게 말해줄 좋은 스토리가 없어요." 처음으로 나와 함께 일을 시작하는 의뢰인들 대부분이 한탄한다. 그러면 나는 (물론 그들이 염려하는 바는 인정해주면서도!) 확신을 심어주려 노력한다. "누구나 스토리를 가지고 있어요. 제대로 된 스토리 채굴 안경만 쓰면 돼요."

자신만의 스토리를 채굴하는 데 있어서 우리 '안목' 때문에 실패하는 경우가 많다. '나는 흥미로운 일을 한 번도 겪어보지 못했어.' 따위의 생각은 자기 자신을 왜곡해서 바라보는 시각에서 비롯된다. 또 어떤 이들은 근시안적 안목 때문에, 혹은 자신의 경험 밑바닥까지 깊숙이 바라보지 못해서 자신만의 스토리를 못 찾기도 한다. 대부분 사람이 자신의 실제 목소리를 들을 때 어색하다고 느끼듯 각자의 경험도 어색하게 여겨지긴 마찬가지다. 자신이 경험한 것 중 어떤 것이 알릴 만한 가치가 있는지 평가할 때 균형감이나 객관성을 유지하는 일은 쉽지가 않다. 흔히 사람들은 코앞에 놓여 있는 훌륭한 스토리마저 알아채지 못한다. 그러므로 당신이 타인에게서 스토리를 수집할 때는 그 사람이 보지 못하는 스토리, 혹은 좀처럼 보려고 하지 않는 스토리가 있는지 살펴야 한다. 대개 당신이 타인의 스토리를 발견하여 가치를 인정하기만 한다면 상대방은 곧 의미 있는 스토리들을 들려줄 것이다.

스토리를 끌어내는 탁월한 질문 열 가지 유형

이 열 가지 질문 유형은 청중을 부추겨 가치 있는 스토리를 끌어내는 데 도움이 될 것이다. 그렇다고 이 질문들이 토씨 하나까지 지켜야 할 대본이라는 뜻은 아니다. 열 가지 질문 유형은 다만 당신의 청중이 자신의 스토리를 끄집어낼 수 있도록 당신이 어떻게 도와주어야 하는지 '길잡이'가 되어줄 것이다. 여러 스토리를 채굴하기 위해 아래 질문을 즉흥적으로 해보기도 하고 다른 질문을 추가해보기도 하고 이 질문 저 질문을 엮어보기도 하라. 우선 열 가지 질문 유형을 소개한 후 이 것들을 어떻게 올바로 활용할 수 있는지 보여주고자 한다.

1. 발단
- 어떻게 [_____]를 시작했나요?
- 어떤 동기/계기로 [_____]를 하게 됐나요?
- 처음 [_____]을 했을 때 사람들 반응은 어땠나요?

2. 이유
- 그 일을 하는 이유가 무엇인가요?

- [사실 정보를 물어보고] 경청한 후 그 '이유'를 물어보라.

3. 뜻밖의 사건

- 여태까지 겪은 가장 당혹스러운 일이 무엇이었나요?
- [_____]와 관련해 어떤 사건이 가장 뜻밖이었나요?
- [_____]와 관련해 미리 알아채지 못해 안타까운 점은 무엇인가요?

4. 비교·대조

- [_____]와 [_____]의 차이점은 무엇인가요?
- [_____]와 [_____]의 유사점은 무엇인가요?

5. 추가 사항

- [_____] 이야기를 더 해주세요.
- 추가 설명해주세요.

6. 의미

- [_____]가 당신에게 무엇을 의미하나요?
- [_____]에 대한 본인의 의견을 말해주세요.

7. 최상급

- 무엇이 당신 최고의 [_____]인가요?
- 언제 가장 [_____]인가요/한가요?

- 당신에게 가장 [_____]을 주는 건 무엇/누구인가요?

8. 다른 상황 가정

- [_____]을 하지 않았다면 [_____]은 어떻게 달라졌을까요?
- 혹시 당신이 [_____]를 맡게 된다면 어떻게 남들과 다르게 해보시겠어요?
- [_____]와 관련해 당신 뜻대로 이룰 수 있는 부분이 있다면 무엇을 해보시겠어요?

9. 교훈

- [_____]를 통해 어떤 교훈을 얻었나요?
- [_____]를 통해 무엇을 배웠나요?

10. 자기 자신

- 그때 경험이 당신의 현재 모습에 어떤 영향을 끼쳤나요?
- [_____]이 당신 자신에 대해 무엇을 말해주나요?
- 당신이 현재 [_____]가 아니라면 무엇을 하고 싶나요?

탁월한 질문 열 가지 유형을 분류해놓긴 했으나 상황이나 대화에 따라 이것들을 조합하면 질문은 무궁무진하다. 그러니 구체적인 질문 사항 하나하나보다는 질문 유형을 주목하라. 그런 뒤 상상의 나래를 펼쳐 질문을 구상해보라! 아래 예시가 도움이 될 것이다.

프로젝트나 전략을 수립할 때

내 의뢰인 중에 온라인 커뮤니티를 운영하는 전자 상거래 기업에 재직했던 분이 있다. 당시에 그가 속해 있던 팀의 부장은 매주 회의를 열어 팀원 모두가 프로젝트 진행 상황을 발표하고 새로운 아이디어를 논의하기 위해 브레인스토밍을 거쳐 새로운 전략을 모색하도록 했다. 팀원들은 회의 내내 열 가지 유형에 속하는 여러 탁월한 질문들을 활용하곤 했다. 그들의 질문은 다음과 같다.

- [_____]를 하는 이유는 무엇인가? (이 질문은 서로 상충하는 여러 프로젝트 간에 우선순위를 정하는 데 도움이 됐다.)
- [_____]가 당신에게 무엇을 의미하는가? (부장은 이렇게 질문했다. "이 상품이 소비자들에게 무엇을 의미하지? 우리 고객과 영업팀에게는 무슨 의미가 있지?")
- [_____]에 대한 의견을 말해달라. (부장은 특히 데이터를 분석할 때 이 질문을 던졌다.)
- [_____]와 관련해 당신 뜻대로 할 수 있다면 무엇을 해보겠는가? (이 질문은 팀원들이 신상품/신기능에 관해 브레인스토밍할 때 유용하게 쓰였다.)
- [_____]를 통해 어떤 교훈을 얻었는가? (내 의뢰인이 있던 팀은 회의를 마무리하며 늘 무슨 교훈을 얻었는지 질문했다.)

동료에 관해 더 잘 알고 싶을 때

식품 회사 상무였던 다른 의뢰인은 팀원 한 사람 한 사람을 더 잘 알기 위해 발단, 뜻밖의 사건, 최상급, 자기 자신 등 각각의 유형에 속하는 질문들을 조금씩 변형해 그들에게 묻곤 했다. "어떤 계기로 식품 회사에 관심을 두게 됐지?", "현재 맡은 직무나 회사와 관련해서 생각했던 것과 달랐던 점이 무엇인가?" 이러한 질문을 통해 팀원들은 자신이 인정받고 있다는 느낌을 받았고, 의뢰인은 팀원 각자가 어떤 프로젝트나 역할, 임무에 가장 적합한지 판단할 정보를 얻을 수 있었다.

고객에게 무엇이 필요한지 알아야 할 때

기술 컨설턴트로 활동하고 있는 한 의뢰인의 경우 고객사에 최적의 해결책을 제시하거나 제안을 해야 할 때 그들의 필요와 요구사항을 이해하기 위해 탁월한 질문 유형을 활용한다.

- 처음 [_____]을 했을 때 사람들 반응이 어땠나요? (의뢰인은 기존의 상품이나 기능, 조직의 변화에 관해 논의할 때 이 질문을 던졌고, 그럼으로써 해당 문제에 팀원들이 적극적인지, 그리고 어떤 태도를 보이는지 쉽게 평가할 수 있었다.)
- [_____]와 관련해 미리 알아채지 못해 안타까운 점은 무엇인가요? (이 질문은 기존의 상품을 분석한 후 어떤 신기능이나 디자인이 고객사에 가장 필요한지 평가할 때 유용하다.)

인상 깊은 스토리를 전달해야 한다는 압박감에 지나칠 정도로 열을 올리는 건 좋지 않다. 그보다는 청중이 자기 경험을 털어놓도록 만든 후 정작 청중 본인은 별 감흥이 없다고 생각하는 경험일지라도 그것이 어떻게 위대한 스토리로 탈바꿈될 수 있는지 당신이 보여주어라. 그리하면 사람들이 자신을 인정해준 것에 대해서 그리고 자신에게도 남들이 들어줄 만한 대단한 스토리가 있음을 깨닫게 해준 것에 대해서 고마워할 것이다.

상대방의 말을 적극적으로 들어라

한번 상상해보자. 당신은 청중이 무슨 이야기를 꺼내든 귀 기울일 준비가 되었고 마음의 문도 활짝 열었다. 유형별로 몇 가지 질문도 준비하고 돌발 변수에도 대비해 놓았다. 청중이 인정받고 있다고 느끼게 만들면서 훌륭한 스토리를 수집할 수 있을 것 같은 자신감도 생겼다.

그런데 그런 마음가짐은 어디로 가고 청중에게 몇 가지 질문을 던짐과 동시에 정신이 다른 데로 팔린다. 저녁에 뭐 먹지? 클라이언트에게 이메일 답장해야 하는데…. 차 문은 잘 잠갔나? 당면과제와는 아무 상관도 없는 생각들이 꼬리에 꼬리를 물기 시작한다.

즉, 청중 말을 안 듣고 있다.

또한 스토리 수집도 전혀 안 하고 있다.

적극적으로 듣기가 무척 중요한 이유다. 오늘날 사람들은 너무나도 많은 문제로 정신이 산만하다. '마음 수련'이나 '집중'에 관한 도서와 명상 수업이 급증하고 있는 것만 봐도 알 수 있다. 《타임스》에서는 현대인의 주의력 지속 시간이 금붕어보다도 짧다는 기사를 냈다. "마이크로소프트의 조사 결과 (모바일 혁명이 시작된) 2000년도 이후에 주의력의 지속 시간이 평균 12초에서 8초로 하락했다."[6] 타인의 말을 경청하기 위해 잡다한 생각과 걱정거리를 머릿속 한편으로 제쳐놓기가 어렵다는 걸 시사한다. 그렇기 때문에 적극적으로 듣는 훈련이 우리에게 필요하다.

한때 나의 상사이기도 했던 노스웨스턴대학교의 폴 안슨 커뮤니케이션 명예교수가 자주 하던 말이다. "한 번 말하고 세 번 들어라." 그가 말한 듣기와 말하기의 비율 75% : 25%는 무척 훌륭한 원칙이다. 기금마련 컨설턴트이자 내 동료인 브라이언 머피는 듣는 일에 훨씬 더 높은 비중을 둔다. 그는 '마음으로 이어지는 신성한 일곱 가지 통로' 이야기를 즐겨 했는데, 그가 말한 일곱 가지 통로는 눈이라는 통로두 개, 귀라는 통로 두 개, 콧구멍이라는 통로 두 개, 마지막으로 입이라는 통로 한 개였다. 결론적으로 각 통로는 비율에 맞게 써야 한다는 것이다. 그렇게 따지면 입이 차지하는 비율은 25%는커녕 15%도 안된다.

나처럼 스토리텔링을 전파하는 아네트 시몬스는 다음과 같이 조언한다. "경청이란 남이 하는 말과 그 의미 곁에 항상 머무는 것을 의미한다. 당신의 오류를 지적하거나 자존심을 깎아내릴 수도 있는 타인의 말은 특히 경청해야 한다."[7] 생각을 멈추고 내 생각과 반대되는 타인의 말을 경청한다는 것이 물론 쉬운 일은 아니다. 그렇다면 타인이 하는 말과 그 말의 의미에 집중하기 위한 최고의 전략은 무엇일까?

상대방의 말을 적극적으로 듣는 방법

나는 작년에 서른 명 정도 되는 청중에게 적극적으로 듣는 법을 주제로 강의한 적이 있다. 나는 그때 강의 준비물로 빈 컵 석 잔, 물을 가득 채운 큰 플라스틱 상자 하나, 얼음을 가득 채운 물 주전자 하나, 기다란 꽃병 하나를 챙겨 가 테이블 위에 올려두었다. 내가 이 물건들을 테이블 위에 꺼내 놓은 이유를 누구도 알지 못했을 것이다. 하지만 바라건대 내가 강의 초반에 인용했던 말만큼은 청중이 기억해주면 좋겠다. "여러 가지 언어를 말하는 능력은 큰 자산이다. 그런데 어떤 언어를 하든지 자기 입을 다물 수 있을 때 그 자산의 가치가 더 올라간다."[8]

내가 준비해 간 '소품들'은 경청과 관련해 단순하지만 강력한 현상을 보여주기 위해서였다. 나는 먼저 꽃병에 물을 가득 부은 다음 청중에게 여기에 물을 더 붓고 싶다고 말했다. 나는 플라스틱 상자를 들어 물을 부어보았지만, 물이 꽃병에서 넘쳐흘렀다. 컵으로 물을 따라보아도 결과는 똑같았다. 얼음을 한 번에 하나씩 넣어도 보기도 하고 한꺼번에 여러 개를 쏟아 부어보기도 했다.

아무런 소용이 없다.

이 단순한 실험은 극명한 진리를 보여준다. 이미 물이 가득 담긴 꽃병에 물을 더 넣을 수는 없다는 것. 마찬가지로 빈틈이 없는 마음으로는 타인의 말을 경청할 수가 없다. 우리의 마음은 물로 가득 찬 꽃병처럼 빈자리가 없다. 경청은 스토리 수집의 전제 조건이다. 이 말은 당신이 끼어들 틈을 찾거나 반박할 내용을 찾기 위해, 혹은 단순히 예의를 지키기 위해 상대방의 말을 경청하라는 뜻이 아니다. 적극적으로 들으라는 말은 이미 가득 찬 꽃병에 물을 더 넣을 수는 없다는 개념을 받아들이라는 것이며 동시에 상대방이 전하고자 하는 말을 경청함으로써 그 사람을 공정하게 대해야 한다는 뜻이다. 이를 위해 우리는 무엇을 해야 하는가?

영화감독이 되어라

우리는 늘 산만하다. 한 번이라도 명상을 해봤다면 알고 있을 것이다. 그저 숨쉬기에만 집중하면 되는데 명상을 시작하려고만 하면 오만가지 생각에 집중력이 흐트러진다. 그러니 적극적으로 들어야 할 때는 머릿속에 활동사진이 돌아가는 듯 상대의 말을 들으면 좋다. 그게 무슨 소리인가 싶겠지만 당신 자신이 영화감독인데 상대방이 딱 블록버스터 영화로 만들어도 좋을 만한 경험을 했다고 상상해보라. 이때 당신이 할 일은 상대방의 말을 듣고 그 내용을 검토해서 어떻게 그 스토리를 영화화하여 오스카상을 받을 수 있을까 상상해보는 것이다. 예를 들어 영화 배경부터 설정해보자. 만약 상대방이 자신의 사무실을 언급하고 있다면 당신이 본 드라마에 나온 사무실에서 상대방이 직장 동료들 사이에 앉아 있는 모습을 머릿속으로 그려볼 수 있다. 혹 어느 회사에서 한 팀이 찾아와 CEO에게 세일즈 프레젠테이션을 해야 하는데 걱정이라고 이야기한다면 그 CEO의 표정과 목소리 톤을 머릿속으로 그려볼 수 있다. 당신의 청중이 하는 말을 들으며 그 내용을 생생하게 상상해보면 좀 더 쉽게 청중의 말에 몰입할 수 있고 청중이 전달하는 스토리에 집중할 수 있다.

상대방의 말을 온몸으로 들어라—입은 예외다

지금부터 친한 친구 이야기를 하려는데 편의상 제인이라 부르겠다.

아주 재미있고 사교성 좋은 친구다. 제인은 말할 때 눈, 얼굴, 손, 목소리를 활용해 듣는 사람을 끌어당기는 재주가 있다. 제인은 말하는 것을 좋아하고 나는 듣는 것을 좋아해서 성격적으로 잘 맞았다. 하지만 드문드문 내 이야기를 하면서 발견한 그 친구의 패턴이 있다. 우선 시선을 이리저리 옮기면서 내 눈은 거의 마주 보지 않았다. 가끔은 손톱을 물어뜯기도 했고 종종 내 말을 중간에 끊거나 말대꾸하고서는 자기 이야기로 넘어가기도 했다. 또 내 말을 듣고 있는 제인을 보고 있으면 본인이 말할 때처럼 내게 집중하지도 않았고 열의를 갖지도 않았다. 물론 내가 지루하게 말했을 수도 있다. 하지만 내 말을 (듣기나 하는지 의문이지만) 듣는 태도로 미루어보아 내 이야기에 관심이 없다는 느낌을 받았다. 하지만 실제로는 정반대다. 제인은 사실 나를 무척 아껴주는 친구다. 제인이 친구라고 느껴지는 건 제인이 내 말을 들어주는 태도 때문이 아니라 지금까지 함께 지내온 오랜 시간 때문이다. 오래 사귀다 보니 느끼게 된 것이지만 자신이 가끔 상대방에게 관심 없다는 듯이 행동한다는 사실을 제인이 자각하지 못하는 것 같다는 생각이 든다.

누구에게나 제인 같은 면모가 조금씩은 있다. 그리고 모두가 남들과 나누고 싶은 경험이나 식견, 스토리도 가지고 있다. 하지만 외국어를 몇 개씩 할 수 있을지라도 입을 다물 수 있을 때 가치가 올라간다는 말을 기억하라. 입을 제외한 온몸으로 상대의 말을 듣는 태도도 중요하다. 신체 기관 중 사람이 무슨 생각을 하고 있는지 가장 잘 보여주는 게 바로 시선이다. 그러므로 상대의 말을 적극적으로 듣기 위해 거의 상대방이 말하는 내내 꼭 상대의 얼굴을 바라보라. 다만 혹시라도 상대방이 부담감을 느낄 수 있으므로 반드시 상대방과 상대방의 주변을 번갈아 가며 쳐다보라. 주변의 빈 곳을 응시하며 상대의 말을 경청하면 대화 주제에 관해 당신이 깊이 생각하고 있음을 내비칠 수 있기 때문이다(물론 진짜로 상대방의 말을 생각하면서 듣고 있을 때만 그렇다). 팔이나 다리를 꼬는 행동은 금물이다. 현재 나누고 있는 대화에 수동적이라고 비칠 수 있다. 특히나 중요한 사항을 논의할 때는 '생각하는 사람'처럼 (턱을 손에 받치고 몸을 앞으로 기울여서) 상대의 말을 들으면 당신이 적정한 수준으로 상대방에게 관심을 두고 집중하고 있다는 사실을 보여줄 수 있다.

상대의 느낌을 공유하라

보디랭귀지는 강력한 도구이긴 하지만 공감만큼 강력하진 못하다. 전문 심리치료사들에 따르면 의뢰인이 마음의 문을 닫아버리면 그 치료사와 더 이상의 상담을 거부한다고 한다. 심리치료사가 말이나 행동을 통해 그 무슨 심판관 같은 느낌을 의뢰인에게 주는 경우 그런 일이 주로 발생한다고 한다. 지지와 관심을 표현하는 가장 좋은 방법은 상대방이 느끼고 있는 것을 함께 느끼려 노력하는 것이다. 일단 상대방이 어떤 감정을 느끼고 있는지만 알아챘다면 당신은 표정만으로도 대부분 감정을 표현해낼 수 있다. 만일 당신이 스토리를 수집하기 위해 대화를 나누고 있는 청중이 화가 났거나 불만스럽다는 듯이 말한다면 얼굴을 찌푸리면 된다. 혹여 청중이 신나게 말하면 웃으면 되고 당신이 몰랐던 사실을 듣게 될 때는 고개를 끄덕거리면 된다. 혹시 청중이 난처함을 느꼈던 일을 이야기해줄 때는 무겁게 숨을 들이쉬고 몇 초간 숨을 참은 뒤 다시 천천히 내쉬면 된다. 물론 이런 제스처를 취할 때는 과장되지 않게 표현해야 상대방이 당신의 감정 표현을 진실하게 받아들인다. 또한 감정표현을 할 때 표현하고자 하는 감정을 정말로 느끼면서 표현하면 더할 나위 없이 좋겠지만 상대방의 제스처와 말에 맞장구만 쳐줘도 큰 효과를 볼 수 있다. 예를 들어 한 사회심리학의 실험 결과, 식당 웨이터가 주문을 받을 때 손님이 하는 말을 복창復唱할 경우 평상시보다 팁을 70%까지 더 많이 받았다고 한다.[9] 웨이터가 손님의 말을 적극적으로 들으며 손님을 인정해준 덕분이다. 웨이터가 손님이라는 청중의 말을 경청하고 있으며 진심으로 집중하며 관심을 기울이고 있다는 느낌을 주었기 때문이다. 손님은 평소보다 식사도 더 맛있게 하고 답례도 후하게 한 것이다. 클라이언트나 협상 상대의 말을 경청할 필요가 있는 다양한 비즈니스 상황에서 이 대화의 원칙을 어떻게 활용해야 하는지 충분히 예상할 수 있을 것이다.

세부적으로 질문하고 자신만의 말로 바꿔 표현하라

상대방의 스토리를 적극적으로 듣고는 있지만, 상대방이 무슨 말을 하는지 도통 이해가 안 가는 때가 종종 있다. 이런 경우엔 질문을 하라. 그러면 당신이 상대방의 스토리에 관심이 많으며 완전히 이해하고 싶어 한다는 걸 보여줄 수 있다. 그리고 상대방의 스토리를 당신 자신의 말로 바꿔 표현해보라. 당신만의 언어로 간결하게 맞받아쳐주면 상대방은 당신이 스토리를 놓치지 않고 잘 따라오고 있음을 확인할 수 있다. 혹시라도 당신의 말로 바꿔 표현한 설명이 원래 스토리와 다르면 상대방은 다시 한번 설명할 기회를 얻게 된다. 상대방이 대화 중에 자신의 감정을 많이 드러낼 때는 특히 그 사람의 생각과 경험과 감정을 당신의 언어로 다시 표현해주라. 상대방의 말에 공감해주는 가장 좋은 방법이다. 이 방법을 염두에 두고 시의적절하게 활용해보라.

상대방의 스토리를 끊지 마라

흥미로운 스토리를 듣다 보면 자연스럽게 자신의 스토리가 머릿속에 떠오르게 마련이다. 그렇다고 상대방의 말에 끼어들어서는 안 된다. 스토리를 수집할 때는 당신이 아닌 청중이 대화의 주인공이 되어야 한다는 걸 명심하라. 다만 당신이 끼어듦으로써 상대방의 스토리텔링에 도움이 될 것이라는 판단이 설 때는 예외다. 예를 들어 상대가 이야기를 털어놓지 못하고 머뭇거리는 경우 당신이 겪은 일화를 짧게 들려줌으로써 상대방의 마음을 열 수도 있다. 상대방의 대화 방식을 관찰해보는 것도 도움이 된다. 상대가 다소 내성적인 사람이라 길게 뜸 들이며 말하는 경우 당신 입장에서는 이런 대화방식이 불편할 수도 있겠지만 대화의 공백을 억지로 채우려 들면 안 된다. 그 사람에게는 그것이 스토리텔링을 시작하는 습관이자 방편이기 때문이다. 명심하라. 세 번 듣고 한 번 말하라. 그리고 상대방의 침묵을 존중하라. 그러면 스토리는 저절로 따라 나온다.

공손한 호기심을 보여라

2006년 여름, 나는 남편과 북이탈리아로 여행을 갔다. 남편은 그래도 이탈리아어를 조금 하는 편인데 내가 할 수 있는 말이라곤 '안녕하세요', '감사합니다', '맛있다!'뿐이었다. 여행하는 동안 이파리가 많이 달린 초록색 나물을 여러 식당에서 자주 보게 되었는데 모양새는 래피니 같았으나 정확히 무엇인지는 알 수가 없었다. 우리 부부는 결국 나물 이름이 뭔지 웨이터에게 물어보았지만 (웨이터의 영어 실력이 우리 이탈리아 실력과 별반 다르지 않아서) 그는 시종일관 웃으며 손가락으로 나물을 가리키면서 진땀만 뺐다. 웨이터는 머쓱하게 앉아 있는 우리를 뒤로하고 주방으로 들어가더니 재빨리 그 초록색 나물을 접시에 가득 담아 들고 되돌아왔다. 그리고는 어색한 발음으로 "먹어봐요, 먹어봐요!"라고 말했다. 우리는 고맙다는 말을 전하고 식사를 했다. 음식은 아주 맛있었고 웨이터는 추가 금액을 청구하지도 않았다!

여행 중에 밀라노에 있는 아주 멋진 17세기 고성 주위를 어슬렁어슬렁 산책할 때였다. 말쑥하게 차려입은 어르신 한 분이 고성 정문에서 나왔다. 픽사의 애니메이션 〈업UP〉에 나오는 할아버지와 생김새가 비슷했다. 그분이 우리 부부를 발견하고는 가까이 다가오기에 우리 부부는 "이 고성에 대해 좀 설명해주실 수 있으세요?"라고 물었다. 그분은 환하게 웃더니 영어로 유창하게 성 이곳저곳을 설명해주며 성 일부분을 어떻게 사무실로 개조했는지까지 알려주었다. 그리고는 성에 있는 뜰에 가보겠냐고 물어보기에 우리는 감사한 마음으로 그분을 따라 들어갔다.

뜰을 몇 분 돌아본 뒤 노신사는 자신의 사무실로 우리 부부를 안내했다. 그분은 변호사였고 소송 건이 있어서 토요일에 출근하게 됐다고 말했다. 자그마한 사무실은 깔끔하게 정돈돼 있었고 우아함과 품위가 흘러넘쳤다. 책상 위의 흑백 사진 몇 장이 눈에 들어왔다. 군복 입은 군인들이 누가 봐도 시체를 덮어놓은 게 분명한 얇은 천 주위에 둘러서 있는 사진 한 장도 보였다. "이건 언제 찍으신 거예요?" 사진을 가리키며 물어보니 제2차 세계대전 때 전우들과 찍은 사진이며 천으로 덮인 사람은 전사한 절친한 친구라고 답했다. 우리 부부는 솔직담백한 그의 답변에 숙연한 마음이 들었다.

공손한 호기심은 친절하고 솔직한 답변과 이야기를 끌어낸다. 전세계 어디서든 마찬가지다. 공손한 호기심을 보여주면 상대방은 인정과 관심을 받고 있다고 느낀다.

7장에서 내가 설명한 대로 연습하면 당신도 수많은 청중에게서 유의미한 스토리들을 끌어내어 수집할 수 있다. 상호 간의 존중과 관심 그리고 신뢰를 바탕으로 수집한 스토리들은 당신과 청중 사이의 관계를 긴밀하게 연결해줄 뿐만 아니라 당신의 소중한 자산으로 남는다.

이 책을 마무리하는 세 번째 단원에서는 스토리텔링의 실제 사례를 들어 설명해보려 한다. 이 사례를 통해 청중에게 자기 자신을 소개하면서 친밀감을 형성하는 방법도 알아보겠다. 강력한 네트워킹(인맥)을 만들기 위한 스토리텔링도 살펴보도록 하겠다. 비영리단체에 동참을 유도하기 위한 스토리텔링 사례와 의료보건산업 분야에서 청중에게 동기를 부여하고 지지를 호소하기 위해 스토리를 활용한 사례를 공유하도록 하겠다.

3부

스토리텔링을
활용한 사례
살펴보기

당신만의 스토리로
신뢰와 유대감을 형성하라

"자기소개해보세요."

이 단순한 질문이 비즈니스계에서 자주 등장한다. 회사 면접을 볼 때든, 전문가 패널로 초청되었을 때든, 단순히 동료나 잠재고객과 안면을 틀 때든 말이다. 단순히 궁금해서 던진 이 질문에 많은 사람이 공포감을 느낀다. 무엇을 말해야 할지 갈팡질팡하기 일쑤고 사람들이 자신을 뭐라고 생각할지 두려움만 앞서기 때문이다.

두려워할 이유는 없다.

8장의 내용을 소개하기 위해 내가 겪은 예화를 하나 들려주겠다. 나는 자기소개 문제를 다룰 때 노스웨스턴대학교 켈로그 경영대학원에서 공부를 갓 시작했을 때의 이야기를 들려준다. 대학원에 입학하고 나서 맞은 첫째 주에 여러 원우들이 내게 웃으며 손을 흔들었다. "안녕하세요, 에스더 선생님!"

그런데 문제는 당시 내가 그들의 이름은커녕 얼굴조차 '전혀' 몰랐다는 것이다! 술을 마시는 것도 아니고 안면인식 불능증이 있던 것도 아닌데 말이다. 그래서 나는 그들을 처음 본 사람들이라고 결론 내렸다. 그런데 저 사람들은 어떻게 나를 알았던 것일까?

내게 인사한 원우 몇 명과 대화를 나눠보고서야 알게 되었다. 내가 수업 중에 질문을 하도 많이 해서 나를 알게 되었다고 했다. 그중 한 사람은 "저번에 순현재가치 계산 문제를 다룰 때 질문을 많이 해줘서 정말 고마웠어요."라고 말하기도 했다. 질문해줘서 고맙다는 사람들을 만나게 될수록 내가 깨닫게 된 것이 있었다. 바로 수많은 학생들이 강의를 이해하지 못하고 있다는 사실이었다.

재정학과 회계학, 마케팅 용어 때문에 미쳐버릴 것만 같았었는데, 나만 그런 줄 알았다. 능력 있는 학생들 사이에서 도강하고 있는 기분이 들기도 했고 어떨 때는 '입시 오류' 때문에 내가 잘못 뽑힌 게 분명하다는 생각이 들기도 했다!

그러던 중에 원우들이 내 의구심을 불식시켜줘서 얼마나 기뻤는지 모른다. 대다수 학생이 질문만 하지 않았을 뿐 실은 모두 나와 같은 기분이었던 것이다. 그런 상황에서는 "이해가 잘 안 돼서 그러는데 다시 한번 설명해주시겠어요?"라고 질문해줄 나 같은 사람이 필요했던 것이다.

8장에서는 "자기소개해보세요"라는 질문에 대응하는 법을 다룬다. 당신과 당신의 청중을 연결해줄 스토리로 자기 자신을 소개하는 법을 익힘으로써 이후에 똑같은 질문을 받게 될 때 오히려 자기소개를 부탁해줘서 고맙다고 말하게 되는 것을 목표로 삼는다.

상대방에게 호감을 주는 자기소개를 하라

비즈니스계에서 "자기소개해보세요"라는 질문을 결코 피할 수 없기에 이에 대해 어떻게 답변하는지가 중요하다. 자기소개를 매력적으로 하면 대화의 분위기를 올바르게 이끌 수 있다. 또 진실하고 믿을 수 있는 사람이라는 인상을 주게 되므로 설득력이 높아진다.

그리고 이때 필요한 것이 바로 호감이다. 로버트 치알디니가 사회적 영향력에 관해 연구한 바에 따르면 사람은 자신과 비슷하다고 생각되는 사람을 좋아하는 경향을 보일 뿐만 아니라 더 친밀한 관계를 형성할 가능성이 높으며 그런 사람들의 말에 잘 설득된다고 한다.[1] 누군가가 당신에게 자기소개를 부탁한다면 이는 그 사람과 당신 사이에 공통점이 있음을 보여줄 절호의 기회다(내가 켈로그 경영대학원 신입생 때 겪은 스토리를 들려주는 이유이기도 하다. 질문하고 싶어도 정작 하지는 못하고 질문해준 사람에게 고마워하는 이들이 많기 때문이다). 물론 무작정 공통점만 찾아내라는 뜻은 아니다. 다만 자기소개도 전략적으로 해야 듣는 이에게 울림을 줄 수 있다는 뜻이다.

켈로그 경영대학원의 로렌 리베라 부교수는 면접관들이 자기 자신을 떠올려 보게 하는 지원자들에게 높은 점수를 준다는 사실을 밝혀냈다.[2] 다시 말해 면접관이 "자기소개해보세요"라고 요청하는 참뜻은 "당신 이야기를 듣고 나의 모습을 떠올릴 수 있는 자기소개를 해보라"는 것이다. 그러므로 상대방이 자기 모습을 떠올리도록 자신을 소개할 수만 있다면 당신은 면접관 마음에 꼭 드는 호감 가는 인물에 한 걸음 가까워질 것이다.

면접관이 자기 모습을 떠올리게 만드는 방법은 아주 다양하다. 자신의 성격이나 성장배경을 소개할 수도 있고 더 나아가 비즈니스 쪽으로 어떤 노력을 했는지 알릴 수도 있다. 당신이 사전에 면접관의 약력을 보니 다양한 커리어를 거쳐온 사람이라는 것을 알게 됐다고 가정해보자. 이런 경우 당신이 겪은 커리어 상의 우여곡절을 소개한다면 면접관과 유대감을 더 강하게 형성할 가능성이 커진다. 면접관이 당신의 커리어를 인정하고 해당 직무에 적합하다고 생각할 수도 있기 때문이다. 로렌 리베라 교수는 일류 법률회사 면접에서 한 지원자가 면접관과 깊은 유대감을 형성한 사례를 논문에 실었다. 면접관이 홀로 아이를 키우고 있다는 사실을 알게 된 지원자는 홀어머니 밑에서 성장한 자기 경험을 말하며 홀로 자신을 키워준 어머니께 감사한다는 말을 전함으로써 친밀감을 형성했다. 둘 사이에 유대감을 형성해준 것은 홀어머니에 관한 공통된 경험뿐만이 아니라 '스토리'였다. 청중에게 친숙하거나 청중이 실제로 경험한 스토리를 적절하게 전달할 때 친밀감은 최고조로 올라간다. 이때 2장에서 소개한 다섯 가지 비즈니스 플롯을 활용하면 상호이해와 호감을 증진하는 데 큰 효과를 볼 수 있다.

물론 호감의 효과는 구직 면접에만 국한되지 않는다. 이를테면 자산운용사가 서비스 공급업체로 선정되기 위해 최선을 다해야 하는 상황에서도 호감 얻기 전략은 효과를 발휘한다. 다시 말하지만, 상대방에게 선택되어야 하는 모든 상황에서 "자기소개해보세요"라는 요청이 왔다면 이것은 커다란 기회다. 상대방과 공통으로 가진 경험과 스토리를 내세울 절호의 기회다. 당신이 구직 면접을 보든, 새로운 사업을 위해 자금을 마련해야 하든, 새로운 잠재고객을 만나든 자기 자신을 매력적으로 소개해야만 상대방과 의미 있는 관계를 맺을 가능성이 커진다.

상대방이 공감해줄 스토리를 어떻게 선별할까?

상대방이 당신의 말을 듣고 자신과 비슷한 점을 발견할 가능성을 높이기 위해서는 앞서 설명했듯 사전에 그 사람에 관해 최대한 많이 알아두는 게 좋다. 하지만 온라인상에 모든 정보가 공개돼 있다 해도 언제나 상대를 파악할 수 있는 것은 아니다. 조만간 만나게 될 사람의 이름조차 알지 못하는 경우라면 그 정보들은 모두 무용지물일 뿐이다.

이처럼 상대방에 관한 정보가 전혀 없을 때 공감을 끌어낼 만한 스토리를 어떻게 선별할 수 있을까? 첫 번째는 보편성이다. 즉 누가 들어도 공감할 스토리를 찾는 것이다. 이때 명심할 점은 당신이 만날 회사 면접관이나 고객, 투자자가 당신에게서 자신과 완전히 똑같은 모습을 보고 싶어 하지는 않는다는 사실이다. 그러니까 예를 들어 상대방이 동굴탐험을 좋아한다는 사실을 대화 중에 알게 됐다고 해서 똑같아 보이려고 당신도 동굴탐험을 좋아한다고 말하지는 말라는 뜻이다. 이는 오히려 반감만 살 뿐이다. 보편성을 따르라는 것은 당신이 전달한 스토리를 듣고 상대방이 공통의 스토리를 떠올리게 만들라는 뜻이다. 예를 들어 출장이 잦은 회사에서 면접을 본다면 공통 관심사를 찾기 위해 (외국 근무 경험 등) 다양한 문화를 접해본 경험과 그것을 통해 배운 것에 대해 스토리텔링 할 수 있다.

또한 대화를 나누고 있는 상대방에 관해서 즉석에서 얻은 정보가 있다면 어떤 것이든 활용하여 가장 효과적인 스토리를 떠올리도록 노력하라[3](상대방의 관심사, 사무실에 있는 사진, 문화적 배경, 의상 취향 등 어떤 정보든 활용하라). 예를 들어 면접관이 스포츠나 고양이 사진을 많이 가지고 있다면 그와 관련한 당신의 스토리를 전달해보는 것이다. 때로는 가장 단순한 방법이 가장 효과가 큰 법이다.

수업 중에 손을 들어 질문하던 그때 경험을 통해 나는 혼자가 아님을 깨달았다. 그전까지만 해도 나는 헛된 열등감 때문에 외로움을 느꼈다. 남들보다 지식수준이 낮아서 복잡한 강의 내용을 이해하지 못한다고 생각했고, 유독 나만 그런 줄 알았다. 하지만 나만의 고충이라 치부했던 경험을 남들에게 털어놓고 나면 그것이 누구나 겪는 공통적인 경험임을 깨닫는 경우가 많았다. 스토리는 인간의 경험을 이어주는 실타래이며 잘 풀어낼 경우 남들과 나를 끈끈하게 이어주는 강력한 도구라는 것을 명심하자.

3막 법칙을 활용하라

청중에게 반향을 일으킬 만한 주제를 선정하였다면 그다음은 선정한 스토리를 목적에 맞게 구조화하는 것이 중요하다. 인간이 공통으로 좋아하는 스토리들 가운데 역경을 극복하며 문제를 헤쳐나가는 스토리만한 것도 없다. 그러므로 역경 극복 스토리를 예로 들어보자. 대다수 사람은 역경을 극복한 스토리를 들으면 현재의 위치까지 올라오기 위해 애써온 자기 자신을 떠올리며 이야기 속에 자신을 대입한다. 그래서 역경을 헤쳐온 경험담을 좋아한다.

듣는 사람의 관심을 붙잡기 위해서는 스토리 속에 힘든 난관을 극복하거나 골치 아픈 문제를 해결해가는 생생한 과정이 들어 있어야 한다.

장애물 없는 스토리는 스토리라 부르기 힘들다. "문제가 있었는데 금방 해결했어."라는 식의 전개는 하품만 나오기 때문이다.

극복하기 어려운 장애물에 부딪쳤던 스토리를 선별했다면 청중에게 가장 큰 울림을 주기 위해 그 스토리를 어떻게 구조화할지 고민해야 한다. 다행인 것은 스토리의 기본적인 구조를 짜느라 너무 깊이 고민하지 않아도 된다는 점이다. 1장에서 다룬 3막 법칙의 구조를 활용하면 된다. 3막 구조 속에 이미 모든 고민이 녹아 있다. 한 가지 명심할 것은 역시 1장에서 살펴보았던 훅의 중요성이다. 이야기에 훅을 설치하면 청중이 당신의 스토리와 그 속에 담긴 메시지를 궁금해하게 된다. 잘 만든 훅 하나가 청중을 귀 기울이게 만든다(참고로 훅을 만드는 방법으로 갈등, 대조, 모순이 있다고 1장에서 소개했다). 1막에 매력적인 훅을 심어놓으면 청중은 2막에서 무슨 일이 일어나는지 알고 싶어 안달하게 된다. 2막은 스토리 전체의 중간 부분이자 대개 이야기의 여정 중에서 가장 복잡한 부분이다.

1막부터 3막까지 중요하지 않은 막은 없겠으나 3막이야말로 해야 할 일이 많은 막이다. 청중을 당신 이야기의 최종 목적지로 이끌 절호의 기회이기도 하다. 즉 이야기 취지에 공감하도록 만들 기회인 것이다. 따라서 3막에서는 스토리를 이런 식으로 마무리해야 한다. "…그 결과로 이 자리에 오게 되었고 여러분과 대화를 나누게 된 것입니다."

혹은 (벤처회사를 세우기까지 극복해야 했던 장애물과 청중이 관심을 가져야만 하는 이유를 세세하게 설명한 뒤라면) "그렇기 때문에 저희 벤처회사에 투자하시면 좋은 기회가 생길 겁니다."라는 식으로 말이다. 요컨대 당신이 스토리텔링 하는 이유를 청중이 알아야 한다. 3막은 단순히 스토리가 끝나는 지점이 아니다. 해당 스토리를 현재 상황에 대입해서 당신이 청중에게 가져다줄 가치를 보여주는 지점이 바로 3막인 것이다.

명심하라. 스토리를 구조화할 때는 지나침보다 모자람이 낫다. 관련성이 떨어지는 정보를 가차 없이 배제하라. 그렇다면 관련 없는 정보를 어떻게 구별해낼 수 있을까? 1막에서 3막까지 이어지는 스토리의 주제를 생각해보면 된다. 주제가 스토리의 핵심이기 때문이다. 스토리의 주제가 명확하면 상관없는 정보들을 어렵지 않게 솎아낼 수 있다. 만약 켈로그 경영대학원에서의 내 경험을 상대방에게 소개한다면 스토리의 결말을 이야기해준 뒤 모르는 것이 있으면 이를 인정하고 도움을 요청하는 용기를 갖자는 메시지로 스토리 결말과 이야기의 취지를 연결할 수 있을 것이다.

지금부터는 자기소개 스토리의 구체적인 예시를 살펴보겠다. 전형적인 3막 구조를 갖춘 것을 몇 가지 골라보았다. 각각의 스토리마다 무엇이 잘 됐고 무엇을 더 보충해야 하는지 분석해보도록 하자.

그게 정말 그렇게 간단했을까?

지금부터 소개할 스토리는 시카고의 베테랑 자산관리사인 앤디 힉의 자기 소개문이다. 그가 이직 면접을 준비할 때 우리 두 사람은 '자기 소개를 해보세요'에 대한 훌륭한 답을 찾기 위해 힘을 모았다. 충실한 '자기소개' 스토리를 만든 결과 앤디 힉은 다른 회사의 상무이사 자리로 이직할 수 있었다.

....

일리노이주에서 고등학교에 다니던 중 정원 잔디 관리회사에서 허드렛일을 한 적이 있습니다. 제 고객분들 중 한 분이 월스트리트에 있는 종합 증권회사, 키더 피보디 증권의 임원이자 예일대학교 시카고 지역 동문회장이셨는데 매년 자격 조건을 갖춘 예일대학교 학생들을 선발해 시카고 옵션 거래소 인턴 자리를 마련해주던 분으로 유명했습니다. 그리고 시카고 옵션 거래소는 제가 꼭 일하고 싶은 곳이었습니다.

고등학교 졸업을 몇 개월 앞두고, 일리노이대학교에 합격한 상태라 예일대학교와 아무 상관도 없었지만 저는 그분께 전화를 걸어 시카고 옵션 거래소에서 꼭 일해보고 싶다고 말씀드렸습니다. 그리하여 저는 그곳에서 일할 수 있게 되었고 그 후 키더 피보디 증권으로 옮겨 대학 시절 내내 유사한 실무 경험을 쌓을 수 있었습니다. 제 커리어의 출발점이었습니다.

대학교 4학년 때 기업을 가리지 않고 입사 지원을 하고 면접을 보았으나 결국 제 마음을 가장 강렬하게 사로잡았던 곳은 오코너 앤드 어소시에이츠 단 한 곳뿐이었습니다. 오코너 앤드 어소시에이츠는 제가 시카고 옵션 거래소와 시카고 거래소에서 일하던 중에 알게 된 곳입니다. 오코너 앤드 이소시에이츠는 자기자본 주식옵션 거래 방면에서 크게 성공한 기업인 데다 최초로 블랙-숄즈 옵션가격모델을 활용해 옵션의 가치를 평가한 기업 중 한 곳이었기에 저는 그곳에서 무척 까다로운 면접 과정을 거쳐 입사한 뒤 본격적으로 옵션거래 경력을 쌓기 시작했습니다.

그리고 시카고 옵션 거래소 밑바닥에서 잔심부름만 하던 저는 오코너 앤드 어소시에이츠에서 13년간 근무하며 수십억 달러 규모의 장외 주식파생상품 거래 장부를 운용하는 상무이사로 성장했습니다.

제가 처한 현재 상황을 고려할 때 저는 어려웠던 그 시절을 돌이켜봅니다. 기회를 인식하고 추구해가는 노력이 얼마나 중요한지 다시금 되새겨봅니다. 사람들은 대개 도움을 원합니다. 기회를 얻고자 합니다. 하지만 간청하지 않으면 기회는 오지 않습니다. 기회란 것이 슬그머니 찾아와 내 문을 두드려 주지는 않을 테니까요.

첫 번째 예시에 대한 분석 내용:

1막: 글의 첫머리가 아주 훌륭하다! 몇 마디의 말로 단순하면서도 효과적으로 자신의 배경을 설명했다.

2막: 두 번째 단락만 놓고 보면 마치 앤디 힉이 한 일이라고는 그저 영향력 있는 인물에게 일자리를 부탁해서 일을 시작한 게 전부인 것 같다. 당신도 느꼈겠지만, 그 과정이 정말로 그렇게 단순했을까? 현재 입장에서 돌이켜보면 간단하다고 느낄 수도 있다. 하지만 청중의 입장은 다르다. 그래서 자세하게 써야 한다. 자신이 실제로 취한 행동을 조금이라도 설명해 줘야 당신이 어떤 장애물을 극복했는지 청중이 알게 되고, 그 결과 당신의 특징을 더 자세하게 파악할 수 있기 때문이다.

3막: 마지막 단락에서 글을 훌륭하게 마무리 지었다. 이보다 좋은 방법이 떠오르지 않을 정도다. 하지만 딱 한 가지만 조언하자면 자기소개의 결말은 해당 스토리를 전달하는 이유와 반드시 이어져야 한다. "그 스토리의 결과로 이 자리에 오게 되었습니다."라거나 "그렇기 때문에 제가 해당 분야에…." 등으로 마무리하여 청중에게 스토리가 끝났음을 알리는 동시에 본인이 정확히 무엇을 원하는지 전달해야 한다.

청중이 누구냐에 따라 세부적인 자기소개 내용은 바꿀 수 있다. '블랙-숄즈 옵션가격모델'은 앤디 힉이 마주해야 할 청중에게 자신의 권위를 세워줄 만한 훌륭한 글감이었다. 만일 그의 청중이 비전문가 집단이나 기업 내의 프로젝트팀이었다면 자신의 권위를 세우기 위해 다른 내용을 설명했을 것이다. 명심하라. 스토리텔링의 중심에는 당신이 아니라 당신의 청중이 놓여 있어야 한다.

3막이 없어도 되는 자기소개

지금부터는 《괴짜 경제학》을 비롯한 다수의 베스트셀러 작가이자 상까지 받은 팟캐스트, 〈괴짜 경제학 라디오〉를 진행하는 스티븐 더브너의 스토리를 예로 들겠다. 스티븐 더브너가 《괴짜 경제학》을 공동 집필한 스티븐 레빗 시카고대학교 교수와 함께 미네소타 세인트폴에서 라이브 쇼를 진행할 때 그는 자신의 프로그램을 소개하며 가족과 겪은 스토리를 들려주었다.[4]

・・・・・・・・・・・・・

저는 어릴 적 뉴욕주 도시 외곽의 작은 농장에서 조금은 특이한 가족 밑에서 자랐습니다. 우리 집은 가난했어요. 아버지는 신문기자셨어요. 닭을 키우는 작은 농장이 있었고 마당은 넓었죠. 가난했지만 모두가 가난했던 시절이었기에 가난한 줄도 몰랐어요.

물론 돈이 부족하긴 했지만 우리 집에 가장 필요한 건 돈이 아니었어요. 대가족으로 살던 우리 집에, 그리고 특히 여덟 형제 중 막내로 태어나 집에서 가장 어렸던 제게 필요했던 건 부모님과의 시간뿐이었어요. 특히 저는 아버지와 보내는 시간이 극히 드물었거든요.

그러던 어느 날, [아버지께서] 시내에 있는 기비스 다이너라는 식당에 절 데리고 가셨어요. 아버지와 식당에 들어가 카운터 앞자리에 앉았습니다. 그날 제가 먹은 건 기억이 안 나는데 아버지가 드신 건 생생히 기억나요. 커피에 아이스크림 한 덩어리를 넣어 드셨거든요. 그땐 어려서 그게 별 대수롭지 않았는데 지금 생각해보면 아주 기발한 본인만의 메뉴였던 거죠. 커피와 유제품과 설탕과 바닐라를 한 컵에 다 담은 셈이죠. 스타벅스가 없던 시절에 아버지께서는 이미 스타벅스 메뉴를 창안하신 거예요.

아버지와 나란히 카운터 자리에 앉아 카운터에 있던 거울을 보니 우리 뒤로 식당 안이 훤히 보였어요. 아버지는 "지금부터 '관찰력'에 대해 알려줄게."라고 입을 떼시더니 이런 말씀을 하시더군요.

"지금부터 한 5분 동안 주변을 잘 살펴봐. 주위를 눈으로 살펴보고 냄새도 맡으면서 샅샅이 살펴보는 거야." 대체 뭘 하려고 이러시나 하는 생각이 들었지만, 아버지와 함께 있는 게 마냥 좋아 아버지가 시키는 대로 했죠.

그리고 몇 분 후 아버지께서 "좋아, 이제 눈 감아봐."라고 말씀하시더라고요. 그래서 눈을 감으니 이번에는 "잘했어, 자, 웨이터는 앞치마가 무슨 색깔일까?" 물으셨죠. 제가 "흰색이요?"라고 대답하니 "에이, 추측하지 말고 정확히 맞혀봐." 그러시더라고요. 저는 "흰색이요!" 라고 외쳤고 아버지는 그제야 정답이라 하셨죠.

"우리가 관찰력 게임을 시작한 후에 지금까지 주차장에 차가 몇 대나 들어왔을까? 반대편에 있는 아저씨는 무슨 색 셔츠를 입고 있을까?" 그런데 아버지는 거기서 끝낼 생각이 없었어요. 그러니까 겁이 나더군요. 질문이 계속 이어지니 저는 변변치 않은 관찰력에 한계를 느꼈어요.

"이제 눈 떠봐, 다시 시작해보자." 아버지와 저는 관찰력 게임을 이어나갔고, 전 계속 겁이 났어요. 하고 또 하고, 하고 또 했죠. 그런데 그렇게 20분쯤 지나고 보니 관찰력이라는 게 늘어 있었어요. 그날 깨달았죠. 아, 기억력이라는 게, 아니면 적어도 관찰력이라는 게 근육 같은 거구나. 근육처럼 키울 수 있고 모양도 바꿀 수 있는 거구나. 제가 지금 가진 관찰력은 타고난 게 아니에요. 그날 저희 아버지가 시켰던 일을 오랫동안하고 나니 세상을 살펴보며 무슨 일이 일어나는지 볼 수 있게 되었고 이를 글로써 설명할 수 있게 된 거죠. 그게 다예요. 그리고 그게 곧 저고요. 그리고 무엇보다 저는 그 일이 너무 좋아요.

두 번째 예시에 대한 분석 내용:

청중이 공감해줄 스토리: 부모님과 일대일로 뜻깊은 시간을 보냈던 기억을 성인 대부분은 따뜻하게 기억하고 있을 것이다. 스티븐 더브너는 자신의 유년기 스토리를 들려줌으로써 청중과 스토리를 무척이나 가깝게 이어줬다. 또한 스티븐 더브너는 관찰력을 키울 수 있게 만들어준 아버지와의 사적인 대화를 청중에게 들려줬다.

스토리텔링을 하는 상황: 상황이 가장 중요하다. 스티븐 레빗 교수와 함께 경제학 연구를 통해 '모든 것에 숨어 있는 짜릿한 사실들'을 책으로 쓴《괴짜 경제학》과《슈퍼 괴짜 경제학》이 스티븐 더브너 하면 가장 먼저 떠오르는 것이었기에 청중은 '어떻게 그렇게 예리하게 관찰할 수 있는지' 궁금해하는 상황이었다. 그리고 스티븐 더브너는 상황에 걸맞게 스토리로 화답했다.

1막: 스티븐 더브너는 부모님과 단둘만의 시간을 갖지 못했다는 사실로 혹을 설치하며 자신의 배경을 설명했다. 결핍이라는 장애물을 이야기의 출발점으로 삼은 것이다.

2막: 스티븐 더브너는 아버지에게 관찰력을 배웠던 때를 청중에게 설명했다.

3막: 이 소개문에는 3막이 없다. 스티븐 더브너가 관찰력 덕분에 지금까지 아주 많은 덕을 봤다고만 주장하며 자기소개를 끝맺었다. 위 상황에서는 3막이 없어도 무방하다. 스티븐 더브너를 만나러 온 청중이 그를 진작부터 잘 알던 팬들이기 때문이다. 그렇기 때문에 3막에서 왜 자신이 청중 앞에 섰는지 스티븐 더브너는 구태여 설명할 필요가 없었다. 청중은 '세상을 살펴보며 무슨 일이 일어나는지 볼 수 있는 능력과 더불어 이를 글로써 설명할 수 있는 능력'을 겸비한 스티븐 더브너에게 자기가 무슨 말을 듣고 싶은지 스스로 잘 알고 있었다. 그렇기 때문에 스티븐 더브너는 굳이 스토리와 현재 상황을 연결할 필요가 없었다.

하지만 스티븐 더브너가 자신을 잘 모르는 사람들에게 자기소개한다면 "그 스토리의 결과로 제가 이 자리까지 오게 되었고, 또 여러분도 뵙게 된 것입니다."라고 말하며 스토리의 결말과 현재 상황을 분명하게 이어주는 3막을 짧게라도 자기소개에 넣었을 것이다.

개인의 경험으로 상대방을 설득하는 자기소개

켈리 스탠딩은 작가, 강연자, 연설문 작성자이며 그 외에도 다양한 활동을 하고 있다. 기업가다 보니 구직 면접을 볼 필요는 없지만 켈리 스탠딩은 종종 잠재고객들에게 자기소개 부탁을 받는다. 켈리 스탠딩의 자기 소개문을 살펴보자.

....

제 삶에는 시련이 많았습니다. 아주 많았죠…. 하지만 여러분께서 앞으로 누구를 만나도 저만큼 행복하고 회복력이 좋은 사람은 못 만나실 거예요. 제 인생은 어려서부터 혹도 많이 나고 멍도 많이 들었죠. 제가 여섯 살 때는 동네 불량배가 제 줄넘기를 뺏어 나무에 제 목을 매달았어요! 그 남자는 절 내버려 두고 떠나버렸고, 전 땅바닥에 닿을까 말까 허공에 뜬 채로 죽어가고 있었죠.

천만 다행히도 때맞춰 저희 아버지가 절 발견하고 구해주셨죠.

저희 아버지도 분명 속으로는 그런 상황이라면 누구나 했을 만한 질문을 했을 거예요. "어떤 놈 짓이야?", "어디로 도망친 거야?", "야구방망이 어디 있어?", "빨리 그 자식을 찾아 쥐도 새도 모르게 두들겨 패줘야 하는데…."

하지만 이글 스카우트*인 아버지는 훨씬 더 가치 있는 질문을 했어요. 그놈을 두들겨 패고 문제를 더 키우는 대신 아버지는 어떻게 하면 저를 온전히 지켜줄 수 있을지를 고민했던 거예요. "우리 딸이 앞으로 이날을 어떻게 기억할까?"라는 질문을 자신에게 던지신 거죠. 모든 것을 자제하며 그 순간에 진짜로 제게 중요한 게 뭔지에 오롯이 초점을 맞추셨어요.

"켈리가 자신을 희생자라고 생각하게 될까? 나무를 볼 때마다

---

* 미국 보이 스카우트의 최고 등급

불량배가 뒤에 숨어서 목매달 준비를 하고 있을 거라 느끼는 건 아닐까…. 어떻게 하면 내 딸이 인생에서 무엇을 마주치든 이겨 낼 수 있다고 생각하게 될까? 역경에 굴하지 않고 다시 일어서는 강한 사람이 될 수 있을까?"

아버지의 질문 덕분에 제 모든 것이 달라졌어요. 그날 아버지 는 제게 확신을 주셨어요. "너는 우리 동네에서 가장 운이 좋은 아이야.", "네가 가진 상처들이 너를 훨씬 아름답게 만들어줄 거 야. 네가 가진 상처들이 곧 너만의 스토리가 된단다." 아버지께서 는 그날 이후로도 여러 가지 상황 속에서 제게 똑같이 질문하셨 어요. "너 자신을 희생자로 볼 거니, 아니면 다시 일어설 수 있는 강한 사람으로 볼 거니? 지금 네가 겪고 있는 문제를 통해 배울 수 있는 점은 뭘까?" 하고 말이죠. 이후에 저는 적시 적소의 훌륭 한 질문은 사람의 인생을 바꿔놓을 수 있다는 것을 깨달았어요.

그때의 경험으로 저는 올바로 질문하는 법을 배웠어요. 이후 미주리대학교 언론대학에 진학해 훨씬 더 가치 있는 질문을 던지 는 법을 배웠고, 이제는 이렇게 고객들에게 도움을 드리고 있어 요. 저는 언론인의 호기심과 이글 스카우트의 임기응변으로 고객 이 처한 비즈니스 문제들을 바라볼 수 있게 되었습니다. 고객이 자기 자신에 대해 새롭게 스토리텔링 할 수 있도록 도와드리고, 실패라고 치부해 버릴 수도 있을 고통스러운 문제 속에서 가능성 을 바라볼 수 있도록 도움을 드리고 있습니다. 제 고객들이 올바 로 질문할 수 있도록 돕는 것이죠. 아버지께서 나무에 매달린 저 를 발견했던 날 하셨던 것처럼요.

세 번째 예시에 대한 분석 내용:

훅: 부모에게는 자기 자식이 위험에 처하는 것만큼 악몽 같은 일
이 없다. 켈리 스탠딩은 자기소개를 시작하자마자 자신이 겪
은 너무나도 끔찍한 사건을 언급했다. 하지만 그 사건을 통해
그녀의 아버지가 숭고하고 차분하며 최고의 판단을 내릴 수
있는 분인 데다 가치 있는 질문을 할 수 있는 사람이란 것을
알려주었다. 또 그런 끔찍한 사건을 겪고도 자신의 아버지 덕
분에 오히려 더 강하게 성장할 수 있었던 과정을 들려주었다.

3막에서 가장 중요한 것은 **스토리의 결말과 이야기를 하는 현재
상황을 연결**하는 일이다. 이에 대해 켈리 스탠딩은 스토리를 마
무리하며 자신이 그러한 경험을 발판으로 고객들을 어떻게 도울
수 있는지 분명하게 설명했다. 스토리텔러가 자신의 경험을 자신
의 청중에게 전달할 수 있는 가치(켈리의 경우 올바로 질문하는
법)와 연결해낼 때 청중이 잊지 못할 훌륭한 스토리가 탄생한다.
1막과 3막 간의 명확한 연결고리가 필요하다는 말이다.

최저가 늘 최선은 아니다

나쁜 사람 때문에 죽을 고비를 넘겨야만 매력적인 스토리가 탄생하는
것은 아니다. 지금부터 대니 카를라일의 스토리를 들어보자. 에너지
회사에서 고위 임원으로 일하고 있는 대니는 멋들어지게 자기소개를
할 방법을 나에게 물어왔다.

저는 삼 형제 중에 막내로 태어나 유일하게 고등교육을 마쳤습니다. 큰형님은 대학에 지원조차 하지 않았고 작은형님은 중퇴했던 터라 부모님께서는 저만큼은 꼭 대학을 졸업하길 바라셨습니다. 부모님이 보시기에는 제가 마지막 희망이었죠. 그래서 저희 아버지께서는 "나처럼 몸으로 먹고살지 않으려면 공부로 성공해야 한다."고 늘 말씀하셨죠.

그 덕에 저는 목표만 바라보고 경쟁하는 성격이 되었습니다. 학교를 수석으로 졸업하고 싶었고 어떤 시험에서도, 졸업 후 커리어에서도 언제나 이기고 싶었습니다. 제가 에너지 회사에서 조달 업무를 맡게 됐을 당시 다국적기업들을 대상으로 입찰을 진행하게 되었습니다. 처음으로 하게 된 일이었죠. 저는 공급업체 간 경쟁을 유도했습니다. 구매자였던 제가 판매자보다 유리한 입장이었기에 저는 가격을 후려치려 했습니다. 그렇게 협상을 진행하던 중 직속 상사였던 분께 조언을 듣게 되었습니다. 장기적으로 봤을 때 최저가 늘 최고는 아니라고 말하더군요. 어떤 거래에서건 양측 모두가 무언가를 얻었고 앞으로도 지속할 수 있다는 느낌을 받는 것이 중요하다고 하면서요.

저는 그때 얻은 교훈을 뼛속 깊이 새겨두었습니다. 우리는 모두 일상에서, 또 직장에서 날마다 협상을 합니다. 지금의 저는 협상에 임하는 매 순간 서로가 '윈-윈'해야 한다고 믿고 있습니다. 그리고 상대방의 입장에 서서 그들이 원하는 바가 무엇일지 그들의 눈으로 보고자 노력합니다. 형제간의 관계든 기업 간의 관계든 이럴 때 비로소 지속 가능한 관계가 형성되기 때문입니다.

네 번째 예시에 대한 분석:

훅: 대니 카를라일의 스토리를 듣고 청중은 각자 자신의 스토리를 떠올렸다. 대니 카를라일은 두 명의 형을 둔 막내로서 아버지께 자랑스러운 아들이 되고 싶었다는 어릴 적 바람을 소개하며 스토리를 열었다. 도입부를 듣자마자 청중은 자신의 어린 시절과 형제들, 그리고 가족으로부터 받은 영향을 떠올렸을 것이다. 대니 카를라일은 1막에서 아주 매끄러우면서도 효과적으로 자신이 경쟁적인 성격이 된 이유를 설명하고 뒤에서 그런 성격이 항상 좋은 결과만 내는 것은 아니었다는 점을 간접적으로 표현했다.

장애물 극복: 대니 카를라일의 스토리 속에는 일촉즉발의 위험은 등장하지 않는다. 하지만 이러한 부류의 이야기는 동질감을 불러일으키기 충분하다. (좋은 영향이든 안 좋은 영향이든) 모든 사람이 어릴 적 가족의 영향을 받아 무엇인가를 시작하기 때문이다. 하지만 대니의 스토리는 동질감을 주는 데서 그치지 않았다. 경쟁적인 성격의 대니 카를라일이 어떻게 태도를 바꾸게 되었는지 들으며 청중은 그의 진정한 변화를 신뢰하게 되었고 이런 변화 속에서 임원이 갖춰야 할 원숙함도 감지할 수 있었다. 또한 그의 발전적 변화는 이야기의 도입부와 잘 맞아떨어진다. 이 이야기에서 대니는 두 명의 아버

지에게서 조언을 듣는데 한 명은 도입부에 등장한 진짜 아버지이고 또 한 명은 그를 발전적 방향으로 이끌어준 상사이다. 갈등이 스토리라는 신경망의 중심이라면 변화는 그중에서도 핵이라 할 수 있다. 변화가 담겨 있지 않은 스토리는 활기도 없을뿐더러 공허하게 느껴진다.

스토리와 현재 상황 연결: '윈-윈'을 원하는 모든 동료, 상사, 고객, 공급업체, 팀원, 친구들 할 것 없이 모두에게 환영받을 만한 이야기다. 고로 대니 카를라일의 스토리를 들은 사람이라면 모두가 그와 함께 일하고 싶다고 생각했을 것이다.

자기소개 스토리텔링 연습하기

스토리가 떠오르기만 기다리며 텅 빈 모니터나 백지만 바라보고 있노라면 힘만 쭉쭉 빠지니 지금부터 공개하는 아웃라인을 따라보라. 큰 산처럼 보이던 스토리 만드는 일이 조금은 만만한 덩어리들로 보일 것이다. 1막이 끝나면 2막으로, 2막이 끝나면 3막으로 이어지는 순서에 매몰되지 마라. 뭐가 됐든 떠오르는 대로 적어보라. 스토리 채굴은 신기한 특징이 있다. 당신이 일단 전달하고자 하는 아이디어 혹은 관련된 이미지가 하나만이라도 떠오르면, 많은 경우 기억 속의 스토리가 넝쿨처럼 줄줄 따라 나오기 마련이다. 그러니까 영감이 떠올랐든 그렇지 않든 일단 시작해보는 게 가장 중요하다.

스토리에서 가장 중요한 것은 주제다. 그러므로 반드시 스스로 이렇게 질문하라. "내 스토리를 들은 청중이 내가 말한 내용을 전부 기억하지는 못하더라도 이것만큼은 꼭 기억해주길 바라는 내용은 무엇인가?" 전달하고자 하는 주제를 명확히 알고 있다면 일단 결말부터 작성하라. 주제를 정확히 숙지하고 있으면 숙련된 스토리텔러들조차 어려워하는 스토리 세부 사항을 다듬는 일이 훨씬 쉬워지기 때문이다.

명심하라. 스토리를 만드는 일은 스토리텔링의 '과정'이지 목적이 아니다. 스토리텔링을 완수하기 위해 각자 효과적인 방식대로 초안을 쓴 뒤 실제 청중 앞에 선 듯 가까운 친구나 동료들에게 테스트해보라. 이때 그들에게 청중의 입장이 되어 달라 부탁해야 하며 피드백을 받은 후에 스토리를 제련해야 한다. 아이디어가 더는 떠오르지 않거나 준비할 시간이 없어지는 그 순간까지 위 과정을 반복하라.

자기소개 스토리텔링을 위한 아우트라인

1막: 배경을 설정하라. 모두가 공감할 만한 자신의 경험에서 출발하되 훅을 심어라.

- 면접 볼 때: 면접자의 이름이나 배경을 사전에 모두 알아내기 어려운 경우에는 모두가 공감할 만한 경험 중 긍정적인 것을 골라 자신을 소개하라. 그리고 극복해야만 했던 장애물을 잊지 말고 포함하라.
- 아이디어를 발표할 때: 당신이 그 아이디어를 성공시킬 능력

이 있다는 사실을 돋보이게 해줄 스토리 중에서 모두가 공감할 수 있는 것을 선정하라.

● 기금을 모금할 때: 모두가 공감할 내용이면서도 당신의 대의명분이나 회사, 프로젝트에 기금을 제공하는 일이 얼마나 중요한지 강조할 수 있는 스토리에 초점을 맞춰라.

● 잠재고객을 만날 때: (강연자이자 작가로 활동하는 켈리 스탠딩처럼) 개인의 경험이 설득으로 이어질 수 있는 스토리를 선택하라. 당신이 고객에게 어떤 가치를 제공할 수 있는지 분명하게 보여줄 수 있는 경험이어야 한다.

● (스티븐 더브너가 부모님과의 시간이 부족했다고 고백했듯) 자기가 겪었던 중요한 장애물을 훅으로 만들어 1막 안에 심어라.

2막: 중요한 장애물을 극복한 과정을 처음부터 끝까지 설명하라.

● 잠재고객을 만나는 상황에서는 (켈리 스탠딩처럼) 개인의 경험이 설득으로 이어질 수 있는 스토리를 선택하라. 당신에겐 어떤 장애물이 있었는가? 그 문제로 당신 심정은 어떠했는가? 대니 카를라일의 경우 삼 형제 중에 자신만큼은 꼭 대학을 졸업하길 바랐던 부모님의 기대를 자신의 도전 과제로 여겼으며 '그로 인해 목표를 향해 경쟁하는 성격이 되었다'고 고백했다.

● 어떤 청중을 대상으로 하든 2막 끝에는 당신이 청중에게 전달하고자 하는 내용이 들어가야 한다. 예를 들어 대니 카를라

일은 자신의 성격이 목표지향적인 동시에 공정하다는 점을 청중에게 전달하고 싶었다. 따라서 그는 먼저 자신이 목표를 향해 달려가는 성격이라고 소개한 다음 '윈-윈'의 중요성을 깨닫게 된 경험을 언급하며 2막을 마쳤다.

● 당신은 장애물을 극복하기 위해 어떤 행동을 했는가? 카를라일의 경우 수석을 목표로 학업에 몰두했고, 졸업 후에는 목표를 향해 질주하는 자신의 성격을 충분히 발휘할 수 있는 분야에서 경력을 쌓았다.

●당신을 돕거나 방해한 사람을 만났는가? 그 사람에게 당신은 어떻게 반응했는가? 또 한 번 카를라일을 예로 들자면 그는 상사에게 딱 알맞은 시기에 훌륭한 조언을 듣게 되었다.

● 장애물을 극복하기 위해 당신이 취한 행동과 당신을 도와준 인물을 소개할 때는 당연히 모두가 공감할 수 있는 내용이어야 하며 당신이 청중에게 바라는 것과도 깊은 연관성이 있어야 한다.

3막: 문제를 해결한 방법과 스토리의 주제를 전달하라. 즉 청중이 당신에게 관심을 가져야 하는 이유를 호소력 있게 말하라.

● 당신의 스토리가 청중에게 어떤 의미로 다가갈지 고민하라. 대니 카를라일은 '혼자' 이기기보다는 '함께' 이겨야 한다는 자기 신념을 스토리에 담았고 그럼으로써 자신이 공정하게 협상할 줄 아는 뛰어난 리더라고 청중이 느끼도록 만들었다.

- 회사에서 면접을 보는 경우라면 스토리 3막에서 당신의 직무 적합도를 강조할 수 있어야 한다.
- 아이디어를 발표할 때는 그 아이디어를 당신이 충분히 수행해 낼 수 있다는 점을 스토리로 증명해 보여야 한다.
- 기금모금을 하는 경우 3막에서 당신의 사업이나 단체를 후원하는 일이 얼마나 중요한가를 보여줘야 한다.
- 새로운 고객들이나 거래처를 찾을 때는 청중이 당신에게서 무엇을 얻을 수 있는지 3막에서 설명하라(켈리 스탠딩의 경우가 이런 식으로 3막을 활용한 훌륭한 예시라 하겠다).
- 청중에게 어떤 주장을 할 것인가 고민하라. 대니 카를라일의 경우 그의 업무 수행 방식에 영향을 끼쳤던 잊지 못할 상사의 교훈을 소개했다. 자신의 청중(새로운 동료들)에게 자신이 윈-윈하는 동료임을 전달하고 싶었기 때문이다. 청중이 당신의 스토리를 듣고 무엇을 알고 싶은지, 또 그들이 어떤 생각을 하길 원하는지 당신도 고민해보라.

자신의 스토리를 테스트하라

스토리를 완성했다면 시험 운전이 필요하다. 친구나 동료에게 당신의 스토리를 전달한 뒤 다음과 같이 질문하라.

- **어떤 내용이 기억에 남았나요?** 필수 질문이다. 대부분의 사람이 매일 쏟아지는 새로운 정보를 받아들이며 살기 때문이

다. 당신의 스토리에서 기억에 남는 부분을 모두 말해달라고 부탁해보라. 사실 사람마다 남의 말을 듣고 기억하는 내용은 모두 제각각이다. 그렇기 때문에 상대방이 무엇을 기억하고 있는지, 무엇을 기억 못 하는지는 직접 물어보는 수밖에 없다. 이런 식으로 상대방의 피드백을 모으면 생각지 못한 유용한 정보도 얻을 수 있고 청중이 꼭 기억해주었으면 하는 부분을 다시 다듬을 수도 있다.

- **소감을 말씀해주시겠어요?** "사람들은 당신에게서 받은 느낌만큼은 잊지 않는다"고 했던 마야 안젤루의 말을 기억하는가?[5] 당신의 스토리를 듣고 청중이 어떤 느낌을 받았는지 물어보라. 실제로 전한 말의 내용보다 감정이 더 오랫동안 가슴속에 남기 때문이다. 상대방에게 소감을 물어보는 이유는 모의 스토리텔링을 듣고 상대방이 내 주장에 이끌렸는지, 그리고 내 스토리를 듣고 상대방이 자신의 경험을 떠올렸는지 확인해보기 위함이다. 당신의 스토리가 논리정연하지 않았다면 상대방은 한참 전부터 시계만 보며 당신이 스토리텔링을 언제 마치나 하는 생각만 하고 있었을 것이다. 반면 당신의 스토리에 호기심이 일었다면 상대방은 궁금했던 내용을 빨리 물어보고 싶어 입이 근질근질할 것이다. 실제로 회사에서 면접을 보든, 친목 대화를 나누든 상대방이 질문하도록 만드는 것이 이상적이다. 그래야 스토리텔링이 끝난 후에 대화가 이어지기 때문이다. 그러므로 이제 상대방에게 아래 질문을 직접 던져보라.

● **궁금한 점 있으신가요?** 당신은 반드시 스토리의 목적에 걸맞은 질문을 상대방에게서 끌어내야 한다. 아직 어설픈 초고 대본을 듣고서 상대방이 질문을 쏟아내길 기대하긴 어려울 것이다. 하지만 몇 가지라도 질문한다면 당신이 스토리텔링을 제대로 하고 있다는 뜻이다. 만일 상대방이 당신의 스토리를 듣고 많은 질문을 던진다면 당신이 끌어낸 그 질문들을 반드시 평가해봐야 한다. 질문들이 당신의 주장으로 이어지는지 연관성을 평가하라. 켈리 스탠딩을 예로 들자면 그녀의 스토리를 들은 잠재고객들이 이렇게 질문했을 수 있다. "언론인의 호기심과 이글 스카우트의 임기응변으로 비즈니스 문제를 바라본다고 하셨는데 그와 관련한 실제 경험 좀 이야기해주시겠어요?", "저희는 이런 문제를 해결해줄 분을 찾고 있습니다. 켈리 스탠딩 씨라면 어떻게 해결하시겠어요?" 잠재고객들로부터 이런 질문들이 나왔다면 켈리 스탠딩은 내심 기뻤을 것이다. 그들의 질문이 자신의 주장과 맞닿은, 바라마지 않던 질문이었으니까.

옛말에 말을 물가에 데려갈 수는 있어도 물을 마시게 할 수는 없다고 했다. 지금까지 살펴본 스토리들이 이 속담에 딱 들어맞는다. 예로 들었던 인물 중에 왜 자신을 선택해야 하는지, 왜 자신을 고용해야 하는지 혹은 왜 내 아이디어에 투자해야 하는지 그 누구도 직접 표현하지 않았다. 다만 자신을 알리고 설득하기 위해 자기소개 스토리텔링하는 근본 목적을 분명하게 표현했다.

물론 스토리텔링이 논설문처럼 자신의 주장을 펼치는 활동은 아니지만, 스토리텔링 역시 궁극적으로는 상대를 설득하기 위함이다. 그러므로 당신이 전달하고자 하는 메시지가 정확하게 상대방에게 전달될 수준에 이를 때까지 동료들의 피드백을 받으며 스토리를 제련하라. 당신의 메시지가 정확하게 전달되었는지는 상대방의 반응과 질문을 보면 알 수 있다.

지금까지 당신에게 관심을 가질 이유가 있는 사람들이 '자기소개'를 부탁할 때 어떻게 자신에 대해 매력적으로 스토리텔링 할 수 있는지 살펴보았다. 그런데 아직은 내게 진정한 관심이 있다고 보기 어려운 사람이 나에 대해 더 자세한 이야기를 듣고자 하는 경우에는 어떻게 대응해야 할까? "당신에 대해 말해주세요"도 껄끄러운 요청이지만 사실 훨씬 더 도전적인 질문은 "뭘 하는 분이시죠?"라는 질문이다. 사회활동을 많이 해본 사람들은 이 질문에 영리하게 대답할 줄 안다고 생각하겠지만 안타깝게도 그렇지 못하다. "무슨 일을 하시나요?"라는 질문에 어떻게 대응해야 하는지 9장에서 살펴보겠다.

9장

성공적인 인맥 형성을 위한 스토리 훅

배는 뻣뻣해져 오고 전력 질주라도 한 듯 심장이 쿵쾅거린다. 내 느낌에 한 천 번쯤은 방안을 왔다 갔다 서성거린 것 같다. 지금까지 한 일이라고는 이따금 거울 앞에 서서 머리와 정장 매무새를 다듬은 것뿐이다. 거울에 대고 "안녕하세요." 말해본다. 이번에는 짐짓 쾌활한 척 "안녕하세요!" 해본다. "저는 에스더 초이라고 합니다. 기업가이고요…." 내 뜻과는 전혀 상관없이 목소리가 기어들어 간다. 참 우스꽝스럽다. 어디 경연에 나가거나 면접을 보러 가는 것도 아닌데…. 나는 기업인들이 모여 서로 자신을 소개하는 네트워킹 행사에 갈 채비를 하는 중이다. 사실 정확히 말하자면 네트워킹 행사에 가는 것이 아니라 네트워킹 행사 중간에 열리게 될 '엘리베이터 피치' 능력개발 워크숍에 참가하게 된 것이었다. 엘리베이터 피치elevator pitch란 여태까지 거쳐 온 커리어를 단 몇 문장으로 압축하여 아주 짧은 시간 안에 자신의 커리어를 상대에게 각인시키는 발표법으로 낯선 사람들을 만나는 행사에서 요긴한 기술이다. 나는 한숨을 크게 내쉰 후에 이윽고 문밖을 나선다.

행사장에 들어서니 인상이 날카롭고, 세련돼 보이는 전문직 종사자들로 만원이다. 그들은 식탁보를 깔아놓은 원형 테이블에 둘러서서 담소를 나누고 있다. 나는 여전히 도망칠 궁리를 한다. '지금이라도 이 자리를 빠져나가면 저녁 식사 시간에 맞춰 집에 들어갈 수 있을 텐데….' 하지만 프로그램이 시작되자마자 나는 안 가길 잘했다는 생각이 들었다. 워크숍 간사 한 분이 행사장에 모인 백 명 가까운 참석자들에게 이렇게 질문한다. "네트워킹 행사에 나오느니 차라리 야근을 하겠다는 분 계신가요?" 그러자 거의 모든 사람이 손을 든다. 나는 마음속에 안도감이 밀려듦과 동시에 궁금증이 일었다. 그토록 열정적인 사람들이 왜 네트워킹 행사는 마다하는 걸까?

그날 저녁 내내 워크숍 간사의 질문이 머릿속을 맴돌았다. 엘리베이터 피치 강연을 듣는 중에도 마찬가지였다. 나는 가능한 한 많은 참가자에게 "혹시 아까 간사님이 이런 행사에 오느니 야근을 하겠냐는 질문에 손드셨어요? 그 이유는 뭔가요?"라고 물어본다. 행사가 막바지에 이를 때까지 거의 참가인원 중 절반과 이 문제로 대화를 나눴다. 네트워킹 행사에서 이렇게 말을 많이 해본 적은 처음이었다. 물론 학술적인 연구 결과라고 볼 수는 없겠지만 나는 행사장에서 대화를 나누며 사람들이 네트워킹 행사를 싫어하는 세 가지 이유를 발견했다.

● 사람들은 낯선 사람들과 모임에서 자신을 알릴 때, 자신이 다른 사람이 된 것처럼 어색함을 느낀다.

- 지금까지 무수히 오랫동안 엘리베이터 피치를 준비하고 연습했어도 막상 현장에서 무슨 말을 해야 할지를 모른다.
- 네트워킹 행사에 나가봐야 시간만 낭비하는 꼴이라고 느낀다. 실제로 행사에서 만난 사람들을 기억하지 못하므로 얻을 것이 별로 없다고 생각한다.

워크숍을 마치고 집에 도착하니 남편이 "뭐 건질 만한 거라도 있었소?"라고 묻는다. 나는 나만큼이나 네트워킹 행사를 싫어하는 사람을 백 명이나 찾아냈다고 대답한다. 그러니 이제는 "대단하네! 알차고 보람 있는 시간을 보내셨구려?" 하며 은근 빈정대며 묻는다. 나는 "당연하지."라고 쏴준다. 맞다. 보람이 있었다. 나 자신을 포함해 모든 이들을 위해 네트워킹을 훨씬 더 즐겁게 할 방법을 찾아야겠다는 동기가 생겼으니까.

끔찍한 질문, "무슨 일 하세요?"

의미 있는 인맥을 형성한다는 뜻의 네트워킹이라는 개념을 혐오하는 사람이 많다. 비단 내향적인 사람들만의 일이 아니다.[1] 심지어 사람들은 직업적 기회를 찾기 위한 네트워킹 활동, 즉 '수단으로서의 네트워킹'을 추구하는 자신의 모습을 '상스럽다'고 느낀다는 연구 결과도 있다.[2] 앞서 내가 네트워킹 행사 경험담을 늘어놓았지만 그렇다고 그런 모임을 항상 싫어한다는 것은 아니다. 운이 좋으면 부자연스럽거나 '상스러운' 느낌이 들지 않고도 좋은 사람들을 만나게 되는 경우도 있기 때문이다. 가물에 콩 나듯 하지만 어떤 경우엔 마치 새로운 친구를 만난 것처럼 서로 마음을 열고 생산적인 대화를 나누는 경우도 있다.

네트워킹을 위한 대화에서 발생하는 문제 대부분은 잘못된 시작에 기인한다. 네트워킹 행사장에서 누군가를 만났을 때 가장 흔히 던지는 첫 질문은 무엇인가? 아마도 "무슨 일/사업 하세요?"일 것이다. 상대방의 일이나 사업을 묻는 이유는 자신만의 기준에 따라 상대방이 어느 범주에 속하는지 쉽게 파악하고자 함이요, 상대방에 관한 매우 복잡다단한 정보를 이해하기 쉽게 단순화하고 이에 따라 편리하게 대응하기 위함이다. 어떤 모임에 나가든 첫 만남은 늘 어색한 법인데 그 어색한 순간을 모면하고자 말할 거리나 질문거리를 찾으려다 보니 무의식적으로 이런 질문을 하는 경우도 물론 있다. 하지만 자신도 모르게 하는 이런 틀에 박힌 질문과 대답 때문에 네트워킹 과정이 결국 무가치한 활동으로 끝나버리고 만다.

"무슨 일/사업 하세요?"라는 질문에 대한 답변도 천편일률적이다. 흔히들 "저는 컨설턴트입니다."와 같이 자신의 직책을 설명하거나 "저는 마케팅 일을 합니다."라는 식으로 자기 직무를 설명하기도 하며 "공학 분야에서 일합니다."처럼 자신이 어느 산업에 종사하는지 설명하기도 한다. 거기서 더 나아가 엘리베이터 피치를 해야 한다는 강박을 느끼기도 한다. 물론 문제될 건 없다. 딱히 잘못된 행동을 한 것도 아니요, 대부분이 이런 식으로 자신을 소개하니 말이다. 실제로 상대방의 직업을 물어본 사람들 역시 이런 답변을 예상한다.

그러나 바로 여기에서 큰 문제가 싹튼다.

사람들은 자신이 예상하던 답변을 상대방에게 듣는 순간 상대방의 직업/사업과 관련해 더 이상의 생각도, 상상도 하지 않게 된다. 그리고 생각과 상상이 멈추는 순간 상대방에 대한 관심도 끝난다. 단지 무슨 일을 하는지 말했을 뿐인데 상대방은 직업 정보 하나만으로 당신을 다 파악했다고 여긴다는 뜻이다. 대화를 통해 메워나가야 할 정보의 공백을 알아서 다 채워버린 것이다. 일례로 내 고객 한 분은 급여 처리 대행회사를 가족기업 형태로 운영하고 있다. 의뢰인이 '가족기업'이라는 단어를 입에 올리기 무섭게 사람들은 주먹구구식 구멍가게를 떠올린다. 가족끼리 옹기종기 시답잖은 물건이나 판매하겠거니 속단하며 더는 관심을 보이지 않는다. 사실 세계적 기업 중 가족기업의 형태로 운영되는 회사도 많은데도 불구하고 가족기업이라는 단어가 주는 선입견에서 벗어나긴 어려운가 보다.

알베르트 아인슈타인이 이런 명언을 남겼다고 한다. "논리가 당신을 A에서 Z로 데려가 준다면 상상력은 당신을 세상 어디로든 데려가 준다." 실제로 아인슈타인이 한 말이든 아니든 이 명언은 상상력을 자극하는 일이 얼마나 중요한가를 강조하고 있다. 그러니 네트워킹 행사에 참여한다면 상대방에게 상상력을 활용할 기회를 줘라. 그럴 때 네트워킹이 덜 부담스러워지고, 오히려 재미있고 생산적인 활동이 될 수 있다. 재미있고 생산적으로 네트워킹하기 위해서는 먼저 유의미한 인맥이 어떤 과정을 거쳐 형성되는지 큰 그림을 볼 수 있어야 한다.

유의미한 인맥이 형성되는 과정

어떻게 해야 의미 있는 인맥이 형성되는가를 제대로 이해하기 위해서는 먼저 그 과정을 알 필요가 있다. 청중이 당신에게 흥미와 상상력을 더 많이 갖게 만드는 화법인 '엘리베이터 피치'도 마찬가지다.

1. 획일화된 질문 패턴이 있음을 유념하라

사람마다 구체적으로 질문하는 방법은 다를지 몰라도 네트워킹이 목적인 대화에는 획일화된 질문 패턴이 있다. 당신도 익히 들어봤을 것이다. 네트워킹 과정에서 등장하는 질문의 전형적인 패턴은 다음과 같다.

A. **사교적인 인사말**: 사람들은 일반적으로 본론으로 들어가기에 앞서 날씨나 행사, 현재 장소를 화제로 삼아 사교적인 인사말을 주고받는다. "오늘 날씨 좋죠?" 같은 질문이 대표적이다.

B. **직업에 관한 질문과 범주화**: 대화의 일방이 상대를 범주화하고자 시도한다. 이때 던져지는 질문은 바로 "무슨 일을 하세요?"다.

C. **관심 여부**: 답변을 들은 질문자는 일반적으로 자문해본다. "알고 지낼 만한가?", "이 사람과의 대화가 재미있을까?", "나와 관련된 대화 주제가 나올까?" 이런 질문들은 모두 궁극적으로 단 하나의 질문으로 귀결한다. "이 사람과 더 대화를 나눠볼까?" 이 질문에 대한 속마음 대답은 두 가지 유형으로 나뉜다.

- 흥미로운 사람이다. 말을 더 들어보고 싶다.
- 이 사람에게는 관심이 가지 않는다. 다른 사람들을 만나봐
  야겠다.

상대방으로부터 관심을 끄는 비법은 상대방이 당신에 대해 상상하도
록 유도하는 것이다. 그렇다면 어떻게 해야 상대방이 당신에게 관심
을 두게 될까? 이는 훌륭한 스토리텔러가 되는 법과 일맥상통한다.
바로 훅을 설치하는 것이다.

2. 대화 속에 훅을 심어라

낚싯바늘이 물고기를 낚아 올리듯 대화 속에 심어놓은 훅이 상대방의
관심과 상상력을 사로잡는다. 대화를 시작했으면 가능한 한 일찍 훅
을 선보여라. 그러면 수동적으로 듣기만 하던 청중이 적극적으로 당
신과 당신의 스토리에 관심을 두게 된다.

능력 있는 영화감독은 훅을 제대로 이해하고 유익하게 활용한다.
〈토이 스토리 1·2·3〉, 〈니모를 찾아서〉, 〈월-E〉를 비롯한 블록버스터
를 제작하는 감독이자 시나리오 작가, 영화제작자인 앤드루 스탠턴
감독은 테드 강연에서 다음과 같이 말한 바 있다. "관객들은 떠먹여주
는 것보다 스스로 밥상을 차리는 걸 좋아합니다. (영화를 보면서) 그
런 느낌을 받을 때 더 흥미를 느끼죠."[3] 즉, 관객들은 무엇인가를 알아
내는 일을 좋아하며 스토리텔러는 모든 것을 드러내서는 안 된다는
뜻이다. 네트워킹을 위한 대화에서 스토리텔링 기법을 제대로 활용
하면 건조하고 인위적이며 심지어 '상스럽기까지 한' 대화를 재미있는

탐험으로 바꿀 수 있다. 앤드루 스탠턴 감독이 지적했듯 사람들은 자신의 능력으로 메시지를 파악할 수 있는 스토리를 좋아한다. 그래서 쏟아지는 데이터를 접했을 때가 아니라 상대방이 어떤 사람인지 추론해볼 수 있는 스토리를 들을 때 적극적인 청중이 된다. 즉 잘 짜인 훅을 활용할 때 당신 말을 듣고 있는 청중이 수동적인 태도에 머무르지 않고 당신의 스토리에 적극적으로 참여하게 된다는 뜻이다.

그렇다면 훌륭한 훅이 갖춰야 하는 요건은 무엇일까? 1장 내용을 기억하는가? 훅을 만들 수 있는 장치는 단 세 가지로 갈등, 대조, 모순이다. 디즈니와 픽사에서 제작한 〈니모를 찾아서〉를 떠올려보라. 상어가 나타나 엄마 물고기 코럴과 부화하지 않은 알들을 모두 앗아가고 아빠 물고기 말린과 니모만 남게 된다. 말린은 니모에게 "어떤 일이 있어도 지켜주겠다"고 약속한다. 훅에 이끌린 관객들은 언젠가 니모에게 사건이 발생하리란 것을 알지만 정확히 어떤 사건이 벌어질지, 두 주인공이 어떻게 역경을 헤쳐나갈지 궁금해지기 시작한다. 갈등으로 훅을 설치했기 때문이다. 네트워킹을 목적으로 대화할 때 유용한 훅을 어떻게 만들 수 있는지 좀 더 살펴보자.

3. 대화의 대본을 사전에 준비하라

일방적인 독백은 생생한 대화를 절대로 이길 수 없다. 시작부터 끝까지 매 순간 마음을 사로잡았던 강의나 프레젠테이션을 들어본 적 있는가? 아마 없을 것이다! 옥스퍼드대학교 산하의 옥스퍼드 러닝 인스티튜트에서 총괄책임자를 역임했던 그레이엄 깁스는 《강의가 끔찍한 스무 가지 이유》라는 멋진 책에서 지식과 정보를 강의식으로 전달하는 방식이 왜 비효율적인지 밝혔다.[4] 종래의 엘리베이터 피치는 마치 독백처럼 일방적인 방법이다. 대표적인 게 강의다. 이제는 그만 철 지난 방식을 벗어던져야 한다. 나는 앞서 네트워킹이 목적인 대화에는 분명한 패턴이 있고 청중의 주의를 끌기 위해서는 대화 속에 훅을 설치해야 한다고 말했다. 이 점을 염두에 두면서 대화를 미리 준비할 필요가 있다. 쌍방향 대화, 상대방이 당신에 대해 궁금해지도록 만드는 대화를 미리 모의실험해보라. 대화를 미리 준비하라는 말은 당신이 만든 훅과 당신의 말과 말 사이의 공백에 상대방이 어떻게 반응할지 예측해보며 대화의 대본을 만들어보라는 뜻이다. 지금부터 어떻게 하면 상대방의 상상력을 끌어내는 쌍방향 대화가 가능한지, 그리고 그 대화를 이용해 어떻게 간결한 엘리베이터 피치를 만들 수 있는지 알아보자.

상상력을 끌어내는 쌍방향 대화의 예시

당신은 "무슨 일 하세요?"라고 묻는 상대방의 질문에 어떻게 흥미로우면서도 재미있게 답변하겠는가? 대화 초반부터 상대방의 마음을 사로잡아야 하는데 당신은 어떻게 마음을 사로잡을 것인가?

누군가 내게 "무슨 일 하세요?"라고 물어보면 나는 "스토리텔링을 합니다."고만 대답한다. 더 이상의 설명은 하지 않는다. 저런 대답을 하고 아무런 설명도 하지 않는 게 영 석연치 않겠지만 대화 중에 발생하는 이런 공백을 책이나 잡지에 있는 여백이라고 생각하라. 사람들은 책의 여백에 정보와 감상을 쓰기도 하고 질문을 적어놓기도 한다.

그래서 책에는 여백이 있다. 그렇기 때문에 당신의 대답만큼이나 대화 중의 공백도 중요하다. 내 대답을 들은 상대방은 그 공백을 깨고서는 "스토리텔링? 그게 무슨 뜻이죠?" 혹은 "아, 소설이나 아동 도서를 집필하시나 봐요?"라고 묻는다.

책 앞부분에서 다뤘던 내용을 떠올려보자. 갈등이나 대조, 모순을 이용해 훅을 만들 수 있다고 했다. 위 상황에서 나는 모순을 이용해 훅을 만들었다. 구체적으로 말하자면 상대방의 예상과 모순되는 답변을 함으로써 대화 속에 훅을 심었다는 것이다. "무슨 일 하세요?"라고 질문한 사람들은 상대방이 당연히 생계를 위해 무슨 일을 전문적으로 하는지 말해줄 것이라 예상한다. 상대방의 취미가 궁금해 무슨 일을 하느냐고 묻진 않을 터이다. 이 질문에 나는 일부러 스토리텔링을 한다고만 대답한다. 상대방이 예상하지 못한 답변이다. "스토리텔링이 직업이라는 말인가? 도대체 뭘 어떻게 한다는 거지?" 상대방은 궁금해져서 내 설명을 듣고 싶어 한다. 즉 앤드루 스탠턴 감독이 말한 대로 상대방이 나에 대해서 적극적으로 알아내고 싶어 하도록 만든 것이다.

이 글을 읽고 이렇게 생각할지도 모르겠다. "단순히 직업이 궁금해서 물어본 건데 그렇게 대답하면 짜증 내는 사람도 있지 않을까?" 맞다. 물론 이런 방식에는 리스크가 따른다. 하지만 대개 그러한 리스크보다는 흥미를 유발하는 이점이 더 크다. 다만 사람마다 성격이 모두 다르다는 사실만큼은 반드시 이해하고 있어야 한다. 어떤 청중에게는 굳이 별나다고 여겨질 답변 방식을 택할 필요는 없을 것이다. 반면에 뻔한 답변을 싫어하는 청중에게는 독특한 답변으로 자신을 한껏 돋보이는 것도 괜찮을 것이다. 청중이 어떤 사람인지 파악하여 그 성격에 따라 답변 방식을 택하는 일은 당신의 몫이다.

내가 "스토리텔링을 한다."라고만 대답함으로써 대화 속에 첫 번째 훅을 설치해두면 상대방은 필시 호기심에 못 이겨 질문한다. 그러면 나는 "예, 스토리텔링 중에서도 비즈니스 스토리텔링을 합니다."라고 조금만 더 설명을 덧붙인다. 그러면 대화 중에 또다시 공백이 발생한다. '공백'이 말하기만큼 중요하다는 사실을 반드시 명심하라. 대화를 해보면 정말 많은 사람이 끊임없이 횡설수설하거나 '입으로 듣는다.' 그렇게 하면 상대방이 당신의 말을 듣고 반응이나 응답을 보일 수 없다. 나는 첫 번째 대답에 내용을 조금 더 보충해서 두 번째 대답을 하되, 여전히 사람들이 예상하는 구체적이고 전형적인 답변을 들려주지는 않는다. 그럼 상대방은 이런 식으로 생각하게 된다. '아, 소설가나 아동 도서 작가는 아니구나. 그런데 스토리텔링을 비즈니스에 접목한다고?' 이런 의문은 보통 어떻게? 언제? 누구와? 어디에서? 등 꼬리에 꼬리를 무는 궁금증으로 이어진다. 그러면 상대방은 수많은 의문점을 하나로 모아 이렇게 질문한다. "조금 더 자세히 이야기해주시겠어요?", "어떤 식으로 한다는 말씀이신가요?", "그러면 누구와 일하시는 건가요?" 결과적으로 내 전문 영역이 무엇인지, 스토리텔링이 비즈니스에서 무슨 역할을 하는지, 수익이 어떻게 창출되는지, 스토리텔링을 위해 내가 어떤 자격을 갖췄는지 궁금증을 갖게 함으로써 내게서 관심이 떠나가지 않도록 상대방을 꽉 붙잡아두는 셈이다.

이때부터 나는 상대방이 애초에 듣고 싶어 했을 대답을 구체적으로 해준다. "저는 통계분석 연구소나 데이터 사이언티스트, 자산운용사처럼 양적 분석을 전문으로 하는 고객사들을 위해 일하죠. 그들이 다루는 데이터의 의미를 효과적인 스토리로 엮어서 스토리텔링 할 수 있도록 도와드리고 있습니다. 스토리를 통한 설명은 이해하기 쉽고 오래 기억에 남으며 더 강한 인상을 심어주기 때문에 청중과 더 깊고 의미 있는 연대 관계를 형성할 수 있거든요."

내가 상대방에게 세 번에 걸쳐 답변한 내용을 짜 맞추면 그게 바로 나와 나의 일을 설명하는 엘리베이터 피치가 된다. 만일 상대방과 대화를 주고받을 수 없는 상황이었다면 나는 아래와 같이 내가 하는 일을 말할 수밖에 없었을 것이다.

저는 스토리텔링 사업을 합니다. 스토리텔링 중에서도 비즈니스 스토리텔링 사업을 하죠. 저는 통계분석 연구소나 데이터 사이언티스트, 자산운용사처럼 양적 분석을 전문으로 하는 고객사들을 위해 일하죠. 그들이 다루는 데이터의 의미를 효과적인 스토리로 엮어서 다양한 사람들에게 스토리텔링 할 수 있도록 도와드리고 있습니다. 스토리를 통한 설명은 이해하기 쉽고 오래 기억에 남으며 더 강한 인상을 심어주기 때문에 청중과 더 깊고 의미 있는 연대 관계를 형성할 수 있거든요.

네트워킹 행사 등의 모임에서 엘리베이터 피치를 해야 할 때 단순히 당신이 누구인지 주절주절하는 것은 금물이다. 당신 말을 듣고만 있는 수동적인 청중이 당신에게 호기심을 느끼고 당신을 알아내기 위해 적극적으로 나서도록 만들어야 한다. 내가 소개한 엘리베이터 피치를 꼭 활용해보라.

"저는 지루한 일을 하는데요!"

지금까지 살펴본 엘리베이터 피치 이야기를 워크숍에서 꺼내면 "모든 사람이 그런 흥미로운 일을 하며 살지는 않잖아요."라는 한탄 섞인 반응이 돌아온다. 적절한 지적이다. 그렇다면 조금 다른 예시를 살펴보도록 하자.

내 고객을 사례로 들겠다. 함께 엘리베이터 피치 내용을 매만진 덕분에 그 고객은 다음과 같이 본인의 업무를 소개할 수 있었다.

Q: "무슨 일을 하시나요?"

A: "부동산 보물찾기라고나 할까요?"

'보물을 찾는다'는 표현을 쓰는 업계도 있긴 하겠지만 일반적인 표현은 아니다. 내 의뢰인이 평소에 자기 직업을 소개할 때 '부동산'이라는 말을 꺼내기만 하면 곧장 돌아오는 말이 "아, 부동산 브로커시군요?"였다. 따라서 우리는 질문한 사람의 예상과 모순되게 답변하기 위해 부동산 분야에서도 잘 쓰지 않는 '보물찾기'라는 말과 '부동산'이라는 단어를 짝지어서 훅을 설치했다. 이런 기술을 믹스앤매치Mix and Match 기법이라고 한다. 그러면 대화는 이런 식으로 이어진다.

Q: "부동산을 사고파시는 건가요?"/"부동산을 중개하시나요?"/
    "보물을 찾는다는 게 무슨 뜻인가요?"

A: "부동산에는 주기가 있는데요, 팀원들과 그 주기를 읽어서
    고객들이 수익을 올리도록 도와드리는 일을 합니다."

여기서 중요한 점은 내 의뢰인 역시 설명해주되 여전히 추가 질문을 위한 여지를 남겨놓았다는 것이다. 상대방이 "그런 일은 어떻게 하시는 건가요?"라고 추가 질문하면 내 의뢰인은 이렇게 답한다. "음, 부동산이든 뭐든 싸게 사서 비싸게 팔아야 한다는 건 대부분 잘 알고 계세요. 그런데 부동산을 매매하는 방법은 고사하고 부동산을 싸게 사서 비싸게 판다는 개념 자체를 거의 모르시거든요. 그래서 부동산을 전문으로 하는 저희 헤지펀드 사에서는 풍부한 데이터와 혁신적인 표준화 작업을 이용해 시장가격이 실제로 오르고 있는 곳을 찾아 소개해드리죠. 그래서 보물찾기라고 표현을 쓰는 거고요. 이런 방식으로 11년 연속으로 22%의 수익률을 내기도 했죠."

"무슨 일 하세요?"에 대한 최선의 답변을 만들어라

앞서 말했듯이 능숙한 엘리베이터 피치를 위해 대화를 사전에 준비해야 한다. 이제 본인만의 엘리베이터 피치 대본을 만들어보자.

우선 "무슨 일을 하세요?"라는 질문에 대한 당신의 첫 번째 대답을 적어보라. 이때 꼭 훅이 있어야 한다. 그런 뒤 당신의 첫 번째 답변을

듣고 상대방이 할 법한 예상 질문 몇 가지와 그 예상 질문에 대한 두 번째 훅을 작성해보라. 앞서 살폈던 예시를 참고해도 좋고 내가 아래에 써놓은 조언을 참고해도 좋다. 그런 다음 상대방이 또 한 번 던질 예상 질문을 적어보고 그에 대한 예상 답변을 작성하라. 세 번째 답변할 때는 당신이 정확히 어떤 일을 하고 있는지 전달하라. 즉 상대방이 당신에게 처음 질문했을 때 듣게 되리라 예상했던 방식의 답변을 이제 적는 것이다.

일반적으로 첫 번째 훅이 가장 만들기가 까다롭다. 아래의 세 가지 힌트와 예시를 활용해 본인만의 훅을 만들어보라.

1. 생생하게 그려지도록 답변하라

- "저는 시민들과 교도소 사이에서 일하는 사람입니다." (형사 사건 변호사)
- "저를 찾는 의뢰인들이 재미있게 발표하실 수 있도록 도와드리고 있습니다." (연설문 작성자)
- "엑셀 파일을 보고 테러리스트를 찾아내는 일을 하죠." (리스크 관리 컨설턴트)

2. 구체적인 사물이나 행동을 언급하라

- "고객님들의 재산으로 지도를 그려드리고 있습니다." (재무 설계사)
- "디지털기술로 수익을 창출해냅니다." (웹디자이너)
- "소비자의 뇌를 해독하는 일이라고나 할까요." (기업 내 전략

기획팀 근무)

3. 평상시 잘 쓰지 않는 표현을 떠올려라

- "고객분들의 습관을 깨부수는 일을 해요." (인생 상담사)
- "사람들의 생각을 짓는 사람입니다." (사회사업가)
- "뉴스나 동영상을 무료로 보실 수 있도록 하는 직업입니다."
  (온라인 광고 회사)

혹이 설치된 자기만의 대답을 만들기 위해서는 창조력이 필수다. 그런데 이때 심하게 뚱딴지같은 대답을 할 경우 상대방에게 부정적인 인상만 심어주게 돼 더 대화를 이어나가기 힘들어진다는 사실을 명심하라. 상대방이 당신의 첫 번째 대답에 흥미를 느낌과 동시에 당신의 첫 번째 답변이 힌트가 되어 당신을 더 알고 싶다고 느끼게 만들려면 지나치거나 모자람이 없어야 한다. 위의 샘플 답변들 역시 중용을 지키는 선에서 만든 것들이다. 평범한 답변을 할지 혹이 숨어 있는 답변을 할지 선택하는 방법은 앞서 설명했듯 청중을 미리 파악하는 수밖에 없다. 너무 전형적인 방식과 흔하디흔한 표현으로는 좀처럼 상대방에게 각인되기 어렵다. 그러니 독특하게 답변해도 상대방이 잘 받아들이겠다는 판단이 선다면 당신도 한번 도전해보라.

커리어 매트릭스

엘리베이터 피치가 목적인 대화를 미리 구상할 때는 다음 두 가지 질문에 스스로 답해보아야 한다. "상대방이 내 직업의 어떤 부분을 가장 흥미로워할까?", "어떻게 해야 상대방의 호기심을 가장 잘 유발할 수 있을까?"

엘리베이터 피치를 조금 더 쉽게 준비하기 위해 〈그림 9-1〉에 나오는 매트릭스를 보고 본인의 직업이 어디에 속하는가 생각해보라.

무슨 일을 하시나요?

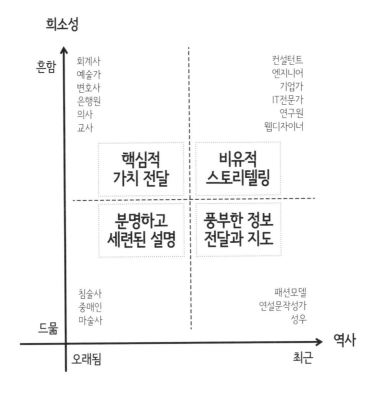

희소성

| 흔함 | 회계사
예술가
변호사
은행원
의사
교사 | | 컨설턴트
엔지니어
기업가
IT전문가
연구원
웹디자이너 |

핵심적 가치 전달 · 비유적 스토리텔링

분명하고 세련된 설명 · 풍부한 정보 전달과 지도

침술사 / 중매인 / 마술사 · 패션모델 / 연설문작성가 / 성우

드묾 · 오래됨 · 최근 · 역사

〈그림 9-1〉

스토리텔링 목표에 따라 스토리 내용이 달라진다. 〈그림 9-1〉 매트릭스에 나와 있는 네 가지 범주 중에 당신의 직업이나 사업이 어디에 속하는가 보라. 범주별로 스토리텔링 목표와 스토리 내용이 모두 다르다. 조금 전에 설명했던 세 가지 팁과 커리어마다 다른 스토리텔링의 목표를 종합적으로 활용해야 한다. 지금부터 커리어 매트릭스에 나와 있는 네 가지 직업 범주를 하나씩 자세히 살펴보자.

흔히 만날 수 있는 오래된 직업군

은행가나 예술가, 회계사, 변호사, 의사, 교사와 같이 일반적이면서도 역사가 긴 직업들이 여기에 해당한다. 만약 당신의 직업이나 사업이 이 직업군에 속한다면 당신이 하는 일의 핵심적 가치를 스토리텔링하라. 다시 말해 당신이 고객에게 무슨 이익을 주는지 스토리로 전달하라는 뜻이다. 가령 예술가라면 "집이나 공공장소의 미관을 살리는 사람"이라고 말할 수 있을 것이다. 실제 예술가가 하는 일은 예술작품을 창작하는 일이지만 고객들이 예술가를 통해 얻는 이익은 예술가의 손에서 탄생한 미관이기 때문이다. 고액 자산가의 자산 관리를 도와주는 금융회사 직원이라면 "신뢰를 먹고 사는 사람" 혹은 "재정적으로 신뢰를 쌓는 사람"이라고 운을 뗄 수 있다. 물론 이 직업은 고객을 유치하고 유지하기 위한 능력도 있어야 하는 데다 재무에도 밝아야 하며 양적 데이터도 분석할 줄 알아야 한다. 하지만 이런 기술은 은행가나 자산관리사가 갖춰야 하는 능력이지 고객이 얻을 수 있는 이익은 아니다. 앞서 말한 바와 같이 고객에게 제공하는 이익으로 자신을 소개해야 하므로 고객의 재정적 욕구를 확실하게 충족시켜주는 고객의 파트너임을 강조하는 편이 더욱 바람직하다.

　당신이 고객에게 줄 수 있는 이익으로 자신의 직업을 소개해야 상대방이 흥미를 느낀다. 특히 당신이 흔히 만나볼 수 있는 오래된 직업군에 속한다면 더더욱 그렇다. 상대방이 당신의 직업을 직접 듣는 순간 해당 직업이 무슨 일을 하는지 뻔히 보인다고 생각하기 때문이다. 그러니 평소 흔하게 만날 수 있으며 오랜 기간 존재해온 직업군이라면 고객이 얻는 이익으로 자신을 설명해야 상대방이 해당 직업의 참모습을 알 수 있고 또 질문하게 된다.

흔히 만날 수 있는 신생 직업군

보다 최근에 생긴 직업군에는 엔지니어나 기업가, 컨설턴트, IT 전문가, 연구원, 웹디자이너 등이 있다. 만약 이 직업군에 속한다면 상대방이 훨씬 쉽게 이해할 수 있는 대상에 당신의 직업을 빗대어 설명하라. 즉 당신이 무슨 일을 하는지 이해할 수 있도록 비유로 표현하라는 뜻이다.

　예를 들어 IT 엔지니어로 일하는 내 의뢰인은 "무슨 일을 하시나요?"라는 질문에 "저는 보이지 않는 손과 같은 역할을 합니다."라고 답변한다. 그런 뒤 상대방이 궁금해하면 이렇게 설명을 덧붙인다. "디지털 통신을 통합하고 원활히 송수신될 수 있도록 작업하는 사람입니다." 그리고 상대방이 세 번째 질문을 던지면 마지막으로 이렇게 답한다. "오늘날에는 기술이 영향을 안 미치는 분야가 없잖아요. 그래서 각각의 통신 기술이 잘 연동되도록 작업하고 있습니다. 또 소프트웨어를 개발해서 컴퓨터에서도 똑같이 연동되는 스마트폰 앱을 개발

해 사내 통신망이 잘 구축되도록 만드는 일도 하고 있습니다." 자신의
직업을 비유적으로 설명하면 청중이 해당 직군이 어떤 일을 하는지
더 자세하게 이해할 수 있다.

오래되었으나 보기 드문 직업군

오래전부터 존재하였으나 평소 마주치기 어려운 직업군에는 침술사
나 마술사, 중매인 등이 포함된다. 여기에 속하는 직업들은 별다른 설
명을 하지 않아도 사람들이 쉽게 이해한다. 하지만 이 직업군에 속하
는 사람은 이 직업군에 대해 사람들이 갖는 편견을 없애줄 뿐만 아니
라 현실적으로 와 닿는 스토리텔링을 해야 한다. 중매를 전문으로 하
는 사람이라면 "실연의 아픔을 미리 막아주는 사람"이라고 대답할 수
있을 것이다. 이러한 소개 방법을 통해 고객에게 제공하는 혜택도 설
명해줄 수 있을 뿐만 아니라 자신의 직업이 현시대에도 여전히 필요
한 의미 있는 직업임을 강조할 수도 있다.

만나기 드문 신생 직업군

생겨난 지 오래되지 않았으면서도 평소 접하기 힘든 직업으로는 패션
모델, 연설문 작성자, 성우 등이 있다. 이 직업군에 해당하는 사람은
자신이 하는 일을 알리고 설명해주는 것을 스토리텔링의 목표로 삼아
야 한다. 이 분야를 잘 알지 못하는 상대방이 무지하거나 겉핥기식 수
준에서 벗어나도록 지도해야 한다. 사실 여기에 속하는 직업들은 흥
미로운 것이 많아서 상대방이 더 많이 알고 싶어 하는 경우가 많다.

이 분야에 속한 사람들이 참고하기 아주 좋은 예시가 바로 앞서 보

았던 "저를 찾는 의뢰인들이 재미있게 발표하실 수 있도록 도와드리고 있습니다."라고 자신을 소개했던 연설문 작성자의 사례다. 처음 연설문 작성자를 만나보는 사람들은 대개 이런 반응을 보인다. "와! 어떻게 연설문 작성자가 되셨어요?", "작업하신 연설문 중에 혹시 제가 들어봤을 만한 게 있을까요?", "실제로 무슨 일을 하시는 건가요?" 연설문 작성자와 마찬가지로 패션모델 역시 "저는 사람들의 거울 역할을 해요."라고 자신을 소개하여 흥미를 유발함과 동시에 패션모델이 되려면 갖춰야 할 조건을 분명하게 설명해줄 수 있다. 두 직업 모두 세세한 설명은 나중에 해도 큰 문제가 없다. 이 직업군에 속한 사람이 좀 더 세부적으로 자신의 직업을 설명할 때는 상대방이 가지고 있을 법한 고정관념과 실제 업무가 어떻게 다른지 설명하는 게 좋다. 가령 연설문 작성자라면 연설문을 작성할 때 대본뿐만 아니라 (손짓이나 시선 처리 등의) 비언어적 요소도 무척 꼼꼼하게 고려한다는 점을 어필하라는 뜻이다.

우리는 9장에서 많은 내용을 살펴보았다. 이를 통해 "무슨 일을 하세요?"라는 난처한 질문에 어떻게 답변해야 하는지 알게 되었다. 9장에서 말하고자 하는 핵심내용은 네트워킹이 목적인 대화에는 획일화된 패턴이 있다는 것이며 당신의 직업을 설명할 때는 창의적이고 흥미로운 방식으로 답변해야 한다는 것, 다시 말해 답변에 훅을 심어서 상대방이 더 알고 싶어 하게끔 만들어야 한다는 것이다. 혹시라도 엘리베이터 피치를 구상하는 데 다소 시간이 걸려도 좌절할 필요는 없다. 나를 찾는 의뢰인 중 많은 이가 흥미 유발과 짜증 유발 사이에 걸처 있는 적합한 답변을 찾아낼 때까지 여러 시행착오를 거친다. 그러니 어느 정도 시간 여유를 가지고 이것저것 시도해보라. 그리고 당신이 하는 일에 흥미롭고 유익한 점이 무엇이 있는지 생각해보면서 대화의 대본을 만들어라. 상대방을 염두에 두고 대화를 미리 준비하다 보면 어느 순간 자신을 제대로 소개할 수 있는 최고의 스토리가 탄생해 있을 것이다. 지금까지 설명한 내용이 비단 네트워킹 행사에만 국한되는 자기소개법은 아니다. 그 어디에서든지 활용하여 나의 직업을 소개하자.

이제 10장으로 넘어가 지금까지 다루지 않았던 분야인 비영리단체의 스토리텔링을 살펴보도록 하겠다.

10장

사회적 영향력을
극대화하는 스토리텔링
─비영리단체 사례 분석

2015년 여름에 개최한 스토리텔링 워크숍에 목사님 두 분이 참여했다. 두 분은 내 모교인 캘리포니아대학교 산타바바라 캠퍼스에 지부를 둔 기독교 단체에서 일하시는 분들로 다른 사람들의 말을 잘 들어주고 행동이 차분했던 터라 워크숍이 진행되는 동안 많은 사람이 마음의 문을 열고 이야기꽃을 피웠다. 나는 혹시라도 두 분이 일하시는 단체에 기여할 방법이 없을까 궁금한 마음에 쉬는 시간에 다가가 물어보았다. "목사님, 혹시 현재 일하고 계신 곳이 어떤 곳인지 알 수 있을까요?"

그러자 두 분은 빙그레 웃으시며 역대 대표자분들을 쭉 열거하시며 몸담은 비영리단체의 역사를 설명하기 시작했고 이어서 현재 어떤 프로그램을 진행 중인지 하나하나 나열하셨다. 그런 와중에도 잘못된 내용이 있으면 서로의 말을 정정해주기도 했다. 다만 아쉬웠던 것은 듣고 있던 나는 뒷전이었다는 점이다. 쉬는 시간은 금세 끝이 났고 다음 강연을 위해 무대로 걸어가는 동안 나는 그 단체가 무슨 일을 하는지, 내가 무엇을 도울 수 있는지 알게 된 바가 없음을 깨달았다.

감히 쓴소리를 하자면 두 분의 실수는 딱 한 가지였다. 바로 자기가 몸담은 곳에 대해 하나부터 열까지 전부 설명하려 했다는 점이다. 사실 어느 한 곳에 잘 집중하지 않는 게 일반적인 특성이 돼버린 오늘날 사람들은 어떤 주제에 대해 미주알고주알 알고 싶어 하지 않는다. 특히나 첫 만남에서라면 더더욱 그렇다. 사람들은 단지 상대방이 속한 비영리단체가 어떤 감동적인 일을 하는지가 궁금할 뿐이다. 그러니 비영리단체를 소개할 때는 상대방에게 영향력은 분명히 끼치되 내용은 간략한 스토리를 전할 필요가 있다.

이 장은 비영리단체에서 일하는 실무자들과 이사회 임원, 단체를 위해 모금을 돕는 기금모금가, 그리고 자원봉사자들을 위해 마련했다. 이들은 모두 비영리단체의 대의명분에 관심이 많고 해당 기관에 대한 일반인들의 의식을 고취하거나 자신의 역량을 최대한 동원해 기금을 조성하고 싶어 하는 사람들이다. 하지만 꼭 비영리단체에서 일하지 않더라도 스토리텔링으로 더 강한 영향력을 끼치고 싶은 사람이면 누구든지 이 장을 통해 배울 점이 많을 것이다.

최고로 잘 아는 사람이 최악의 스토리텔러가 될 수 있다

비영리단체 전면에 나서서 전력을 다해 활동하면서 동시에 그 단체에 대해 속속들이 알고 있는 사람이 가장 훌륭한 스토리텔러가 될 수 있지 않을까?

과연 그럴까?

이런 사람은 최악의 스토리텔러가 될 소지가 다분하다.

이유가 무엇일까?

어떤 문제에 관심이 많고 아는 것이 많은 사람은 상대방에게 설명할 기회가 생기면 대체로 자신이 알고 있는 사실을 모조리 쏟아내려드는 경향이 있다. 하지만 듣는 이가 설명에 흥미를 갖게 만들고 참여를 유도하기 위해서는, 즉 비영리단체를 지지하고 기부하도록 만들기 위해서는 매우 전략적인 접근이 필요하다. 다시 말해 무엇을, 언제, 어떻게 말할 것인가에 대한 세부적인 전략이 요구된다는 것이다. 가령 앞서 언급했던 목사님 두 분의 경우 나를 지지자로 포섭해낼 기회가 분명 있었다. 세부 사항의 미로 속에 빠져버리지 않았더라면 말이다.

10장에서는 이 책에서 전반적으로 다루는 스토리텔링 도구와 구조를 지렛대 삼아, 그리고 뒤에 소개할 세 가지 예시를 활용해 비영리단체의 스토리를 매력적으로 전달하는 방법을 배우게 될 것이다. 또한 사회적 영향력을 목적으로 하는 스토리들을 위해 특별히 연구하여 개발한 몇 가지 '이야기 틀'을 공개하도록 하겠다. '이야기 틀'은 지금까지 이 책에서 다룬 다양한 스토리텔링 도구와 구조를 응용해 만든 아웃트라인(이야기의 윤곽)이며 사회적 영향력을 확장하기 원하는 비영리단체의 스토리를 좀 더 쉽고 설득력 있게 풀어내도록 하기 위한 것이다. 이 아웃트라인들을 참고하여 나만의 스토리를 만들어보자.

당신이 올해 안에 기부할 목적으로 따로 천 달러를 마련해두었다고 가정해보자. 이때 당신이라면 무엇을 기준으로 기부할 단체를 선정하겠는가? 이에 대해 명쾌한 답을 찾기가 쉽지 않다. 비영리단체 측에서 기부자가 기대하는 답변을 해주지 않기 때문이다. 2016년에 기부자를 대상으로 실시한 설문조사를 보면 설문 참가자의 44%가 만일 비영리단체 측에서 만족스러운 설명을 해주었더라면 더 많은 금액을 기부했을 것이라고 답했다고 한다.[1]

그렇다면 기부자들은 무슨 말을 듣고 싶어 하는가?

비영리단체가 스토리텔링 할 때 지켜야 하는 세 가지 원칙

비영리단체는 다음 세 가지 원칙을 염두에 두고 후원자들에게 스토리텔링을 해야 한다. 아래 세 가지 원칙은 서로 밀접한 관련이 있다.

1. **후원자의 관점에서 스토리텔링을 시작하라:** 비영리단체의 잠재적 후원자들은 당신이 누구인가보다는 청중인 자기 '자신'의 관점이 해당 비영리단체의 성격에 부합하는가를 듣고 싶어 한다. 그러므로 후원자의 관점으로 스토리텔링을 시작하라.
2. **'인식 가능 수혜자 효과'를 활용하라:** 잠재적 후원자들은 비영리단체 측에서 도움을 주고 있는 개개인에 관해 알고 싶어 하지, 통계수치를 알고 싶어 하지 않는다. 즉, 수혜자가 누구인지, 어떤 사람인지를 확인할 수 있어야 후원이 늘어난다(이 효과를 '인식 가능 수혜자 효과'라 한다). 그러니 수혜자 개개인에 관해 스토리텔링 하라.
3. **일목요연하게 전달하라:** 비영리단체의 청중은 비영리단체가

시간과 돈을 어느 정도 투입해서 어느 정도의 투자 효과를 이루어냈다는 식으로 단도직입적인 스토리텔링 해주길 바란다. 그러니 일목요연하고 확실하게 스토리텔링 하라.

비영리단체가 지켜야 할 세 가지 원칙을 하나씩 자세히 살펴보자.

후원자의 관점에서 스토리텔링을 시작하라

비영리단체 대부분이 실제로 필요한 것보다 적은 자원으로만 운영된다. 즉 비영리단체가 처한 상황은 스타트업 기업과 크게 다르지 않다는 뜻이다. 그러므로 비즈니스 초기 단계에 따라야 할 원칙을 비영리단체도 따라야 한다. 창업 전문가이자 베스트셀러 작가인 에릭 리스는 성공을 꿈꾸는 스마트폰 앱 디자이너들에게 왜 사람들이 자신의 앱을 쓰지 않는지 궁금해하지 말고 사람들이 왜 인기 있는 앱을 계속 쓰는지 살펴보라고 조언한다.[2] 실제로 많은 유저들이 개발자 입장에서는 전혀 예상치도 못한 이유로 특정 앱을 고집하기 때문이다.

인스타그램의 공동창업자인 케빈 시스트롬 역시 예상치도 못한 일을 경험했다. 그가 팟캐스트에 출연해 회고한 바에 따르면, 인스타그램은 처음에 친구의 위치를 확인할 수 있는 앱으로 출발했는데 실제 유저들이 사진 공유 기능을 훨씬 더 선호한다는 사실을 알게 되었다고 한다. 그 덕분에 공동창업자 두 사람은 2016년 기준으로 가치가 10억 달러에 이르고 실사용자가 5억 명에 달하는 거대한 규모로 사업을 확장할 수 있었다.[3]

마찬가지로 비영리난체의 스토리를 간결하면서도 효과적으로 전달하기 위해서는 성실하게 본분을 다하는 다수의 봉사자와 기부자, 그리고 이사회 임원들의 관점을 완벽하게 이해해야 한다. 우리는 이미 3장에서 상대방의 입장과 관점에서 스토리텔링 하는 것이 얼마나 중요한지 살펴보았다. 비영리단체 역시 매력적인 관점으로 스토리를 만들어 전달할 때 스토리텔링의 효과가 증폭된다. 이에 대해 지금까지 기부를 해오고 있는 후원자들이라면 이미 해당 단체의 설립 취지 정도는 잘 알고 있으니 그 정도면 충분한 것 아니냐고 반문할지도 모르겠다. 그것도 틀린 말은 아니다. 하지만 현재까지 계속 기부하고 있는 후원자뿐만 아니라 잠재적 후원자에게까지 스토리의 영향력을 극대화해야 할 필요가 있으므로 반드시 '후원자의 관점'으로 스토리텔링에 임해야 한다.

비영리단체의 스토리텔링을 위해서 가장 먼저 해야 할 일은 후원자들의 관점을 파악하는 것이다. 당신이 일하고 있는 비영리단체에 열정적으로 후원하고 있는 기부자와 파트너 몇 사람에게 다음과 같이 질문하면 그들의 관점을 알 수 있다.

- 언제, 어떻게, 왜 저희 단체에 후원하게 되셨나요? (그 이유를 당신이 안다 해도 후원자가 스스로 표현할 수 있도록 질문해보라.)
- 여전히 저희 단체에 후원해주시는 이유가 무엇인가요?
- 지금까지 후원을 이어오시는 동안 어떤 점이 가장 보람 있었나요?

후원자들이 지금까지 이런 문제를 생각해본 적이 없을 수도 있기에 세 가지 질문에 대한 후원자의 답변이 너무 짧거나 피상적일 수도 있다. 그렇기 때문에 반드시 추가 질문을 하거나 위의 세 가지 질문들을 재구성할 필요도 있다. 혹 예상외로 후원자가 많은 답변을 내놓는다면 7장에서 말했듯 생각지도 못한 통찰이나 정보가 나올 수 있으므로 적극적으로 그 말을 경청하면 된다. 더 나아가 우리가 7장에서 살펴본 탁월한 질문의 열 가지 유형을 위 세 가지 질문에 응용해도 무방하다.

비영리 교육 단체를 이끄는 한 지인은 위 질문을 활용해 후원자 몇 사람과 인터뷰를 진행했고 후원자들이 매년 개최하는 호화로운 행사보다 어쩌다 한 번씩 열리는 수혜자와 만나는 행사를 통해 더 큰 보람을 느낀다는 사실을 알게 되었다. 지인은 이 점을 반영해 기부자와 수혜자가 더 자주 만날 수 있도록 여러 가지 방안을 모색하였다.

당신도 위의 세 가지 질문과 더불어 당신만의 방식으로 후원자의 관점을 파악하고 그 관점으로 스토리를 만들어보라.

'인식 가능 수혜자 효과'를 활용하라

비영리단체는 절대 한두 사람 정도만 후원하려고 설립되지 않는다. 실제로 여러 비영리단체에서는 현재 돕고 있는 수혜자 수로 자신들의 영향력을 측정한다. 사실이 이렇다 보니 비영리단체에서 일하는 사람 입장에서는 수천~수만에 달하는 수혜자 수만 홍보해도 후원자들이 설득되리라고 생각하기 쉽다.

그런데 실제로 후원자를 설득할 때는 수혜자 개인 한 사람 한 사람에 집중하는 것이 훨씬 효과가 크다. 사회심리학에 인식 가능 희생자 효과Identifiable Victim Effect라는 가설이 있다. 즉 '사회집단은 통계로 표현된 희생자보다는 실제로 인식이 가능한 희생자를 위해 더 적극적으로 성금을 낸다.'는 설이다.[4] 러시아 독재자 스탈린은 "군인 한 명의 죽음은 비극이지만 백만 명의 죽음은 통계"라는 말을 했는데 냉혹한 표현이기는 하지만 이 또한 인식 가능 희생자 효과를 극명하게 보여준다. 2011년부터 이어지고 있는 시리아 내전을 한번 생각해보자. 수년간 이어지는 참상으로 500만 명에 가까운 사람들이 자식을 팔에 안아 들고 고국을 떠나 난민이 되었고 각국 언론에서는 이 내용을 연신 보도했다. 하지만 정작 전 세계인의 눈과 마음을 주목시킨 것은 피투성이에 먼지 범벅이 되어서는 전쟁의 충격으로 망연자실 앉아 있던 단 한 명의 아이 사진이었다.

그러므로 후원자에게서 더 큰 공감을 끌어내기 위해서는 당신이 일하고 있는 비영리단체를 소개할 때 수혜자 집단이 아닌 혜택을 받는 개인의 스토리를 이용해야 한다. 그렇다면 어떻게 인식 가능 수혜자 효과를 이용할 수 있을까? 이번에도 해답은 인터뷰다. 다만 이번에는 기부금을 받는 수혜자나 때에 따라서는 자원봉사자가 인터뷰 대상이다. 이때 인터뷰 대상자들이 어떤 계기와 방법으로 당신이 속한 비영리단체와 관계를 맺게 되었는지, 그리고 그 사람들이 경험하고 변화한 모습이 단체의 목표와 얼마나 잘 부합하는지에 대한 스토리를 캐내야 한다. 그러므로 수혜자와 자원봉사자들이 비영리단체를 통해 어떻게 변화되었는지를 집중적으로 인터뷰하여 당신이 속한 비영리단체가 사회에 어느 정도의 영향력을 끼치고 있는지 보여주는 스토리를 만들어라. 잠시 후 예문을 통해 어떻게 인식 가능 수혜자 효과를 이용할 수 있는지 보여주겠다.

일목요연하게 전달하라

현재 후원자와 잠재적 후원자를 대상으로 비영리단체의 사회적 영향력을 스토리텔링 할 때는 어떠한 노력을 해서 어떠한 결실을 보았다는 식으로 이야기해야 한다. 이때, 스토리는 깔끔하고 이해하기 쉬워야 하며 결실은 한눈에 알아볼 수 있을 만큼 구체적이어야 한다.

어린아이들의 시력 문제 해결과 안과 수술 치료에 후원하는 비영리단체가 있다고 가정해보자. 이때 해당 단체가 후원하는 조니라는 아이가 각막이식 수술을 받게 되었다면 이 비영리단체는 현재 자신들이 이 아이를 전적으로 책임지고 있다는 식으로만 말하지 말고 그 아이에게 어떤 영향력을 끼치고 있는지 구체적이면서도 일목요연하게 설명해줘야 한다. 조니를 후원하는 단체의 경우라면 아이가 수술 후에 학교 공부를 따라가기 버거워했으나 실력이 뛰어난 선생님들을 구해 시력을 적게 활용하는 학습법을 가르쳐준 결과 조니의 성적이 극적으로 향상되었다는 식으로 스토리텔링 해야 한다는 것이다.

다시 말하지만, 후원을 독려하기 위해 스토리텔링을 할 때는 당신이 속한 비영리단체가 어떤 노력을 해서 어떤 결과를 얻었고 어떤 영향력을 끼쳤다고 일목요연하게 스토리를 전달해야 한다.

사회적 영향력을 키우기 위한 스토리 아웃라인

지금까지 살펴본 비영리단체의 스토리텔링 원칙 세 가지와 지금부터 살펴볼 스토리 아우트라인을 함께 적용해본다면 당신이 속한 단체가 사회에 어떤 영향을 끼치고 있는지 당신 자신만의 스토리를 만들 수 있을 것이다.

지금부터 비영리단체에서 활용할 수 있는 스토리 아우트라인을 공개하겠다. 아우트라인은 스토리에 필수적인 3막 법칙을 바탕으로 만들었으며 이 아우트라인을 통해 비영리단체의 스토리 속에 어떤 정보를 반드시 넣어야 하는지 알 수 있을 것이다. 아우트라인을 제공한 뒤에 이 아우트라인에 맞춰 내가 직접 만들어본 비영리단체 스토리를 세 편 공개할 텐데, 참고로 이 세 가지 스토리는 모두 각 단체의 홈페이지에 공개된 정보를 보고 내가 각색한 것이다.

사회적 영향력을 키우기 위한 스토리 아우트라인

1막:

청중이 공감할 수 있는 배경, 상황, 시기, 장소를 제시하고 훅을 설치하라.

- 당신의 스토리 속 주인공을 소개하라.
- 스토리 속 주인공이 직면한 도전이나 어려움을 묘사하되 비영리단체의 사명과 직접 관련이 있는 도전이어야 한다.
- 1막 끝에 훅을 설치하라.

2막:

스토리 속 주인공이 비영리단체의 도움을 받아 주요 문제를 극복하는 과정을 묘사하라.

- 사실 정보나 통계 정보를 인용하여 주인공이 맞닥뜨린 난관을 더 큰 사회 구조적 문제와 결부하라.
- 당신이 속한 비영리단체가 그 사회적 문제를 해결하는 데 있어서 독보적인 위치를 점하고 있는 까닭을 간단명료하게 설명하라.
- 그 증거를 보여라. 즉 당신이 속한 비영리단체의 성공이나 숨은 잠재력을 증명하는 지표나 수상 이력 등을 공개하라.
- 스토리 속 주인공이 문제와 난관을 해결하는 데 당신이 속한 비영리단체가 어떤 도움을 주었는지 설명하라.
- 당신이 속한 비영리단체 측에서 노력한 결과 주인공의 현재 상황이 어떻게 개선됐는지 설명하라.

3막:

청중에게 스토리의 주제를 전달하라.

- 청중이 당신이 속한 비영리단체에 후원해줌으로써 힘을 보태준다면 실제 어떤 결실을 볼 수 있을까, 세상이 어떻게 달라질까 상상해보도록 요청하라.
- 구체적인 질문을 던져라. 현실적이고 사실적인 질문이어야 한다.
- 비영리단체의 최종 목표에만 초점을 맞추지 말고 청중이 스토리를 듣는 즉시 단체에 후원하여 그 최종 목표에 동참하도록 설득하라.

예시 1:
플로리다 오세아노그래픽 소사이어티Florida Oceanographic Society에 관한 정보[6]

플로리다 오세아노그래픽 소사이어티의 사명

"교육·연구·원조 활동을 통해 플로리다 해양 생태계에 대한 환경 관리 의식을 고취한다."

플로리다 오세아노그래픽 소사이어티 소개

"저희 오세아노그래픽 소사이어티는 1964년도부터 교육과 연구 활동을 통해 우리 해양 생태계를 보호하는 일에 앞장서고 있습니다. 저희 플로리다 오세아노그래픽 해양 센터는 약 7만 평 규모의 해양생물 센터로서 플로리다주 스튜어트시 허친슨섬에 소재하고 있으며 지리적으로 인디언강과 대서양을 양옆에 끼고 있습니다. 미국 전역이 인정하는 일류 환경 단체로서 전 연령대 시민을 대상으로 교육 프로그램을 운영하고 있으며 연구 활동과 복원 프로그램을 시행하여 건강한 해양 생태계를 만들어가고 있습니다."

후원 방법

$30—표본 수집에 필요한 뜰채를 구매합니다.

$55—연구 및 교육 프로그램에서 사용하는 37L 수조를 구매합니다.

$190—1주일간 진행되는 하계 해안 탐험 캠프 참가 학생들에게

장학금을 지급합니다.

$200—학생 서른다섯 명을 대상으로 연수를 진행하고 교육에
필요한 물품과 가정학습 활동을 지원합니다.

$500—하루 동안 방문자 센터를 개관하고 모든 프로그램을 공
개하는 데 드는 비용입니다.

$525—저희가 관리하는 모든 동물을 하루 동안 보살피는 데 드
는 비용입니다.

$2000—대학생 유급 인턴사원에게 후원할 수 있습니다.

$3500—진행 중인 모든 연구와 복원 프로젝트를 1주일 동안 수
행할 수 있습니다.

예시 1:
플로리다 오세아노그래픽 소사이어티의 스토리

1막

젠슨 해수욕장에서의 토요일이었습니다. 플로리다의 밤은 가만히 서
있기만 해도 땀이 뚝뚝 떨어질 정도로 무덥죠. 해안을 따라 형성돼 있
는 상가 중 가장 바쁘게 돌아가는 멀리건 레스토랑의 웨이터인 로리
브레이클리 씨는 무척 바쁘고 고되게 서빙 일을 하던 중이었습니다.

로리 브레이클리 씨가 접시에 쌓여 있던 굴 껍데기를 쓰레기통에
쏟아버리려는 순간 식당의 단골손님인 도나 씨가 걸어 나오며 그 모
습을 보고는 물었죠. "굴 껍데기를 그냥 그렇게 버려요?"

로리 브레이클리 씨도 그때까지는 깨닫지 못했습니다. 그 짧은 순간

이 앞으로 자신이 하게 될 의미 있는 일의 시작점이라는 사실을 말이죠.

2막

그날 밤 도나 씨는 자기가 플로리다 오세아노그래픽 소사이어티에서 자원봉사를 하며 지역 레스토랑에서 얻은 굴 껍데기를 재활용해 굴 산호를 만들고 있다고 로리 씨에게 이야기했습니다. 그러면서 이렇게 물었죠. "혹시 멀리건 레스토랑에서도 저희에게 굴 껍데기를 기부해줄 수 있을까요?"

로리 브레이클리 씨는 궁금증이 생겼죠. 대체 왜 산호를 만들고 있을까? 인공 산호에서 굴이 살 수 있나? 인공 산호가 어떻게 바다에 좋은 영향을 끼치는 것일까? 도나 씨는 굴의 유생幼生을 키워 굴 껍데기로 만든 인공 산호 위에 퍼트리면 굴이 번성하게 된다고 알려주며 관련 연구도 나와 있다고 설명해주었습니다. 그리고 거기서 자란 굴들이 바닷물을 정화하고 게와 해파리 등 해양 생물의 서식지와 식량이 되어 준다는 설명도 덧붙였죠.

도나 씨의 말에 깊이 공감한 로리 씨는 다음날 상사에게 이 프로젝트를 소개했고 멀리건 레스토랑 역시 굴 껍데기를 기부하기로 했습니다. 그리고 로리 브레이클리 씨는 플로리다 오세아노그래픽 소사이어티의 해양 센터로 차를 끌고 가 다른 자원봉사자들과 함께 굴 껍데기를 전용 가방에 주워 담는 봉사활동을 시작했죠.

그다음 해 여름이 끝날 무렵까지 플로리다 오세아노그래픽 소사이어티는 멀리건을 비롯한 다양한 레스토랑과 힘을 합쳐 단순히 매립지에 묻혀버렸을 굴 껍데기를 25톤 이상 재활용했으며, 로리 브레이클리 씨와 도나 씨를 비롯한 자원봉사자 1천8백 명의 노고에 힘입어 레스토랑에서 나오는 '쓰레기'를 1,400평 규모의 살아 있는 산호로 탈바꿈할 수 있었습니다.

3막

인공 산호 조성은 저희 사업의 단 한 가지 예일 뿐입니다. 앞으로 해야 할 일이 훨씬 더 많이 있죠. 플로리다의 여러 해변과 전 세계 해양 생물에 닥친 문제들이 많기에 저희는 여러분의 도움이 필요합니다. 여러분께서 도와주신다면 저희는 진심으로 감사할 것입니다. 여러분의 도움이 있어야만 저희 연구시설과 교육시설에 필요한 재원을 충당할 수 있고, 학생들을 대상으로 여름 캠프를 진행할 수 있습니다. 더 나아가 깨끗한 물길을 만드는 일, 멸종 위기에 처한 서른여섯 가지 희귀생물의 서식지인 인디언강 석호를 복구하는 일에 일반 시민들도 동참할 수 있는 원동력이 됩니다.

3만 달러 이상 기부해주시는 분들에게 소정의 선물을 마련하였습니다. 저희 해양 센터를 탐방하며 더 많은 것을 알아가는 시간을 제공해드리고자 합니다. 저희 플로리다 해양센터에 기부함으로써 이 세상을 지탱하는 우리의 값진 바다를 보호하는 일에 힘을 보태주시길 바라마지 않습니다.

예시 2:
원런투게더OneRunTogether에 관한 정보[6]

원런투게더의 사명

"원런투게더는 지역 내 암 환자들을 재정적·정신적으로 돕는 것을 목표로 한다."

원런투게더 소개

"의료비를 지원해주는 단체는 많습니다. 하지만 저희 원런투게더는 항암 치료를 받는 가정이 막대한 치료비 때문에 무너지지 않도록 항암 치료비를 보조하고 있으며 의료비와 생활비뿐 아니라 대출금과 공공요금도 지원해드리고 아이가 있는 가정에는 보육비도 지급합니다. 또한 환자분께서 통원에 불편함이 없으시도록 자동차 수리비도 보조해드리고 있습니다.

버논 머피 대표님께서는 아내 배스 여사께서 유방암으로 2009년에 향년 46세의 일기로 눈을 감으신 후 저희 단체를 창립하셨습니다.

저희는 마라톤과 지역사회 이벤트를 주최하여 기금을 마련하고 있으며 2011년 8월부터 2016년 8월까지 6만2천 달러가 넘는 기부금을 재원으로 200가구를 보조하였습니다."

후원 방법

$30—마라톤 코스를 표시하는 안전띠를 270미터가량 구매할 수 있습니다.

$50—300명이 넘는 마라톤 참가자분들께 드릴 생수를 구매할 수 있습니다.

$175—마라톤에 참가하시는 50분의 기록을 측정할 수 있습니다

(장비 구매, 데이터 입력, 결승선 담당 인원 배치에 성금이 쓰이게 됩니다).

$350—마라톤에 참가하시는 100분의 기록을 측정할 수 있습니다.

$600—마라톤에 참가하시는 100분께 아침 식사를 제공할 수 있습니다.

$1,000—마라톤에 참가하시는 100분께 마라톤 티셔츠를 제공할 수 있습니다.

예시 2:
원런투게더의 스토리

1막

펜실베이니아주 리딩시에 사는 실비아 루이스 씨는 2013년 7월, 또한 차례의 유방암 화학요법을 받아야 했습니다. 실비아 루이스 씨는 진작부터 화학요법에 대비해두었는데요, 첫째 딸 카리 씨에게 차로 병원에 데려가 달라고 미리 부탁해두었고 치료받는 며칠 동안 침대에 누워만 있어야 한다는 것도 잘 알고 있었습니다.

그런데 암 환자들께서 말해주지 않는 것이 있습니다. 바로 암 투병이 진짜 힘든 이유입니다. 치료 과정 자체보다 더 힘든 일들과 싸워나가야 한다는 사실 말이죠. 즉 암과 투병한다는 말은 몸이 뼛속까지 아픈데도 지극히 평범한 생활들을 계속 영위해야 한다는 걸 의미합니다. 갑자기 딸의 차가 말썽을 부려 시동이 걸리기만을 기다리며 아픈 몸을 차에 기대고 있어야 했던 실비아 루이스 씨처럼 암 환자들께는 30도가 넘는 땡볕에 서 있는 것 자체가 투병입니다. 암과 싸울 때 필요한 것이 어디 치료비만일까요? 치료비를 지출하는 순간에도 대출금, 공공요금, 보험료를 내야 하고 실비아 루이스 씨처럼 언제 얼마만큼의 차 수리비가 나가게 될지도 모르는 일입니다.

2막

그래도 다행인 점은 많은 분이 암 환자들께 관심과 배려를 보인다는 사실입니다. 이 자리에 모인 여러분 역시 주변에 암 환자가 있으면 기꺼이 도우리라 생각하실 겁니다. 그런데 일면식도 없는 암 환자들께 관심과 배려 그 이상을 베푸는 사람이 많이 있다는 사실을 알고 계셨나요?

병원에서 잠이 들었다 깼다 반복하던 실비아 루이스 씨는 전화벨소리에 정신이 들었습니다. 다름 아닌 버논 머피 대표의 전화였습니다. 대표님은 실비아 씨에게 이렇게 말했습니다. "원런투게더 측으로 보내주신 보조금 신청서를 잘 검토해본 결과, 이번에 저희가 두 달 치 대출상환금을 대신 내드리기로 결정했습니다."

그런 뒤 버논 머피 대표님은 자신의 스토리를 전해주었습니다. 자신의 아내가 9년간 유방암과 싸우다 세상을 떠난 과정, 슬픔을 잊기 위해 달리기를 시작했던 본인의 경험, 그리고 그 달리기를 통해 원런투게더를 시작해야겠다고 결심하게 된 사연을 이야기해주었죠. 실비아 씨와 같은 분들의 청구서를 대신 내드리기 위해 원런투게더를 시작한 대표님은 실비아 씨에게 만남을 요청했고 1주일 후에 찾아뵙겠다고 약속했습니다. 실비아 씨의 두 달 치 대출상환금을 가지고서 말이죠.

그날로부터 3년이 지난 2016년, 원런투게더는 또 한 번 실비아 루이스 씨 댁을 방문했습니다. 그리고 그때 저희 손에는 실비아 씨의 딸 카리 씨의 다음 학기 대학 등록금이 들려 있었습니다.

3막

실비아 씨 외에도 저희 원런투게더에서는 펜실베이니아주에 속한 도시 두 곳에서 암 환자 200분을 도와드리고 있습니다. 저희가 더 많은 환자분을 돕기 위해, 그리고 저희 도움의 손길이 닿는 범위를 주변 도시까지 넓히기 위해서는 여러분의 후원이 필요합니다. 저희가 준비하는 원런투게더 마라톤 행사 비용을 후원해주시길 간곡히 부탁드립니다. 여러분의 후원으로 개최되는 마라톤 행사의 등록비는 모두 실비아 씨와 같은 암 환자분들께 전달됩니다.

저희는 현재 1만 달러 이상 기부하시는 분들을 위해 선물을 준비했습니다. 여러분께서 마라톤 행사에 참여해주시고 저희 단체에 더 많은 관심을 보내주신다면 영광이겠습니다. 부탁드립니다. 여러분의 기부 덕분에 어떻게 실비아 씨 같은 암 환자들의 무거운 짐이 조금이라도 줄어들 수 있을지 혜량해주십시오.

예시3:
SOS 칠드런 빌리지 일리노이SOS Children Villages Illinois에 관한 정보[7]

SOS 칠드런 빌리지 일리노이의 사명

"SOS 칠드런 빌리지 일리노이는 불우한 아이들이 형제자매와 헤어지지 않고 살 수 있는 희망 공동체를 만들고자 합니다. 그리하여 이들이 남을 헤아릴 줄 아는 미래지향적인 성인으로 성장할 수 있도록 돕고자 합니다."

SOS 칠드런 빌리지 일리노이 소개

"저희 SOS 칠드런 빌리지 일리노이는 종래의 위탁양육과는 전혀 다른 혁신적인 접근방법을 택하고 있습니다. 아이들이 형제자매와 떨어지지 않고 함께 전문 훈련을 받은 위탁 부모의 보살핌을 받을 수 있도록 돕고 있습니다. 아이들이 정상적인 교육도 받고 풍부한 영양도 섭취하면서 안정적인 단일 위탁가정에서 자라나도록 하는 것이 저희의 사명입니다. 또한 인접 지역 우리 공동체 소속 위탁 부모들은 아이들을 위해 유기적으로 연대를 맺고 있으며 필요할 때 공동체 차원의 전면적인 지원도 마련되어 있습니다.

저희 SOS 칠드런 빌리지 일리노이는 일리노이주에서 장기 거주지 세 곳과 단기 거주지 한 곳, 총 네 곳의 빌리지를 운영하고 있습니다. 저희가 관리하는 모든 빌리지에서는 개인 상담과 그룹 상담, 멘토링 활동을 비롯해 교육과 문화를 익힐 기회까지 모두 아우르는 종합적인 양육 환경을 제공합니다. 이렇게 아이들을 지지해주는 환경을 마련함으로써 저희는 아이들에게 안전감과 안정감, 공동체 의식을 불어넣고 있으며, 아이들이 몸과 마음을 치유하고 자신의 최대 잠재력을 발휘해가는 과정을 함께 응원하고 있습니다.

SOS 칠드런 빌리지 일리노이는 SOS 킨더도르프 인터내셔널에 소속되어 활동하고 있습니다. SOS 킨더도르프 인터내셔널은 130곳이 넘는 국가에 SOS 빌리지를 550개소 이상 구성하여 7만3천 명이 넘는 아이들을 양육하고 있는 세계 최대 비종교적 아동 복지 단체입니다.

현재 SOS 킨더도르프 인터내셔널에서는 다양한 사회 복지 사업을 하여 1천2백만 명 이상의 아동과 성인을 돕고 있습니다."

후원 방법

$50—위탁 아동들이 계산기나 도시락, 책가방, 공책 등의 학용품을 빠짐없이 준비할 수 있습니다.

$75—한 위탁 부모가 청소년과 정신 건강 심포지엄에 참가할 수 있습니다.

$250—다섯 어린이가 방한복을 입을 수 있습니다.

$500—모든 SOS 빌리지의 위탁 가정이 야간 서커스를 관람할 수 있습니다.

$1,050—빌리지 한 곳에 소속된 모든 위탁 부모가 청소년과 정신 건강 심포지엄에 참가할 수 있습니다.

$2,140—위탁 아동들이 YMCA에서 주최하는 마니또 위시 2주 여름 캠프에 등록할 수 있습니다.

$4,455—위탁 아동들이 YMCA에서 주최하는 마니또 위시 4주 여름 캠프에 등록할 수 있습니다.

예시 3:
SOS 칠드런 빌리지 일리노이의 스토리

1막

고작 다섯 살 된 아이가 가장이 되어야 하는 삶이 상상되십니까?

제이크라는 아이에게 실제 일어날 수도 있었던 일입니다.

2막

제이크는 여동생 두 명과 시카고에서 살고 있었습니다. 제이크는 2년 전까지만 해도 세 살 된 여동생 케이트와 한 살 된 여동생 릴리와 함께 아동 보호소에서 지내고 있었죠. 아이들의 부모는 두 분 모두 발달지체가 있어서 아이들을 키울 수 없는 상황이었습니다. 그런 이유로 제이크가 두 여동생을 도맡아야 했고, 거기다 두 여동생에겐 모두 중증 언어장애가 있었습니다. 이 작은 꼬마 아이가 대체 어떻게 부모 역할을 감당하겠습니까?

하지만 천만 다행히도 제이크는 부모가 될 필요가 없었습니다.

바로 SOS 칠드런 빌리지 덕분이었죠. 저희는 60년이 넘는 시간 동안 130개국에서 제이크처럼 돌봐줄 사람이 없거나 버림받은 아이들을 양육하기 위해 헌신했습니다. 현재 저희는 전 세계에 456개소 빌리지를 운영하고 있습니다. 특히 일리노이주에서는 우리 아이들이 전문적인 훈련을 받은 위탁 부모의 전일 양육하에서 형제자매들과 함께 빌리지 내의 SOS 단독 주택에서 지내고 있습니다.

제이크 역시 SOS 빌리지에서 2년 동안 두 여동생과 함께 지낼 수 있었고 아이들에게 꼭 필요한 교육적, 정서적, 의학적, 신체적 욕구 또한 위탁 부모와 상담사들의 도움으로 채워갈 수 있었습니다. 그뿐만 아니라 이 세 아이는 자신의 친부모님과의 관계를 유지하면서 동시에 앞으로 자신들을 도맡아 키워줄 위탁 부모님과도 깊은 유대를 형성할 수 있었습니다.

저희 SOS 칠드런 빌리지는 열네 차례 노벨평화상 후보에 올랐으며 2012년에는 시카고 지역에 있는 다른 자선단체 열네 곳과 함께 《시카고 매거진》의 '골드 스탠더드 상'을 받았습니다.

3막

그 어떤 아이도 부모 역할을 떠맡도록 내몰려서는 안 됩니다. 하지만 제이크, 케이트, 릴리 남매와 같은 아이들이 너무나도 많습니다. 그 아이들을 돕기 위해 전임 위탁 부모님들을 지원하고 위탁 부모님들과 아이들을 위한 교육 프로그램을 운영하는 데 기부해주신다면 저희는 더없이 감사할 것입니다.

저희는 현재 2만 달러 이상 기부하시는 분들을 중요 후원자로 분류하고 있습니다. 후원자분들의 도움이 있어야만 제이크 남매 같은 아이들이 따뜻한 가정에서 밝은 미래를 꿈꾸며 살 수 있습니다. 이 아이들에게 따뜻한 도움의 손길을 내어주시겠습니까?

비영리단체가 사회에 어떤 영향력을 끼치고 있는가를 스토리로 가장 잘 전달하기 위해서는 중요성이 큰 세부 내용을 세심하게 선별하여 전략적으로 접근해야 한다. 또한 화자의 입장이 아닌 후원자와 수혜자의 관점에서 이야기를 전달해야 한다. 이번 10장을 통해 사회적 영향력을 가장 효과적으로 스토리텔링 하는 방법을 알게 되었기를 바란다.

이 책의 마지막 장인 11장에서는 의료산업 분야에서의 스토리텔링 사례를 살펴보겠다. 이 분야에서는 상대방에게 힘과 희망을 심어주고 어려울 수 있는 내용을 명확하게 설명해주기 위해 효과적인 스토리텔링이 매우 중요하다.

11장
사례로 살펴보는
의료산업 스토리텔링

우리는 모두 의료산업과 밀접한 관계를 맺으며 살아간다. 자신의 건강 때문이든 가족이나 친구의 건강 때문이든 모든 사람이 다양한 형태로 의료산업의 신세를 지기 마련이다. 따라서 우리는 저마다 의료에 얽힌 스토리를 가지고 있다. 더구나 의료 관련 이야기는 중대하고 심각한 경우가 많다. 개인의 신체 건강과 더불어 재정 건전성과도 직결되는 사안이기 때문이다.

현대에 들어서 의료계가 대단히 복잡해졌는데 이는 비단 환자들만 느끼는 바는 아니다. 의료산업과 유관한 일을 하는 사람들조차 의료계 지식은 부분적일 수밖에 없다. 사실 중환자실 간호사가 의료비 환급 과정까지 정확히 알고 있을 필요는 없다. 업계 최전선에서 의료 소프트웨어를 파는 영업사원도 학계에서 이루어지는 연구에 관해서는 아는 바가 거의 없을 것이다. 그렇지만 의료계라는 테두리 안에 있는 사람들 간에 커뮤니케이션해야 하는 순간이 종종 찾아오는데, 이때 가장 효과적인 커뮤니케이션 방법은 역시나 스토리텔링이다.

의료계라는 테두리 속에서 소통하는 주체에는 환자도 포함된다. 현재 성장세를 보이는 이야기 치료narrative medicine라는 분야가 있다. 의료 기관과 의료 전문가들이 더 큰 치료 효과를 위해 스토리를 하나의 치료과정으로 활용하는 방법으로써 그 중요성이 점점 커지고 있는 분야다.[1] 일례로 매사추세츠 종합병원에서는 쉐어링 클리닉을 시행했다. 환자들이 자신의 치료 과정을 녹음하여 다른 환자들과 공유할 수 있는 시스템이다. 환자들이 치료 과정을 녹음하면 병원 측에서는 그 스토리를 디지털 방식으로 저장·분류하여 다른 환자들이 찾아 들을 수 있도록 한다. 비슷한 병을 앓고 있는 환자가 다른 환자들의 스토리를 통해 정보도 얻고 힘과 위로도 얻을 수 있게 한 것이다.[2]

오늘날 의료분야에서는 온갖 종류의 전문 영역이 생겨나고 있다. 전문성이 높아짐에 따라 전문가들 사이에서만 통용되는 난해한 표현과 전문용어도 계속해서 늘어나고 있다. 이에 따라 비전문가 청중과의 의사소통이 점점 더 어려워지고 있다. 이러한 문제의 해결책 역시 스토리다.

11장에서는 의료산업에 종사하는 경영진급 다섯 명을 예로 들어 그들이 어떻게 스토리를 활용해 어려운 내용을 설명하고 동기를 부여하며 회사를 이끌었는지 설명하겠다. 다섯 사람의 스토리는 주제와 목적이 각각 달랐지만, 스토리를 이용해 수준 높은 소통을 이루어냄으로써 타인의 용기와 협조를 끌어냈다는 공통점이 있다.

자신이 일하는 이유를 스토리텔링하다

나는 앞서 당신이 청중에게 관심을 두지 않으면 청중의 관심도 기대할 수 없다고 설명했다. 전문직 종사자들이 단순히 급료가 아닌 전문적인 업무과정에서 보람을 얻는 경우가 많은 의료산업에서 이 설명은 더욱 유효하다. 당신이 상대방에게 얼마나 관심이 많은지 얼마나 애쓰고 있는지 단순한 말로는 알릴 수가 없기 때문이다. 당신이 얼마나 애쓰고 있는지를 보여줄 최고의 방법은 당신이 왜 다른 일이 아닌 그 일을 고집하는가에 대해 스토리텔링을 하는 것이다.

모린 블로스펠드는 병원 전문 건축가다. 효율성을 극대화하는 동시에 유대감을 고취하기 위해 의료기기의 배치, 직원과 환자의 이동 경로, 작업 흐름 등을 종합적으로 판단하여 의료시설을 짓는다. 모린 블로스펠드는 어떻게 이런 고도로 전문화된 업종을 시작하게 되었을까? 많은 이가 그렇듯이 그녀 역시 개인적 상황과 기회가 교차하는 지점에서 소명 의식을 발견하였다.

모린 블로스펠드는 1990년대에 처음 건축 일을 시작하면서 아름답고도 경외심을 자아내는 건축물을 창조하는 것이 건축가로서 자신의 역할이라고 생각했다. 그러다 2005년에 처음으로 병원 시설의 프로젝트를 맡게 되면서 그 관점은 송두리째 바뀌게 된다. 그녀가 당시 맡게 된 프로젝트는 시카고 지역에 있는 한 대형 병원의 방사선실을 다시 디자인하는 일이었다. 그러던 모린 블로스펠드는 영상의학과를 이리저리 돌아다니다 방사선실 옆에 붙어 있는 환자용 탈의실을 보게 됐다. 그 순간 남편과 병원 탈의실에 앉아 의사의 진단을 기다리던 때가 떠올랐다. 남편의 조직 검사 결과가 음성으로 나오기만을 기도하고 있던 때였다. 불행히도 남편은 희소 암인 비인두암 양성 판정을 받고 결국 세상을 떠났다. 모린 블로스펠드가 시카고 병원 프로젝트를 담당하기 몇 달 전 일이었다.

남편을 잃은 뒤 처음 맞게 된 일이 공교롭게도 병원 일이었다. 방사선실을 돌아보다 보니 슬픈 감정이 밀려와 병원 관련 일은 피하고 싶다는 생각이 잠시 들었다. 하지만 모린은 결국 환자들과 의료진, 그리고 그 외의 모든 사람이 좋은 기억을 간직할 수 있는 공간을 만드는 데 헌신하겠다고 결심하게 된다.

모린은 방사선실 디자인 프로젝트에 완전히 몰입했다. 그 과정에서 그녀는 의료시설 건축이야말로 수년간 남편을 병간호하며 배운 모든 것들을 활용해 다른 사람들에게 도움을 줄 수 있는 일임을 깨달았다. 예컨대 병원에서 재정을 투입하기만 하면 얼마든지 아름다우면서도 최신식 장비를 갖춘 방사선실이나 내시경 검사실을 디자인할 수 있을 터이다. 하지만 정작 그런 곳에 가야 하는 환자들은 대개 무의식 상태이므로 그런 투자는 큰 의미가 없을 성싶었다. 그 대신 환자와 가족들이 현재 처한 상황에 대해 대화도 나누고 깊이 생각할 수 있는 장소, 또 그렇기 때문에 프라이버시와 품위와 안정감이 필요한 장소인 병실 디자인을 바꿔야 한다고 생각했다. 생각이 여기에까지 이르자 그녀는 자신과 남편이 겪었던 일을 똑같이 경험하고 있는 사람들을 위해 최선의 공간을 만들어주겠노라 결심하게 된다.

위 스토리는 모린 블로스펠드가 병원 건축가로 살아가는 이유를 설명해준다. 당신이 현재의 일을 하는 이유를 어떻게 스토리텔링 할 수 있을지, 그 스토리로 어떻게 다른 사람들에게 영감과 동기를 불어넣을 수 있을지 생각해보라.

직원들에게 동기를 부여하는 스토리텔링

케빈 와인스타인은 기술력과 빅데이터 자료를 병원과 의료진에게 제공하는 기업인 밸런스 헬스(현재 에볼런트 헬스)에서 최고성장책임자CGO로 근무했다. 이 기업의 사명은 병원 측에서 치료 활동 및 재정과 관련된 보상정책을 개정하여 더 나은 의료 서비스를 제공하도록 돕는 것이었다. 케빈 와인스타인은 2012년에 CGO 자리에 올랐다. 당시 250명이던 재직자 수는 2016년을 기준으로 950명으로 늘어났으며 450%의 수익을 냈다. 성장세를 타고 있는 회사의 가치관과 문화를 직원들에게 교육하는 일 역시 중요하겠다고 판단한 케빈은 오리엔테이션을 열 때마다 자신이 수년 전 한 콘퍼런스에서 듣고 큰 감명을 받았던 스토리를 전달하곤 했다.

그 스토리는 인터마운틴 헬스케어 시스템에 소속된 브렌트 제임스 박사의 스토리로 이제는 의료산업이 변화해야 한다는 메시지를 담고 있었다. 인터마운틴 헬스케어는 유타주 전역에 여러 병원을 거느린 기업으로 1990년대 중순부터 말까지 자신들이 정한 체계에 따라 조산아를 관리했다. 조산아가 태어나면 병원 측에서는 먼저 아이를 인큐베이터로 데려가 원활한 호흡을 위해 목구멍 아래에 관을 삽입했다. 그리고 난 후에는 아이를 그 상태 그대로 솔트레이크시티에 있는 신생아집중치료실로 이송했다. 어느 병원에서 태어나든 조산아는 모조리 솔트레이크시티로 갈 수밖에 없었다. 요컨대 병원의 조산아 치료 절차 때문에 부모와 아이가 생이별할 수밖에 없었고, 이 때문에 부모는 심하게 마음고생 하는 것은 물론이고, 비싼 돈을 들여 그 먼 거리를 오가거나 그저 아이 소식이 오기만을 기다려야 했다.

부모의 입장에서, 그리고 이제 막 출산의 고통을 겪은 산모의 입장에서 자기 갓난아이가 치료기기에 매달려 수백 킬로미터 떨어진 곳으로 보내진다는 것이 얼마나 큰 스트레스일지는 누구나 충분히 짐작할 수 있을 것이다. 그와 유사한 일을 경험했던 나는 이 일이 더욱 크게 와 닿는다. 2011년, 나는 산달을 다 채우고 막내딸을 제왕절개 수술로 낳았는데 병원 측에서는 아이가 저혈당증이 심각해 신생아 집중치료실로 보내야 한다고 했다. 내가 수술을 받고 몸을 추스른 후부터 남편이 나를 휠체어에 앉혀 내가 쉬던 회복실과 신생아 집중치료실 사이를 오갈 수 있게 도와주었다. 집중치료실을 방문한 첫날 나는 스물네 시간 동안 그곳을 뜨지 않았다. 그곳에서 나는 간호사가 혈액검사를 위해 그 조그마한 아이의 발뒤꿈치를 계속해서 찔러대는 광경을 보고만 있어야 했다. 뒤꿈치에 멍이 어찌나 심하게 들었던지 묶었던 붕대를 풀면 곧장 피가 쏟아질 것만 같았다. 마침내 우리는 퇴원해서 집으로 돌아왔다. 아이를 본 동네 소아과 의사는 대체 그 병원에서는 신생아에게 얼마나 높은 혈당 수치를 바랐던 거냐고 말하며 인상을 찌푸렸다. 그때 경험 때문에 우리 가족은 대체로 병원을 좋아하지 않는다. 5년이 지난 지금도 그때를 떠올리면 가슴이 아프다. 그나마 내 딸이 있던 치료실은 고작 내 병실에서 몇 층밖에 떨어져 있지 않았다. 그렇기에 나보다 훨씬 더 오래, 그리고 훨씬 더 멀리 아이와 생이별해야 했던 인터마운틴 헬스케어에서 산모들이 겪었을 그 고통을 잘 안다고 감히 말하지는 못하겠다.

브렌트 제임스 박사가 콘퍼런스에서 이 문제를 거론하자 케빈 와인스타인를 비롯한 몇 사람이 간단하면서도 기상천외한 아이디어를 냈다. 천만다행이었다. 병원 측에서 산모 회복실 안에 소형 집중치료실을 만드는 게 어떻겠냐는 제안이었다. 즉 산모의 회복실마다 신생아용 CPAP(수면 무호흡증을 치료할 때 쓰는 의료기기)를 설치하자는 것이었다. 그렇게만 할 수 있다면 인큐베이선도, 삽관도, 산모와 신생아의 생이별도 없을 테니 말이다. 실제로 기존보다 더 인간적이면서도 따뜻한 방법으로 신생아를 치료해본 결과 그 효과도 기존 방식 못지않게 훌륭했다. 테스트를 성공적으로 마친 뒤 인터마운틴 헬스케어 시스템은 자사의 모든 병원에 이 새로운 정책을 시행했다. 그런데 여기에도 문제가 있었다. 새로운 정책이 병원의 수익 하락으로 이어졌다는 것이다. 신생아를 이송하는 빈도수가 줄어 환자 입장에서 내야 할 의료비가 줄었지만, 병원의 수익은 그만큼 줄어든 것이다. 실제로 새로운 변화를 맞이하면서 입은 손실은 연간 백만 달러가 넘었다. 그런데도 인터마운틴 헬스케어 시스템 측에서는 지금도 새로 도입한 방식을 고집하고 있다. 그저 해야 할 일을 하고 있다고 생각하기 때문이다.

옛말에 곱다고 안아준 아이가 바지에 똥 싼다고 했다. 인터마운틴 헬스케어 측에서는 기껏 환자 편에서 일했으나 결국 '똥'만 뒤집어쓴 꼴이 됐다. 이 책을 쓰고 있는 2016년도를 기준으로 환자 보호 및 부담 적정 보험법(오바마케어) 덕분에 점진적인 변화가 일어나고는 있지만, 아직도 미국의 전반적인 의료 체계는 얼마나 치료 결과가 훌륭한가가 아닌 어떤 치료 과정을 거쳤는가에 따라 의료비를 책정한다. 오랜 기간 굳어진 이런 미국의 의료비 책정 방식은 인터마운틴 헬스케어처럼 오히려 혁신에 힘쓰는 병원들의 혁신 의지를 꺾어놓는다는 점에서 문제가 있다.

케빈 와인스타인은 의료계가 바뀌어야 하는 이유를 설명하기 위해 콘퍼런스에서 들었던 스토리를 자주 언급한다. 물론 케빈 와인스타인도 복잡한 사실 정보나 수치 자료, 그래프를 이용해 주장을 펼칠 수도 있다. 하지만 자기 엄마와 생이별할 수밖에 없던 신생아들의 스토리에는 감정에 호소하는 힘이 있기에 주장의 힘도 더 크다. 그가 재임했던 에볼런트 헬스는 인터마운틴 헬스케어처럼 환자에게 더 나은 결과를 도출할 수 있도록 돕겠다는 목표로 환자 중심의 비즈니스를 하고 있기에 이 스토리는 신입사원 교육에 매우 적합한 이야기였다. 와인스타인은 이 이야기를 전달하며 자신이 출근할 때마다 왜 가슴이 뛰는지, 회사의 사명을 실천하는 데 있어서 신입사원들의 역할이 왜 중요한 의미가 있는지 효과적으로 설명할 수 있었다.

케빈 와인스타인이 그랬듯 스토리텔링을 위해서 꼭 독창적인 스토리를 만들지 않아도 될 때가 있다. 진정으로 호소력 있는 스토리를 듣게 된다면 (필요한 경우 허락을 구하고) 그 스토리를 전달해 청중에게 영감과 동기를 줄 수 있기 때문이다. 복잡한 사안을 다루는 업계의 사원들이 동기를 얻도록 하기 위해서는 데이터를 기반으로 주장을 펼치거나 인센티브를 제공하는 것도 중요하지만 당신이 속한 기업의 목적과 사명을 분명하게 보여줄 감정적인 요소들을 활용하는 것도 그에 못지않게 중요하다. 케빈 와인스타인은 이런 전략을 '사회적 강화'라고 부른다. 사회적 강화란 조직에 올바른 스토리를 전달함으로써 업무와 목표를 위해 헌신하고자 하는 동기를 구성원들에게 불어넣는 걸 의미한다.

쉽게 설명하기 위한 스토리텔링

미국 뇌졸중 협회에 따르면 뇌졸중은 나이를 불문하고 발병할 수 있으며 미국인의 사망 원인 5위에 해당한다고 한다.[3] 더욱이 뇌졸중 치료를 무사히 받는다고 해도 환자 2/3 이상이 치료 후 장애를 겪는다. 그렇기 때문에 혹시라도 초기 증상을 발견한다면 즉시 뇌졸중 치료시설이 잘 갖춰진 병원을 찾아야 한다고 스트라이커 뉴로배스큘러의 마케팅 매니저, 화이잘 칸은 목소리를 높인다. 칸은 여러 의료기기 중에서도 뇌혈관에 막힘이 발생한 허혈성 뇌졸중(뇌경색) 환자의 혈전을 제거할 수 있는 기기를 마케팅하고 있다.

　의사들이 뇌졸중을 얼마나 알아듣기 어렵고 헛갈리게 설명하는지 칸은 잘 안다. 그는 뇌졸중에 관해 더 잘 알기 위해 의학 저널을 읽고 의사들이 여는 세미나에 여러 차례 참가하기도 했다. 그는 나에게 의사들이 뇌경색과 그 치료법을 어떻게 설명하는지 알려주었다. 그가 내게 쓴 메일이다.

　뇌경색은 초기에 징후를 알아보는 것이 매우 중요합니다. 또한 뇌졸중 증상을 보인 환자를 상급 종합병원이나 뇌졸중 종합센터로 즉시 이송하는 것도 중요합니다. 장기적으로 봤을 때 그래야만 환자의 상태가 개선될 여지가 크기 때문입니다.

43세 여성 마리 씨의 경우 아침 기상 시 뇌졸중(증상 발생 시각 불명확)이 발병했는데 마리 씨에게 나타난 반신 불완전 마비와 실어 증상을 남편이 발견했습니다. 먼저 찾아간 지역병원에서는 마리 씨를 뇌졸중 종합센터로 즉시 공수했고, 마리 씨는 LVO 진단을 받았습니다. 이를 확인한 중재 시술팀은 혈전 제거 수술용 기기로 혈관 중재 수술을 시행했습니다. 첫 단계에서 혈전을 제거한 후 마리 씨에게 TICI 3등급을 판정했고, 90일 후에는 mRS 수치가 0점이 되었습니다.

당신도 보다시피 위 두 문단에는 유용한 정보가 많기는 하나 일반인 대다수가 이해하기 힘든 의학용어투성이다. 이에 칸과 팀원들은 아무런 장애 증상 없이 뇌경색을 완치한 실제 환자분들을 모시고 짧은 영상을 만들기로 했다.[4]

위의 이메일에서 언급한 마리 던스모어 역시 영상에 출연했다. 그녀는 학교 교사이자 쌍둥이 아들의 엄마로 남편과 함께 영상에 등장해 뇌졸중을 겪었던 당시의 일을 설명해준다. 부부는 잠에서 깬 마리 던스모어에게 문제가 발생했음을 어떻게 알아차렸는지 회고한다. 영상에는 마리 던스모어의 수술을 담당했던 로버트 테일러 박사도 등장해 어떻게 스트라이커 뉴로배스큘러에서 만든 의료기기를 이용해 뇌졸중을 유발한 혈전을 제거할 수 있었는지 설명해준다.[5] 당시 잠에서 깬 마리는 한숨 더 자고 싶어 했지만 남편인 필은 아내를 데리고 즉시 병원으로 향했다. 필이 그런 결정을 내리지 않았다면 결과는 분명 크게 달라졌을 것이다. 짧지만 강한 화이잘 칸의 영상을 본 사람들은 꼭 필요한 만큼의 정보와 감정을 얻고 느낄 수 있었고, 말이 잘 안 나온다거나 얼굴이나 팔, 다리에 마비가 오는 등의 뇌졸중 초기증상에 경각심을 가져야겠다고 생각하게 되었다.[6]

인물을 활용하는 데이터 스토리텔링

어쉬시 샤는 인물이 등장하는 스토리를 이용해 데이터를 탁월하게 설명하는 재주가 있다. 그는 프리페어드헬스의 공동창업자로 의료서비스 제공자, 의료보험 회사, 그리고 환자들의 데이터를 종합하여 의료품질과 비용의 최적점을 찾아주는 서비스를 제공하고 있다. 프리페어드헬스의 고객사 중에는 간병이나 호스피스 서비스에 이르기까지 종합적 의료서비스를 제공하는 민간 의료 서비스 회사도 있다. 여타 대형 의료 기업과 마찬가지로 이 회사 역시 각 서비스 분야마다 독립된 사업단위로 나누어 운영하고 있었다. 그런데 이에 대해 샤와 팀원들은 고객사가 여러 사업단위를 쪼개어 운영함으로써 많은 비즈니스 기회를 놓치고 있다는 확신이 들었고 그로 인해 종합적인 서비스를 통한 환자들의 충성도 역시 잃어버리고 있음을 간파했다. 그들은 대안을 찾기 위해 데이터를 파고들었다.

데이터를 충분히 검토한 후 이 서비스들을 통합하는 게 낫겠다는 판단이 서자 어쉬시는 고객사의 이사회와 회의를 제안했다. 그는 곧바로 데이터를 제시하는 대신에 같은 실버타운에 거주했던 두 70대부부 고객의 스토리를 들려줬다. 그는 이 부부가 오랜 시간에 걸쳐 어떤 의료 서비스를 받았는지 세세하게 전달해주며 고객으로서 혜택을 보기 위해 얼마나 많은 병원에 찾아가야 했으며 각 서비스가 얼마나 단절돼 있었는지 설명했다. 통합 서비스가 있었다면 이 부부가 큰 이점을 누릴 수 있었을 텐데 그렇지 못했다는 점을 강조했다. 이사회 측은 자사가 현재 제공하는 여러 서비스에 심각한 단절 문제가 있음을 이해하게 되었고 기존의 각 사업단위를 통합하는 방향으로 개선해 나가야겠다고 판단하게 되었다.

어쉬 샤가 들려준 스토리가 남긴 생생한 이미지로 인해 고객사는 실질적인 조치를 빠르게 취해나갔고 그 결과 서비스를 한층 개선함은 물론 모든 임직원과 거래처에도 이 스토리를 확산함으로써 그 효과를 증폭시켰다. 이 예화를 통해 다시 한번 스토리의 힘을 실감하게 된다. 방대한 데이터를 토대로 내린 분석적 결론 역시 단순하지만 매력적인 인간 스토리로 녹여냄으로써 훨씬 더 큰 효과를 볼 수 있다.

리더십을 명쾌하게 정의하는 스토리텔링

글로벌 의료기기 회사의 마케팅 임원인 네하 아그라월은 회사에서 주최한 리더십 행사에서 개회사를 맡게 되었다. 청중으로 참가한 비슷한 직급의 임원들을 앞에 두고 행사의 분위기도 띄우고 리더십이라는 주제로 발표도 하는 자리였다. 발표 시간이 45분이라는 것 외에는 별다른 지침은 없었다.

당신이 개회사를 맡은 임원이라면 무슨 말을 하겠는가? 십중팔구는 리더십에 관한 최신 학술조사를 소개하고 임원진이 이를 어떻게 적용할 수 있을지 자기 생각을 밝히거나 혹은 회사 내 리더십 현황이 이러저러하니 어떠한 방법을 쓰면 리더십을 향상할 수 있다고 주장할 것이다.

하지만 네하 아그라월은 다른 방법을 택했다. 그녀는 2008년도에 부모님, 여동생과 남편, 그리고 세 아이와 함께 킬리만자로에 올랐던 스토리를 꺼냈다. 7세 아동에서 70세 노인에 이르는 세 세대에 걸친 아홉 식구가 떠난 기상천외한 여행이었다. 사실 가족 중에 평소 모험을 즐겨 할 만한 사람은 아무도 없었다. "저희 가족은 먹고 놀 줄만 아는 사람들입니다."

가족 성향을 잘 알고 있기에 아그라월은 최대한 철저히 여행에 대비해야 한다고 가족들에게 신신당부했다. 한 가지 예를 들자면 각자 자신에게 꼭 필요한 물건을 싸되 산 위에서 헷갈리지 않게 지퍼백마다 라벨을 붙이라고 일러주었다고 한다. 물론 만반의 준비를 해도 현장에서는 갖가지 문제에 부딪히기 마련이다. 70세 부모님의 건강 상태도 큰 걱정거리였다. 게다가 두 번째 대피소부터는 어린이들의 등반이 허락되지도 않았다. 신경 쓸 게 한둘이 아니었다.

이 범상치 않은 가족 여행 스토리를 듣는 45분 내내 청중은 무척 즐거워했다. 아그라월의 겸손과 유머도 한몫했다. 가족 여행기를 모두 들려준 아그라월은 그래서 우리 회사에는 어떤 리더십이 필요한가를 다음과 같이 설명하며 스토리텔링을 마쳤다.

● 영감에 촉을 곤두세워라.

- 팀원들을 철저히 대비시켜라.
- 리더도 두렵고 힘들다고 인정하라. 그리고 팀원들의 격려를 받는 리더가 돼라.
- 리더십의 형태는 모두 다르다. 당신에게 어떤 리더십이 필요한지 파악하라.
- 일부 프로젝트나 직원이 피치 못할 사정으로 최종 목적지에 도달하지 못할 수도 있음을 명심하라.
- 문제를 잘게 쪼개 하나씩 차근차근 처리해 나가라.
- 당신이 가진 자원을 전략적으로 활용하라.
- 당신이 얻은 리더의 지혜를 전수하라.

공식 행사장에서 가족여행 중 겪은 일을 언급한다는 것이 관습적인 규범에는 맞지 않을 수 있지만 아그라월은 자신의 스토리에 청중이 귀 기울이고 있음을 알 수 있었다. 실제로 개회사가 끝난 후 청중은 각자 자신의 가족과 겪었던 모험담과 그때 얻은 교훈을 서로 나눴다.

상대방이 당신의 스토리를 듣고 자기 스토리도 나누고 싶어 한다면 이는 당신의 스토리가 효과적이었다는 최고의 증거다. 뛰어난 스토리는 상대방에게 울림을 줘 더 많은 스토리를 낳기 때문이다. 생동감 넘치는 소통방식인 스토리텔링을 능숙히 해낼 때 당신과 청중 사이의 유대감은 끈끈해진다.

에필로그

입학사정관으로 일할 때 얻은 통찰을 소개하며 이 책의 첫 단추를 끼웠습니다. 이번에도 역시 입학 관련 스토리를 소개하며 마지막 단추를 채우려 합니다.

마크라는 학생이 2013년에 상위 여섯 개 경영대학원에 지원하고 모조리 낙방한 일이 있었습니다. 1년 후 그 학생이 상위 네 개 경영대학원에 재도전할 때 제가 몇 가지를 조언해주었는데 결과적으로 모든 학교에 합격하게 되었습니다! 심지어 합격한 것도 모자라 네 학교 중에 두 곳에서는 거액의 장학금도 주겠다고 했죠.

하지만 마크의 스토리는 여기서 끝이 아닙니다.

마크는 펜실베이니아대학교 와튼스쿨에 진학하고 나서야 자신이 진짜 경쟁은 시작해보지도 않았음을 깨달았다고 합니다. 내로라하는 사람들이 지천인 명문 경영대학원에서 그는 회사 면접에서 이기기 위해, 대학원 내 경영 사례 발굴 대회에서 승리하기 위해 경쟁해야 했습니다. 심지어 어떤 인기 과목은 수강 신청마저도 경쟁이었습니다. 실제로 어떤 강의는 수강 신청 과정에서부터 몇 단계를 거쳐야 했고 '1학년은 방해가 되니 나가달라'는 강의도 있었습니다.

하지만 이제 막 대학원에 입학한 마크는 해당 수업이 꼭 듣고 싶어 어찌어찌 신청했고 결국 승낙을 받게 됩니다! 그도 나중에 알게 된 사실이지만 자신이 해당 수업을 수강하기에 충분한 자격을 갖췄다는 점을 스토리로 잘 녹여낸 덕분이었다고 합니다.

인생이란 끝이 없는 입학 경쟁입니다. 저는 여러분이 이 책을 통해 자신만의 스토리를 전달하는 법을 알게 되길 바랍니다. 이 책에서 소개한 여러 가지 도구와 개념을 내 것으로 만들기 위해서는 시간과 정성을 쏟아부어야 합니다. 하지만 분명 보람이 따를 것입니다.

이 책을 읽은 여러분이 각자의 삶에 스토리텔링을 어떻게 적용할지 몹시 궁금합니다. 언제든 제게 알려주십시오.

Esther@LeadershipStorylab.com

LinkedIn.com/EstherChoy

Twitter: @LeaderStoryLab

주석

들어가며

1. 스토리텔링이 듣는 이의 기억과 행동에 영향력을 미친다는 사실이 신경생물학적으로 점점 더 입증되고 있다. 그 사례로 이것을 보라. Paul Zak, "Why Your Brain Loves Good Storytelling," *Harvard Business Review*, October 28, 2014, https://hbr.org/2014/10/why-your-brain-loves-good-storytelling/ (accessed April 13, 2015).

2. Robert McKee, *Story: Substance, Structure, Style, and the Principles of Screen-writing*, HarperCollins Publishers, New York, p. 28.

3. Robert Cialdini, *Influence: The Psychology of Persuasion*, Harper Business, New York, 2006.

1장

1. 이 이야기는 지인의 경험을 토대로 한 실제 경험을 바탕으로 한 것이다. 다만 세부 사항은 각색하였다.

2. Chip and Dan Heath, *Switch*, Crown Business, 2010. 저자들이 뛰어난 비유를 사용하고 있음에 주목하라. 저자들은 의사결정을 설명하면서 감정을 코끼리에 그리고 이성적 판단을 사람(몰이꾼)에 비유하고 있다. 최선의 결정을 위해서 당신은 코끼리와 몰이꾼, 즉 감정과 이성적 판단을 모두 고려해야 한다.

3. Radio Lab, "Overcome by Emotion" NPR podcast, http://www.radiolab.org/story/91642-overcome-by-emotion/

4. Allan Weiss, *Million Dollar Consulting*, McGraw Hill Education, 5th Edition, April 2016.

5. Matthew Weiner, "Wait Wait··· Don't Tell Me!" Chicago Public Radio, Chicago, March 2015. http://www.npr.org/2015/03/28/395741081/not-my-job-mad-men-creator-matthew-weiner-gets-quizzed-on-glad-men (accessed June 28, 2016).

6. Alex Baydin, "What I Learned When My Company Almost Went Bankrupt," *Fortune*, May 24, 2016, http://fortune.com/author/alex-baydin/ (accessed June 28, 2016).

7. Kathleen Doheny, "Autism Cases on the Rise; Reason for Increase a Mystery," WebMD, March 28, 2008. http://www.webmd.com/brain/autism/searching-for-answers/autism-rise (accessed June 29, 2016).

8. Adam Mordecai, "16 years ago, a doctor published a study. It was completely made up, and it made us all sicker," *Upworthy*, December 5, 2014. http://www.upworthy.com/16-years-ago-a-doctor-published-a-study-it-was-completely-made-up-and-it-made-us-all-sicker?c=ufb7 (accessed June 29, 2016).

9. Clifford Krauss, "Oil Prices: What's Behind the Drop? Simple Economics," *New York Times*, January 6, 2016. http://www.nytimes.com/interactive/2016/business/energy-environment/oil-prices.html?_r=0 (accessed June 29, 2016).

2장

1. Paul Dolan, *Happiness by Design*, Plume Publishing, 2014, p. 150.

2. 이 장은 다음 책에서 영감을 얻었다. *The Seven Basic Plots* by Christopher Booker. Continuum, 2004.

3. Kurt Vonnegut, *A Man Without A Country*, Random House, 2005, pp. 23-31.

4. Google에서 "Vonnegut shape of story"를 검색해보라. 그러면 스토리 그래프를 상세히 설명해주는 저자의 유튜브 비디오와 함께 더 많은 참고도서를 찾을 수 있다.

5. Richard Feloni, "Pepsi CEO Indra Nooyi explains how an unusual daily ritual her mom made her practice as a child changed her life." *Business Insider*, September 5, 2015. http://www.businessinsider.com/pepsico-indra-nooyi-life-changing-habit-2015-9 (June 29, 2016).

6. Kathleen Elkins, "From poverty to a $3 billion fortune —the incredible rags-to-riches story of Oprah Winfrey." *Business Insider*, May 28, 2015. http://www.businessinsider.com/rags-to-riches-story-of-oprah-winfrey-2015-5 (accessed June 29, 2016).

7. Dennis Romero, "Homelessness, Hair Care and 12,000 Bottles of Tequila,"

Entrepreneur, June 11, 2009. https://www.entrepreneur.com/article/202258 (accessed June 29, 2016).

8. Christopher Booker, *The Seven Basic Plots*, Continuum, 2004, p. 194.

9. Richard Teerlink, AMA Motorcycle Hall of Fame, Inducted in 2015. http://www.motorcyclemuseum.org/halloffame/detail.aspx?RacerID=475 (accessed June 29, 2016).

10. Scott Bieber, "Harley Is 'A Classic Turnaround Story' Executive Interview Vaughn Beals, Harley-davidson Inc." *The Morning Call*. April 18, 1988. (accessed June 29, 2016). http://articles.mcall.com/1988-04-18/business/2634587_1_harley-dealers-american-motorcycle-manufacturer-big-motorcycles (accessed June 29, 2016).

11. Richard Teerlink, AMA Motorcycle Hall of Fame, Inducted in 2015. http://www.motorcyclemuseum.org/halloffame/detail.aspx?RacerID=475 (accessed June 29, 2016).

12. Glenn Rifkin, "How Harley Davidson Revs Its Brand" *iStrategy + Business*, Oct 1, 1997. http://www.strategy-business.com/article/12878?gko=ffaa3 (accessed June 29, 2016).

13. Lisa Stein, "Living with Cancer: Kris Carr's Story." ScientificAmerican.com, July 16, 2008. http://www.scientificamerican.com/article/living-with-cancer-kris-carr/ (accessed June 29, 2016).

14. Pure Earth and Green Cross, "World's Worst Pollution Problems 2015" Pure Earth and Green Cross, Zurich Switzerland, 2015. http://www.worstpolluted.org (accessed June 29, 2016).

15. Raveena Aulakh, "10 toxic pollution success stories" TheStar.com, Jan 27, 2015. https://www.thestar.com/news/world/2015/01/27/10-toxic-pollution-success-stories.html (accessed June 29, 2016).

16. Kitt Stapp, "Developing Nations Write Hopeful New Chapters in a Toxic Legacy" Inter Press Service, Jan 27, 2015. http://www.ipsnews.net/2015/01/developing-nations-write-hopeful-new-chapters-in-a-toxic-legacy/ (accessed June 29, 2016).

17. Alex Kotlowitz, "The Thin Blue Ribbon." Chicago Public Radio, June 15, 2016. http://www.heatofthemoment.org/features/astronaut/ (accessed June 29, 2016).

18. http://www.dyson.com/community/aboutdyson.aspx (accessed June 29, 2016).

19. Stephen Dubnar, "How to create suspense." Freakonomics.com July 29, 2015. http://freakonomics.com/podcast/how-to-create-suspense-a-new-freakonomics-radio-episode/ (accessed June 30, 2016).

20. 만일 당신이 하던 일을 하루쯤 처박아둘 만큼 호사를 누릴 여유가 없다면 적어도 한 두 시간쯤은 원고를 놔두고 다른 일에 매진해보길 바란다.

21. 앞의 주석을 참고.

22. Robert McKee, *Story* HarperCollins, 1997, p. 76.

23. 이 사례는 다음 기사에 근거하였다. http://www.telegraph.co.uk/technology/news/9525267/Airbnb-The-story-behind-the-1.3bn-room-letting-website.html (accessed June 30, 2016).

24. 이 사례는 다음 기사에 근거하였다. "Homelessness, Hair Care and 12,000 Bottles of Tequila," *Entrepreneur* https://www.entrepreneur.com/article/202258 (accessed June 30, 2016).

25. 이 사례는 다음 기사에 근거하였다. "Sallie Krawcheck Remembers Her Twenties Being 'A Lost Journey' —Until One Amazing Day Changed Everything" from *Business Insider*; "I Knew I Would Get Fired," from *Fast Company*; and "Sallie Krawcheck: From Wall Street Boss to Entrepreneur," Radiate Podcast.

26. 이 사례는 다음 기사에 근거하였다. http://www.scientificamerican.com/article/living-with-cancer-kris-carr/ (accessed July 1, 2016).

27. 출처: Adair Lara's book *Naked, Drunk, and Writing* (Ten Speed Press, 2010).

3장

1. Jon Scieszka, *The True Story of the 3 Little Pigs!*, Puffin Books, 1989.

2. 나는 두 은행 어디에서도 컨설턴트로 일하지는 않았다. 이 사례는 대중에 공표된 자료를 근거로 만든 것이다. 모든 인용은 *Chicago Tribune*, *USA Today*, 그리고 Shelter-Force.com을 참조하였다. 굳이 더 밝히자면 나는 차터원 뱅크의 고객이었다.

3. (accessed August 18, 2016).

4. (accessed August 18, 2016).

5. (accessed August 18, 2016).

6. (accessed August 18, 2016).

7. 같은 자료

8. 다음 책 중 '은행과 저소득층 고객에 관한' 부분을 참조하였다. Peter Skillern, "When Your Bank Leaves Town: How Communities Can Fight Back," Shelterforce Online, 126 (2002): http://www.shelterforce.com/online/issues/126/bankclosings.html (accessed August 18, 2016).

4장

1. Kim Nash, "ADP's CIO Says Algorithms Measure Employee Flight Risk" *Wall Street Journal*, May 31, 2016. http://blogs.wsj.com/cio/2016/05/31/adp-algorithms-tackle-employee-flight-risk/ (accessed June 14, 2016).

2. Hiawatha Bray, "When the Billboard Has A Brain," *The Boston Globe*, May 19, 2016. https://www.bostonglobe.com/business/2016/05/18/when-billboard-has-brain/TjUFP907S0nUKmqsLihsaN/story.html (accessed June 14, 2016).

3. Meta Brown, "Big Data Analytics and the Next President: How Microtargeting Drives Today's Campaigns" Forbes.com May 29, 2016. http://www.forbes.com/sites/metabrown/2016/05/29/big-data-analytics-and-the-next-president-how-microtargeting-drives-todays-campaigns/#27ed07371400 (accessed June 14, 2016).

4. 데이터 관련 카테고리는 가트너가 정의한 그대로다. www.gartner.com/it-glossary/big-data (accessed June 14, 2016).

5. Amy Affelt, "Acting on Big Data: A Data Scientist Role for Info Pros," RsearchGate.com, September 2014. https://www.researchgate.net/publication/269698040_Acting_on_Big_Data_A_Data_Scientist_Role_for_Info_Pros (accessed June 14, 2016).

6. Jim Stikeleather, "How to Tell a Story with Data" *Harvard Business Review* Blog, April 24, 2013. https://hbr.org/2013/04/how-to-tell-a-story-with-data/ (accessed June 14, 2016); 이 책이 정리한 청중의 유형에 나의 것을 추가하고 변경했다.

7. Jim Stikeleather, "How to Tell a Story with Data," *Harvard Business Review* Blog, April 24, 2013. https://hbr.org/2013/04/how-to-tell-a-story-with-data/ (accessed June 14, 2016).

8. Nicolas Malo, "5 questions on Data Storytelling to Brent Dykes, Evangelist for Customer Analytics at Adobe" http://www.nicolasmalo.com/web_analytics_ ecommerce_e/2015/06/5-questions-on-data-storytelling-to-brent-dykes-evange- list-for-customer-analytics-at-adobe.html (accessed June 14, 2016).

9. Jag Bhalla, "It Is in Our Nature to Need Stories," *Scientific American*, May 8, 2013. http://blogs.scientificamerican.com/guest-blog/it-is-in-our-nature-to-need-sto- ries/ (accessed June 14, 2016).

10. George Miller, paper "The Magical Number Seven, Plus or Minus Two," *Psycho- logical Review*, Vol. 101, No. 2, 343-352, May 1955.

11. Nour Kteily, Gordon Hudson, and Emile Bruneau, *Journal of Personality and Social Psychology*, "They See Us As Less Than Human: Meta-Dehumanization Predicts Intergroup Conflict Via Reciprocal Dehumanization" December 2015. https://www.researchgate.net/publication/286780003 (accessed June 15, 2016).

12. Emily Stone, "How Hateful Rhetoric Can Create a Vicious Cycle of Dehumaniza- tion" *Kellogg Insight*, Jan 2016. http://insight.kellogg.northwestern.edu/article/ how-hateful-rhetoric-can-create-a-vicious-cycle-of-dehumanization/ (accessed June 15, 2016).

13. Susan Etlinger, "What Do We Do with All This Big Data?" TED September 2014, https://www.ted.com/talks/susan_etlinger_what_do_we_do_with_all_this_big_ data/transcript?language=en#t-525270 (accessed June 15, 2016).

14. Simon Sinek, *Start with Why*, Portfolio, 2011.

15. Nicolas Malo, "5 Questions on Data Storytelling to Brent Dykes, Evangelist for Customer Analytics at Adobe" NicolasMalo.com. http://www.nicolasmalo.com/ web_analytics_ecommerce_e/2015/06/5-questions-on-data-storytell- ing-to-brent-dykes-evangelist-for-customer-analytics-at-adobe.html (accessed June 17, 2016).

16. US Department of Transportation, "Jason's Law Truck Parking Survey Results

and Comparative Analysis" August 2015. http://www.ops.fhwa.dot.gov/freight/ infrastructure/truck_parking/jasons_law/truckparkingsurvey/jasons_law.pdf (accessed June 17, 2016).

17. Lynn Thompson, "As big rigs overwhelm parking, nervous North Bend looks at limits" *Seattle Times*, March 29, 2016. http://www.seattletimes.com/seat-tle-news/eastside/as-big-rigs-overwhelm-parking-nervous-north-bend-looks-at-limits/ (accessed June 17, 2016).

18. Aarian Marshall, "Parking a Truck Is a Pain in the Butt. Tech to the Rescue!" *Wired*, June 6, 2016. https://www.wired.com/2016/06/parking-truck-pain-butt-tech-rescue (accessed June 17, 2016).

5장

1. 금융에 익숙하지 않은 독자들을 위한 설명이다. 자산은 당신이 투자할 수 있는 어떤 것이다. 일반적인 것에는 주식과 채권 그리고 금과 같은 귀금속 따위가 있고, 자산담보부증권과 같이 새로운 자산개념도 있다. 개념이 복잡하고 위험도가 큰 자산이다.

2. Larry Jacoby, "Becoming Famous Overnight: Limits on the Ability to Avoid Unconscious Influences of the Past." *Journal of Personality and Social Psychology*, 1989, Vol. 56, No. 3, 326 - 328. Daniel Kahneman, Thinking Fast and Slow, p. 61.

3. http://www.nytimes.com/2016/09/15/technology/personaltech/iphone-7-re-view-though-not-perfect-new-iphones-keep-apples-promises.html?sm-prod=nytcore-iphone&smid=nytcore-iphone-share.

4. Charles Wheelan, *Naked Statistics*, W. W. Norton & Company, 2014.

5. David Brooks, "Poetry of Everyday Life," *New York Times*, April 11, 2011.

6장

1. Eric Kandell, James Schwartz, Thomas Jessell, Steven Siegelbaum, A.J. Hudspeth, *Principles of Neural Science*, 5th Edition, McGraw-Hill Education / Medical; 5th edition, October 2012.

2. Freakonomics Radio, Should US Merge with Mexico? November 6, 2014. http://

freakonomics.com/podcast/should-the-u-s-merge-with-mexico-a-new-freako-nomics-radio-podcast/.

7장

1. 말콤 글래드웰은 "1만 시간의 법칙"을 얘기하면서 어떤 주어진 기술을 터득하는데 얼마나 긴 시간이 소요되는가를 설명한다. 다른 이들은 이 주장을 반박하기도 하지만 일반적으로는 다양한 연습이 필요하다는 데 동의하고 있다. 이 책을 보라. *Outliers: The Story of Success*, Little, Brown, and Company, 2008.

2. http://www.npr.org/templates/story/story.php?storyId=128239303 (accessed July 19, 2016).

3. Doug Lipman, "Improving Your Storytelling: Beyond the Basics for All Who Tell Stories in Work and Play," August House, 1999, p. 18.

4. Tony Schwartz, "The Only Thing That Matters," *Harvard Business Review* blog, June 2011. https://hbr.org/2011/06/the-only-thing-that-really-mat.html (accessed July 19, 2016).

5. Peter Kadens, keynote speaker at the Executive Studio Network April 28, 2016 meeting in Chicago.

6. http://time.com/3858309/attention-spans-goldfish/ (accessed July 20, 2016).

7. Annette Simmons, "Whoever Tells the Best Story Wins," AMACOM BOOKS, 2007, p. 206.

8. 내가 처음 이 인용을 접한 것은 나의 동료가 재전송해준 LinkedIN에서였다. 불행히도 원문출처는 명시되어 있지 않았다. 출처를 아시는 분은 아래 내 주소로 알려주시면 감사하겠다. Esther@LeadershipStoryLab.com

9. R. B. van Baaren, R. W. Holland, B Steenaert and A. Knippenberg. "Mimicry for Money: Behavioral Consequences of Imitation," *Journal of Experimental Social Psychology*, 39: 393-98.

8장

1. Robert Cialdini, Influence: *The Psychology of Persuasion*, Harper Business, New York, 2006.

2. Lauren Rivera, "Hirable Like Me," Northwestern University, April 3 2013. http://
insight.kellogg.northwestern.edu/article/hirable_like_me and, Lauren Rivera,
"Hiring as Cultural Matching", *Association of Sociological Review*, 77(6) 999-
1022, http://www.asanet.org/journals/ASR/Dec12ASRFeature.pdf

3. 공통적 배경을 알면 면접에서 성공할 가능성이 높아지는 이유에 대해 더 알고 싶다면
이 기사를 보라. Lauren Rivera, "Go with Your Gut: Emotion and Evaluation in Job
Interviews," *American Journal of Sociology*, Vol. 120, No. 5, March 2015, pp.
1339-1389.

4. *Freakonomics Radio Live* in St. Paul, October 11, 2011, http://www.youtube.
com/watch?v=g495pyl2G1Y&list=PL5E9D4FB04FB17DB2

5. *Worth Repeating: More Than 5,000 Classic and Contemporary Quotes* (2003) by
Bob Kelly, p. 263.

9장

1. 내성적인 사람과 네트워킹에 대해 더 알고자 한다면 이 기사를 보라. Marty Nemko,
"Networking for People That Dislike It," *Psychology Today*, March 20, 2015.
https://www.psychologytoday.com/blog/how-do-life/201503/networking-peo-
ple-dislike-it (accessed April 7, 2015).

2. As discussed in Susan Adams, "Why You Hate Networking," *Forbes*, September 16,
2014. http://www.forbes.com/sites/susanadams/2014/09/16/why-you-hate-net-
working/ (accessed April 7, 2015).

3. Andrew Stanton, "The Clues to a Great Story," TED Talk, February 2012, http://
www.ted.com/talks/andrew_stanton_the_clues_to_a_great_story?language=en
(accessed April 7, 2015).

4. Graham Gibbs, "Twenty Terrible Reasons for Lecturing," SCED Occasional Paper
No. 8, Birmingham, 1981.

10장

1. Penelope Burk, "Where Philanthropy Is Headed," by The Burk Donor Survey,
August 2016. http://cygresearch.com/dev/?page_id=14170.

2. Eric Ries, *The Lean Startup*, Crown Business, September 2011.

3. Kevin Systrom, "How I Built It," National Public Radio podcast hosted by Guy Raz, September 2016. https://www.statista.com/statistics/253577/number-of-monthly-active-instagram-users/.

4. Karen Jenni & George Lowenstein, "Explaining the Identifiable Victim Effect," *Journal of Risk and Uncertainty*, p. 236, 1997.

5. FOS와 그 밖의 유사한 단체로부터 자료를 수집했다. https://www.floridaocean.org/p/3/about-us#.V7h5mGU9VFI; http://www.teamorca.org/cfiles/orcawishlist.cfm
   https://www.floridaocean.org/uploads/docs/blocks/222/2016-coastal-disc-registration-packet.pdf
   http://www.pacificmmc.org/sponsor-a-classroom/#sthash.eRUyDOR8.dpuf
   https://www.floridaocean.org/p/245/annual-report#.V7iAjWU9VFI
   http://www.conserveturtles.org/support.php?page=funding_ideas
   http://chesapeakebay.noaa.gov/fish-facts/oysters

6. http://oneruntogether.org/about-us/
   OneRunTogether 그리고 아래 출처로부터 자료를 수집했다.
   http://www.restockit.com/food-and-breakroom-supplies/water-and-beverages/bottled-water.html
   http://www.timingconsortium.com/pricing.htm
   https://www.weaversorchard.com/festivals-events/5k-mud-run/
   http://www.uberprints.com/make/5k-race-shirts

7. SOS Children Villages Illinois 그리고 아래 출처로부터 자료를 수집했다.
   https://www.sosillinois.org
   https://www.sosillinois.org/about-us/
   https://www.sosillinois.org/2nd-annual-back-to-school-supply-drive/
   https://www.sosillinois.org/youth-mental-health-understanding-engaging-destigmatizing/
   https://www.sosillinois.org/make-it-better-foundation-makes-a-difference-at-sos-illinois/
   https://www.sosillinois.org/family-fun-at-the-circus/

https://www.sosillinois.org/youth-mental-health-understanding-engaging-destigmatizing/

https://www.sosillinois.org/summer-adventures-at-summer-camp/

11장

1. http://www.narrativemedicine.org/mission.html

2. http://www.fiercehealthcare.com/healthcare/mass-general-s-sharingclinic-bets-big-healthcare-storytelling

3. www.stroke.org.

4. 효과적인 스토리텔링을 위해서뿐만 아니라 당신과 이웃을 위해 뇌졸중 증상에 대해 알아두기 위해서라도 이 영상물을 보기 바란다. https://www.youtube.com/watch?v=JANFZrpt1Hg

5. 테일러 박사는 '트레보'라 불리는 장비를 사용했다. 이 장비는 스트라이커 뉴로배스큘러 사가 제작하여 배포한 것이다.

6. 뇌졸중 증상에 대해 더 알기 원한다면 Mayo Clinic 웹사이트를 보라. http://www.mayoclinic.org/diseases-conditions/stroke/symptoms-causes/dxc-20117265

찾아보기